Fidèle à sa volonté de maintenir vivant l'ensemble du catalogue et de continuer à rendre accessible à tous la richesse de son contenu, Les marques du groupe L'Harmattan proposent les ouvrages, même s'ils sont épuisés dans leur premier tirage, et les impriment à la demande.
Au vu de l'ancienneté de ce titre, un exemplaire original a été numérisé pour être réimprimé, ce qui pourrait altérer légèrement la qualité de certains passages.

LA RÉVOLUTION ÉTHIOPIENNE
COMME PHÉNOMÈNE DE SOCIÉTÉ

Témoignages et documents

BIBLIOTHÈQUE PEIRESC

Collection dirigée par Joseph Tubiana
publiée par L'Harmattan
pour l'Association française pour le développement
de la Recherche Scientifique en Afrique de l'Est

« Servant un chacun quand nous l'avons pu, et principalement le public, pour lequel seul nous avons travaillé quasi toute notre vie. »

PEIRESC

La BIBLIOTHÈQUE PEIRESC a été créée en hommage à l'érudit provençal d'ascendance italienne Nicolas Claude Fabri de Peiresc (1580-1637) pour y accueillir des œuvres correspondant à l'exigence et à l'éclectisme de ce magistrat humaniste et bibliophile.

Savant et curieux de toute chose, au point qu'on ne saurait énumérer tout ce qui l'a interessé et diverti : sciences aturelles, numismatique, art, histoire, littérature, astronomie, philosophie, mœurs, religions, poésie, avec un souci particulier des langues et des cultures de la Méditerranée antique et contemporaine, dans les dernières années de sa vie il s'était pris d'un vif intérêt pour les chrétientés orientales, notamment d'Égypte et d'Éthiopie.

C'est dans cette direction que notre collection est surtout orientée, sans s'interdire aucun des sujets qui ont retenu l'attention de Peiresc, en s'efforçant de satisfaire, avec le respect qui lui est dû, la curiosité diverse de nos contemporains.

Déjà parus :

1. TAWFIQ AL-HAKIM, *Dans sa robe verte*, pièce en deux actes, traduite de l'arabe par V.A. Yagi et J. Tubiana, 1979.
2. V.A. YAGI, *Contes d'Omdurman*, recueillis et traduits de l'arabe, 1981.
3. L. FUSELLA, S. TEDESCHI, J. TUBIANA, *Trois essais sur la littérature éthiopienne*, 1984.
4. M.-J. TUBIANA, *Des troupeaux et des femmes*, Mariage et transferts de biens chez les Beri (Zaghawa et Bideyat) du Tchad et du Soudan, 1985.
5. J. TUBIANA, *Ethioconcord*, A computerized concordance of the Ethiopian and Gregorian calendars. Concordance automatique des calendriers éthiopien et grégorien, 1988.
6. A. LE ROUVREUR, *Sahéliens et Sahariens du Tchad*, 1989.
7. ZAKARIA FADOUL KHIDIR, *Loin de moi-même*, 1989.

BIBLIOTHÈQUE PEIRESC 8

LA RÉVOLUTION ÉTHIOPIENNE
COMME PHÉNOMÈNE DE SOCIÉTÉ

ESSAIS, TÉMOIGNAGES ET DOCUMENTS
RÉUNIS PAR JOSEPH TUBIANA

Asrat Boggalä, Benoît Barbary, Paul Baxter
Michel Fontroubade, Alain Gascon, Jean-Maurice Le Gal
Omar Osman Rabeh, Michel Perret,
Alain Rouaud, Marie-José Tubiana

Publié avec le concours
du Centre National de la Recherche Scientifique

Éditions L'Harmattan
5-7, rue de l'École-Polytechnique
75005 Paris

© *L'Harmattan,* 1990
ISBN : 2-7384-0533-9

Introduction

UNE APPROCHE SPÉCIFIQUE

Joseph Tubiana

« C'est icy un livre de bonne foy... » né du désir de mieux comprendre la suite des événements qui constituent la révolution éthiopienne. Chacun des auteurs, ou presque, a fait de l'Éthiopie son principal objet d'études. Chacun a résidé en Éthiopie plusieurs mois au moins. Chacun, ou presque, connaît au moins une des langues de ce pays. Presque tous ont été formés à l'Institut National des Langues et Civilisations Orientales de Paris.

Tous, nous avons suivi les événements d'Éthiopie avec un intérêt véritablement personnel, puisque nous y avons des amis chers, dans toutes les couches de la société, et que nous aimons ces populations paysannes dures, mais qui savent accueillir l'étranger, malgré la pauvreté.

Chacun avait lu, avait été témoin, avait reçu des confidences. Cependant, beaucoup de choses nous échappaient ; nous avions du mal à comprendre ce qui se passait. L'impulsion décisive fut donnée par le très bon travail de thèse d'Alain Gascon. Autour de ce travail portant sur les réformes agraires, nous pouvions nous réunir, rassembler nos observations rapportées à nos expériences de terrain, confronter nos analyses de spécialistes qui s'interrogent. Nous souhaitions que tout cela se mette en place pour donner une image cohérente, malgré l'aspect parcellaire de chacun des éléments que nous apportions.

Après plusieurs échanges entre nous, et un certain nombre de difficultés surmontées, notre maison commune, l'INALCO, accepta d'héberger le colloque que nous avions décidé de tenir pour élargir les échanges à un plus grand nombre d'éthiopisants. Certains invités déclinèrent, d'autres, imprévus, vinrent offrir leur témoignage et leur point de vue. Environ soixante Éthiopiens se dérangèrent. Tout cela fut extrêmement fécond, même si, comme on le verra, tout n'a pas été traité de ce que l'on aurait désiré, et personne ne s'est senti assez présomptueux pour conclure au nom de tous.

Le colloque, dont le thème unique était « La Révolution Éthiopienne comme phénomène de société », eut donc lieu à Paris le 11 mai 1985. Il avait été organisé par l'Association Française pour le Développement de la Recherche Scientifique en Afrique de l'Est (ARESAE), sans aucun soutien officiel.

Nous ne voulions pas y faire l'histoire d'un mouvement social en train de se dérouler, nous ne voulions surtout pas ouvrir un débat sur la typologie des révolutions modernes dans le Tiers-Monde, sur le problème du modèle auquel se conforme ou duquel se rapproche la révolution éthiopienne. Cela viendrait plus tard. Pour l'heure nous voulions savoir comment la révolution était perçue et vécue, « comme phénomène de société », par les Éthiopiens.

Il n'est jamais trop tôt, en effet, comme l'illustre le livre de John Reed, *Ten days that shook the world*, écrit en 1917-1918, pour commencer à étudier une révolution ; c'est dans sa période active que l'étude est la plus fructueuse. Il est essentiel de rassembler, d'archiver au jour le jour des documents dont les plus importants seront souvent les témoignages les plus éphémères. Le passage du bouillonnement populaire à l'orthodoxie des organes de l'État, supprimant — parfois temporairement, ce qui n'est que demi-mal — quantité d'informations gênantes, aboutit toujours à une « version autorisée » (révisable selon les aléas du pouvoir). L'analyste ne doit pas perdre de temps pour scruter les linéaments d'un tel mouvement, pour essayer de mieux comprendre ensuite pourquoi telle tendance a abouti et telle non, et pourquoi telles et telles distorsions sont intervenues.

Il nous a semblé qu'il était de notre tâche de préparer le travail de l'historien futur pour que celui-ci ne soit pas limité à ressasser un récit sans finesse. Ce livre (et peut-être d'autres suivront-ils) vise à assurer les bases des recherches que la révolution éthiopienne ne manquera pas de susciter, en raison de son intérêt propre, comme de ses répercussions en Afrique, et peut-être dans le reste du monde[1].

Contrairement à d'autres, nous pensions que cette confrontation pluridisciplinaire était opportune. Déjà, à ce moment beaucoup de documents avaient été détruits par leurs détenteurs, qui craignaient que leur possession, constatée lors des perquisitions des Comités de Quartier *(qäbälié)* ne soit retenue contre eux. Il faudra sauver ce qui reste de ces archives en les recueillant et les publiant. Il faut susciter des témoignages écrits, qui resteront : non pas des appréciations théoriques sur la révolution, mais des récits de choses vues et entendues, et aussi des témoignages subjectifs sur le vécu de la révolution.

De plus, nous l'espérons, les témoignages et documents recueillis ici présentent l'avantage de la lisibilité. Ces textes ont été établis et critiqués par des hommes de terrain, ethnologues, historiens, géographes, etc., ayant une connaissance fine et approfondie des questions qu'ils traitent, chacun dans son cadre professionnel. Leurs commentaires constituent pour l'historien futur une grille de lecture qui permet de mettre les choses en place et d'en déterminer sans distorsion la signification (danger auquel n'échappent pas toujours les auteurs peu familiers des réalités éthiopiennes). Notre interprétation de l'événement, pour diverse qu'elle soit, peut constituer une première analyse interdisciplinaire du phénomène, utile immédiatement.

---

1. Quelques mois après la tenue de notre colloque, un membre du gouvernement éthiopien se plaignant publiquement du peu d'intérêt que portaient les scientifiques à leur révolution, je l'informai de ce que nous avions fait, apparemment les seuls.

Il a donc fallu se mettre à plusieurs pour faire ce livre. On constatera que l'ouvrage ne tend pas vers une synthèse unitaire, mais que la diversité des approches ne peut qu'enrichir la réflexion. Pour éviter une collecte unilatérale, donc sans intérêt scientifique, nous nous sommes efforcés d'obtenir la présence de tous les horizons politiques. Cela n'a pas toujours été accepté.

Après une brève orientation bibliographique (innombrables sont les titres qui auraient pu y figurer, Michel Perret n'a retenu que le strict minimum utile), le lecteur est invité à se repérer dans la suite des événements grâce à la chronologie détaillée établie par Alain Gascon et Michel Perret. Puis vient l'essai de Benoît Barbary, tableau de l'évolution de l'Éthiopie rurale depuis les prodromes de la révolution. Travail sérieux et précis d'un homme qui a consacré plusieurs années de sa vie au développement de l'agriculture éthiopienne, sur le terrain. Il facilite l'intelligence de l'essai d'Alain Gascon, géographe enthousiaste, qui reprend à sa façon le thème des réformes agraires et montre comment la paysannerie oromo du Mécča les a reçues. L'essai de Marie-José Tubiana ne s'éloigne pas des paysans, en proie à la sécheresse et à la disette, en nous décrivant les règles de fonctionnement des organismes gouvernementaux de lutte contre la famine. L'ethnologue ne pouvait deviner que le responsable de cette lutte romprait ouvertement avec la junte *(därg)* et choisirait l'exil, confirmant ses analyses. Un autre ethnologue, Paul Baxter, dont les travaux sur les Oromo font autorité, étudie avec une grande pénétration les réactions des Oromo de la « périphérie » à la révolution *(abyot)* des Amhara du « centre ». On reste à la périphérie avec Omar Osman Rabeh, lui-même somali, qui décrit en militant politique expérimenté l'impact des décisions de la junte militaire sur les mouvements de résistance armée des Érythréens et des Somali. Pour terminer cette première partie Joseph Tubiana, linguiste, évalue les créations dans le domaine de la langue amharique, avec tout ce que le contenu du message nous fait apercevoir des affrontements en cours, entre « progressistes » *(täramağ)* et « réactionnaires » *(adhari)*.

Ces essais sont complétés par des témoignages personnels spontanés, tous de première main, dont le plus original par l'expérience et le caractère de la personne qui l'a produit est celui du colonel Asrat Boggalä, ancien commandant de l'École nationale de Police.

L'ouvrage se termine par des documents authentiques, pour lesquels nous devons exprimer notre reconnaissance à tous ceux qui nous les ont communiqués et à ceux qui nous ont autorisés à les reproduire, notamment : la revue *Mondes en développement*, Paris ; le quotidien *The Guardian*, Manchester et Londres ; la revue *Index on Censorship*, publiée par Writers & Scholars International Ltd, Londres ; le service de documentation en langue française S.E.D.O.C.-ETHIOPIA, Addis Ababa ; le magazine *Der Spiegel*, Hambourg.

Nous devons remercier également nos traducteurs bénévoles : Madame Marie-Christine Midrouillet, MM. Pierre Burger et Philip O'Prey. Notre gratitude va en outre à Madame Françoise Vergneault, dont les conseils, donnés à A. Gascon et M.-J. Tubiana pour la confection des cartes, ont été très appréciés.

Ce qui peut manquer à ce livre n'est que trop évident ; mais il faut savoir

1. Carte administrative de l'Éthiopie avant la réforme d'août 1987

Avant l'adoption de la nouvelle constitution et du nouveau découpage administratif l'Éthiopie était divisée en quatorze régions administratives et un territoire autonome, celui d'Asäb.

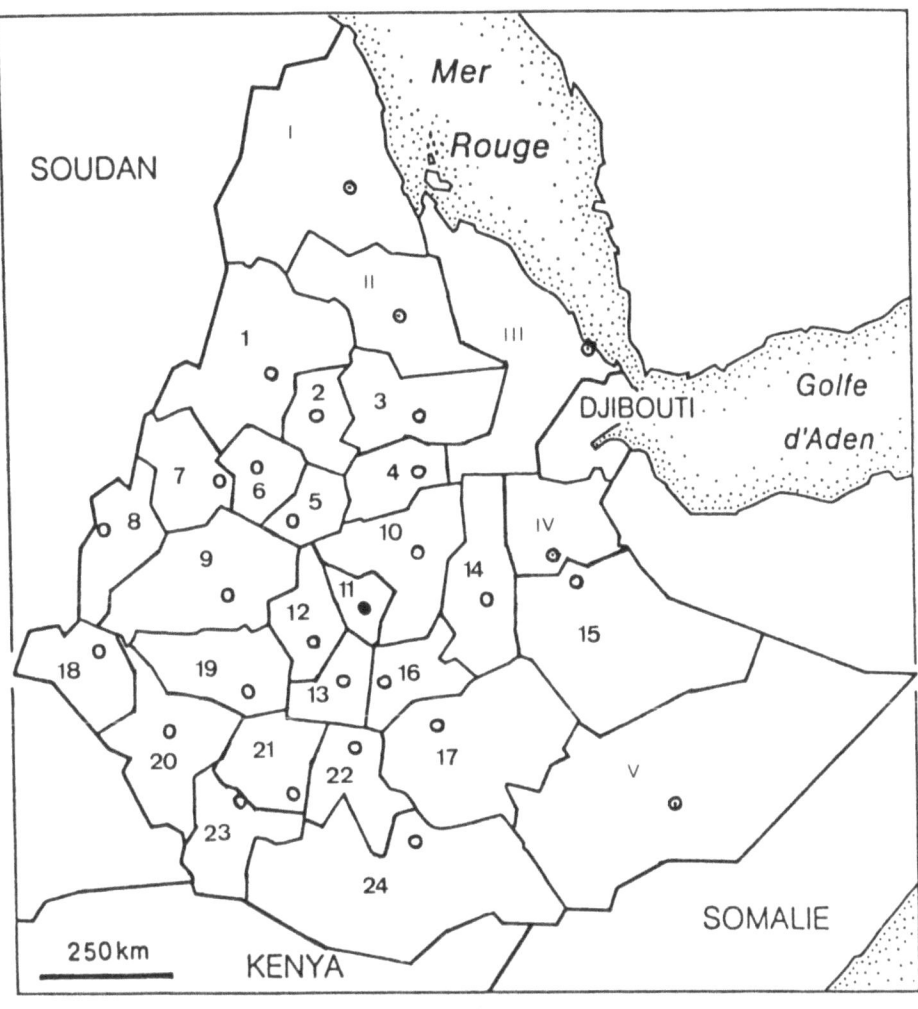

2. Nouveau découpage administratif de l'Éthiopie consécutif à la réforme de 1987

a) Régions autonomes (en chiffres romains) :

I. értra (Érythrée), cap. asmära.
II. tegray (tegré), cap. mäqälié
III. asäb, cap. asäb
IV. dirré dawa (derré dawa), cap. dirré dawa
V. ogadén, cap. godé.

b) Régions administratives (en chiffres arabes) :

1. gʷåndär Nord, cap. gʷåndär
2. gʷåndär Sud, cap. däbrä tabor
3. wållo Nord, cap. wåldiya
4. wållo Sud, cap. däsié
5. goǧǧam Est (gʷåǧǧam), cap. däbrä marqos
6. goǧǧam Ouest (gʷåǧǧam), cap. baher dar
7. mätäkäl, cap. čagni
8. asosa, cap. asosa
9. wållägga, cap. näqämté
10. såwa Nord, cap. däbrä berhan
11. addis abäba, cap. addis abäba
12. såwa Ouest, cap. wåliso
13. såwa Sud, cap. zway
14. harärgié Ouest, cap. asbä täfäri
15. harärgié Est, cap. harär
16. arsi, cap. asälla
17. balé, cap. robé-gobba
18. gambéla, cap. gambéla
19. ilu babor-et-ǧimma, cap. ǧimma
20. käfa, cap. mizan täfäri
21. gamo gofa, cap. arba menč
22. sidamo, cap. awasa
23. omo, capp. ǧinka
24. boräna, cap. nägällé boräna

se borner. Cependant, peut-être aurions-nous remis aux Éditions L'Harmattan un manuscrit encore plus épais si nous avions pu y faire figurer des études sur la littérature révolutionnaire (en saluant au passage Chinua Achebe : « Contradiction if well understood and managed can spark off the fires of invention. Orthodoxy whether of the right or of the left is the graveyard of creativity »), sur le rationnement, qui apparemment ne touche pas les étrangers, sur l'Église orthodoxe qui, à la manière polonaise, s'est posée en témoin non muet, sur la « villagisation » (ces déplacements forcés de populations, quant à moi, m'ont toujours fait penser aux initiatives du dictateur roumain, et plus anciennement aux déportations staliniennes, sans parler des « villages d'auto-défense » qu'on ne devrait pas avoir oubliés). Il aurait été heureux de faire l'histoire complète du mythe (ou de l'abus) de la « réforme agraire », depuis l'époque où M. Joseph Makouriya en était chargé, en 1974. Il n'aurait pas été mal non plus d'y faire l'histoire des Droits de l'Homme depuis la fin de l'occupation italienne. Que de silences ! Les réactions des puissances étrangères, elles aussi, méritaient qu'on y prête attention ; le politologue soviétique Scherr ne prenait pas de gants : « The world's progressive forces will judge about the Ethiopian leaders' and working peoples' correct understanding of and adherence to the Marxist-Leninist outlook from such an important criterion as their revolutionary practice, the scope and scientific substantiation of socio-economic reforms effected in the country and their consonance with the basic interests of the working masses and with the tasks of the world-wide revolutionary process » (1986). L'aide soviétique aurait-elle été assortie de conditions politiques ? et l'est-elle toujours ?

C'est par respect pour le lecteur que ce livre ne se termine pas par la conclusion traditionnelle. C'est qu'il appartient au lecteur de conclure pour lui-même. C'est le principal effort que nous demandons aux esprits libres. Nos analyses divergent parfois, et ce ne sont pas toujours des nuances qui les séparent. Chacun de nous est responsable de ce qu'il a signé et ne se sent pas lié par les autres textes. Dans un débat que nous avons voulu ouvert, il ne peut y avoir de responsabilité collective. Nous n'avions aucune raison de faire effort pour parvenir à une conclusion unanimiste, en dissimulant nos différences.

ABRÉVIATIONS ET SIGLES

A.E.P.A.	*All Ethiopia Peasants' Association* (« Union Pan-Éthiopienne des Paysans »).
A.E.T.U.	*All Ethiopia Trade Union* (« Union Pan-Éthiopienne du Travail »).
C.A.D.U.	*Chilalo Agricultural Development Unit* (projet de développement intégré de l'Ouest de l'Arsi, pris en charge par les Suédois à la fin du règne de Haylä Sellasié Ier).
C.E.L.U.	*Confederation of Ethiopian Labour Unions*
Därg	« Comité » (ce n'est pas un sigle).
E.D.U.	*Ethiopian Democratic Union*
E.L.F.	*Eritrea Liberation Front* (= F.L.E.).
E.P.I.D.	*Extension and Project Implementation Departement* (« Departement de l'Extension et de la Réalisation des Projets »).
E.P.L.F.	*Eritrean Popular Liberation Front* (= F.P.L.E.).
E.P.R.P.	*Ethiopian Peoples' Revolutionary Party* (« Parti Révolutionnaire des Peuples d'Éthiopie »).
F.L.E.	Front de Libération de l'Érythrée.
F.L.O.	Front de Libération Oromo.
F.P.L.E.	Front Populaire de Libération de l'Érythrée.
F.P.L.T.	Front Populaire de Libération du Tigré.
I.G.A.D.D.	Inter Governement Authority on Drought and Development.
Ityopya teqdäm	« L'Éthiopie d'abord ! » (slogan du nouveau régime).
MEISON	*Mälla Ityopya Sosialist (ou Sošalist) Näqnaqé*, en abrégé *MEISON* (« Mouvement Socialiste Pan-Éthiopien »).
M.S.F.	Médecins Sans Frontières.
P.A.D.E.P.	*Peasant Agricultural Development Project* (« Projet de Développement du Paysannat Agricole »).
P.A.M.	Programme Alimentaire Mondial.
P.M.A.C.	*Provisional Military Administrative Council* (« Conseil Administratif Militaire Provisoire »).
P.O.M.O.A.	*Provisional Office for Mass Organizational Affairs* (« Bureau Provisoire pour les Questions de l'Organisation des Masses »).
P.N.U.D.	Programme des Nations-Unis pour le Développement.

R.R.C.	*Relief and Rehabilitation Commission* (« Commission pour les Secours et la Reconstruction »).
S.A.U.	Surface Agricole Utile.
T.P.L.F.	*Tegrai Popular Liberation Front* (= F.P.L.T.).
U.N.D.P.	*United Nations Development Program* (= P.N.U.D.).

ORIENTATION BIBLIOGRAPHIQUE

établie par Michel Perret

On ne trouvera pas ici de bibliographie générale. Rien ne serait, cependant, plus utile que de tenter de débroussailler le maquis épineux des publications, nombreuses et très inégales. Mais il y a peu (ou pas ?) d'ouvrages vraiment fiables. Et une bibliographie sélective, qui apparaîtrait forcément quelque peu normative, devrait s'accompagner de nombreuses gloses, au risque d'alourdir encore une nourriture déjà indigeste.

L'examen rapide des titres publiés reflète assez bien l'intérêt qu'a suscité la révolution éthiopienne et les controverses qu'elle a entraînées. D'abord des reportages hâtivement réunis en volume, puis des analyses partielles et souvent partisanes, essayant d'interpréter, parfois loin des faits, le phénomène révolutionnaire. Les premières synthèses apparaissent à partir de 1978, suivies par des études plus pointues sur les faits majeurs qui ont retenu l'attention à l'extérieur : la réforme agraire, les conflits de nationalités, l'intervention soviétique et la stratégie des grandes puissances, et, tout récemment, la polémique sur la famine et l'aide internationale.

Il ne s'agit, le plus souvent, que de commentaires. Le plus urgent, et le plus utile, serait de recueillir et de publier les documents (et de les traduire à l'usage du public européen, car la plupart sont en amharique ou dans d'autres langues éthiopiennes, plus rarement) : textes officiels (lois et règlements, propagande et textes de commande), publications des divers courants et partis politiques ou syndicaux (qui contiennent toujours, à côté de l'idéologie envahissante et du verbalisme révolutionnaire de nombreux faits précis ignorés par les autres sources), tracts et pamphlets, presse (officielle, autorisée ou clandestine) et une grande partie de la littérature (car la révolution est maintenant matière littéraire : cf. la trilogie romanesque de Berhanu Zärihun : *la Tempête*).

Ce travail reste à faire. Nous renverrons donc, en attendant, à quelques ouvrages, apparemment sérieux, qui font le point des connaissances à l'époque de leur parution (avec une certaine marge d'incertitude dans le choix des faits, leur interprétation et même parfois dans la chronologie) et qui fournissent chacun une orientation bibliographique. Il ne s'agit pas d'un palmarès ou d'une liste d'ouvrages recommandés, mais d'un simple choix de commodité.

— Pour la période qui précède immédiatement les événements de 1974 :

CLAPHAM C., *Haile Selassie's government*. New York, 1969.
MARKAKIS J., *Ethiopia, anatomy of a traditional polity*. London, 1974.
GILKES P., *The dying lion. Feudalism and modernization in Ethiopia*. London, 1975.
— Comme ouvrages de synthèse :
OTTAWAY M. and D., *Ethiopia, empire in revolution*. New York, 1978.
MOFFA C., *La rivoluzione etiopica. Testi e documenti, studi storici*. Urbino, 1980.
LEFORT R., *Éthiopie, la révolution hérétique*, Paris, 1981.
HALLIDAY F., MOLYNEUX M., *The Ethiopian revolution*, London, 1981.
— Sur les problèmes agraires :
COHEN J.M., WEINTRAUB D., *Land and peasants in imperial Ethiopia. The social background to a revolution*. Assen, 1975.
PAUSEWANG S., *Peasants, land and society. A social history of land reform in Ethiopia*. München, 1983.
DESSALEGN RAHMATO, *Agrarian reform in Ethiopia*. Uppsala, 1984.
— Sur le problème des nationalités et la politique internationale :
LEWIS I. (ed.), *Nationalism and self-determination in the Horn of Africa*. London, 1983.
LEGUM C., CAO HUY THAN, FENET A. et al., *La Corne de l'Afrique. Questions nationales et politique internationale*, Paris, 1986.
— Sur le nouveau vocabulaire « progressiste » :
RICCI L., Il dizionario progressista amarico. *Rassegna di Studi Etiopici*, XXVII, 1979, p. 13-61.
KAPELIUK O., Marxist-leninist terminology in Amharic and in Tigrinya. *North East African Studies*, 1, 2, 1979, p. 25-30.
TUBIANA J., Brave new words : linguistic innovation in the social and economic vocabulary of Amharic since 1960. *Journal of Semitic Studies*, 30, 1, 1985, p. 85-93.
Yä-marksizem léninizem mäzgäbä qalat (« Dictionnaire du marxisme-léninisme »). Addis Abäba [1986].
— Et un roman en amharique :
BERHANU ZÄRIHUN *Máebäl (La Tempête)*, t. 1 La vigile de la révolution ; t. 2 Les débuts de la révolution ; t. 3 Les lendemains de la révolution. Addis Abäba, 1980-1983.

Pour compléter cette bibliographie, consulter les « Nouvelles » publiées par l'A.R.E.S.A.E., 30, rue de Clichy, 75009 Paris.

CHRONOLOGIE

établie par Alain Gascon et Michel Perret

Cette chronologie n'a pas d'autre ambition que de fournir quelques repères utiles au lecteur. Elle n'entend être ni exhaustive ni normative ; elle ne saurait même prétendre à être totalement fiable. L'exposé des faits, leur signification, leur date même restent souvent incertains ; et le choix des événements apparaîtra subjectif en l'absence de toute analyse.

1941   *Mai.* Fin de l'occupation italienne (*5 mai* : retour de Haylä Sellasié à Addis Abäba) ; l'Éthiopie reste sous administration militaire britannique.

1942   *31 janvier.* Premier accord (*agreement*) anglo-éthiopien : l'Éthiopie est rétablie dans les frontières de 1935 ; une « convention militaire » séparée maintient sous Administration Militaire Britannique l'Ogaden et une Zone réservée (*Reserved Area*).
30 mars. Premier numéro de la *nägarit gazéṭa*.
2 novembre. Réouverture du Parlement.

1943   *Septembre-octobre.* Révolte *wåyyanè* au Tigré, écrasée avec l'aide de l'aviation britannique.

1944   *19 décembre.* Second accord anglo-éthiopien, rétablissant la pleine souveraineté de l'Éthiopie, sauf sur les *Reserved Areas* qui restent sous administration britannique.

1946   Accord franco-éthiopien sur le chemin de fer. Les Anglais restituent le chemin de fer à la compagnie.

1947   *10 février.* Traité de Paris : l'Italie doit renoncer à ses droits sur ses anciennes colonies.

1948   *23 septembre.* L'Éthiopie réoccupe l'Ogaden, évacué par l'Administration Militaire Britannique.

1949   Révoltes antifiscales au Goǧǧam.

1950   *2 décembre.* Résolution de l'O.N.U. créant une Fédération Érythrée-Éthiopie. Mission militaire américaine en Éthiopie.

1951	*27 février.* Ouverture de l'*University College* à Addis Abäba.
1952	*15 septembre.* Mise en place de la Fédération Érythrée-Éthiopie : transfert des pouvoirs de l'administration britannique au représentant de l'empereur.
1954	*Mai.* Concession de la base de *Qañňâw* (Kagnew) aux États-Unis. *29 novembre.* Rétrocession du Haud à l'Éthiopie.
1955	*4 novembre.* Proclamation de la nouvelle Constitution.
1957	*23 juillet.* Nouveau Code pénal. *2 novembre.* Ouverture du premier Parlement élu.
1960	*Mai.* Nouveaux Codes civil, commercial et maritime. *Juin.* Indépendance de la Somalie. *14-17 décembre.* Tentative de coup d'État dirigé par les frères Mängestu et Gärmamé Neway, appuyée par la garde impériale, pendant le voyage de l'empereur au Brésil. Forte répression.
1961	*17 septembre.* Premiers incidents militaires en Érythrée, considérés depuis comme le début de la guerre.
1962	*14 novembre.* Fin de la Fédération : l'Érythrée complètement intégrée à l'Éthiopie, avec le statut de Gouvernement Général.
1963	Fondation de la *C.E.L.U.* (*Confederation of Ethiopian Labour Unions*) à l'instigation du pouvoir impérial.
1964	Guerre somalo-éthiopienne dans l'Ogaden.
1965-66	Révoltes et guérilla au Balé. Le gouvernement général du Balé disparaît provisoirement de la carte administrative ; il est devenu une province du Harärgié.
1968	*Mai-août.* Nouvelle rébellion antifiscale au Goǧǧam. Manifestations d'étudiants et de lycéens.
1969	*Décembre.* La garde impériale prend d'assaut l'université d'Addis Abäba, faisant de nombreuses victimes.
1973	Sécheresse et famine au Wällo et au Tigré, longtemps dissimulées par le gouvernement. *Novembre.* Les étudiants dénoncent l'attitude du gouvernement. Rupture diplomatique avec Israël.
1974	*5 janvier.* Rébellion militaire à Asmära. *12 janvier.* Rébellion de soldats à Nägälé. *Février (yäkkatit).* Augmentation du prix de l'essence, grève des chauffeurs de taxi et des enseignants, manifestations d'étudiants et de lycéens, nouvelles

rébellions dans l'armée (Däbrä Zäyt et Asmära), formation d'un comité de militaires (en majorité de jeunes officiers et sous-officiers).
23 février. L'Empereur annonce à la télévision l'annulation de l'augmentation des carburants et promet une réforme de l'enseignement.
27 février. Démission du Premier ministre Aklilu Habtä Wäld et nomination à sa place de Mäkwǎnnen Endalkačaw.
   Mutinerie de la marine à Massawa.
28 février. Rébellion des unités d'Addis Abäba qui contrôlent la ville le 4 mars.
   Mars.
7-10 mars. Première grève générale en Éthiopie, appelée par la *C.E.L.U.*
20 mars. Création d'une commission pour réviser la Constitution.
25 mars. Création d'une commission d'enquête sur la corruption.
   Création de la *Relief and Rehabilitation Commission.*
   Création d'un second comité militaire.
   Avril.
7-13 avril. Mutinerie de la 3e division stationnée à Harär qui réclame la démission de l'état-major.
20 avril. Manifestation de musulmans à Addis Abäba.
26 avril. Arrestation de tous les anciens ministres.
   Juin.
28 juin. Constitution du « Comité de Coordination des Forces Armées, de la Police et de l'Armée Territoriale » i.e. le *Därg*. Prend le contrôle de la radio et décide le maintien en prison des anciens ministres.
   Juillet.
2-3 juillet. Arrestation du président du Conseil de la Couronne (ras Asratä Kasa), du président du Sénat et du ministre de la Défense (le général Abiy Abbäbä).
8 juillet. Le Därg expose les objectifs du mouvement qui prend pour slogan : *Ityopya Teqdäm !*
   Comités de soldats à Harär et Asmära.
   Rencontre de l'empereur et des militaires : Haylä Sellasié amnistie les prisonniers et nomme le général Aman Mikaél Andom chef d'état-major.
22 juillet. Mikaél Emmeru Premier ministre.
1er août. Arrestation de Mäkwǎnnen Endalkačaw et d'autres notables de l'entourage impérial.
   Nomination d'un gouverneur érythréen à Asmära.
16 août. Dissolution du Conseil de la Couronne et de la Cour impériale de justice.
Août. Contacts avec les « rebelles » érythréens. Visite du général Aman Mikaél Andom à Asmära.
   Blocage des loyers.
   Confiscation des biens de la famille impériale.
Août-septembre. Campagne de presse, de radio, de télévision, et d'affiches contre l'empereur (*11 septembre :* diffusion du film de Jonathan Dimbleby sur la famine de 1973).
12 septembre. Déposition de l'empereur Haylä Sellasié.
   Suspension de la Constitution de 1955.
   Dissolution du Parlement.
13-15 septembre. Les militaires assument le pouvoir par l'intermédiaire du

P.M.A.C., chef de l'état et du gouvernement.
16 septembre. Manifestation d'étudiants, infiltrée par des militants de l'*E.P.R.P.*, réclamant le transfert du pouvoir aux civils.
18 octobre. Institution de la *zämäča* (campagne de développement et d'alphabétisation) confiée aux étudiants et aux professeurs.
23 novembre. Le général Aman Mikaél Andom, destitué de son poste, est tué dans l'assaut de sa maison par l'armée.
Cinquante-neuf dignitaires de l'ancien régime exécutés (on annoncera le chiffre de soixante en y incluant le général Aman Mikaél Andom).
28 novembre. Le général Täfäri Bänti nouveau président du *P.M.A.C.*
Envoi de la garde impériale en Érythrée.
21 décembre. Déclaration du *P.M.A.C.* sur l'adoption du socialisme (« entrée dans la voie du Socialisme »).
Lancement officiel de la *zämäča*.
27 décembre. Première émission nationale de radio en langue oromo.

1975
1er janvier. Nationalisation de trois banques et quatorze compagnies d'assurances.
Janvier-février. Échec des contacts avec les fronts d'Érythrée.
Siège d'Asmära. État d'urgence en Érythrée.
3 février. Nationalisation de 72 entreprises industrielles et commerciales.
4 mars. Annonce de la Réforme agraire.
Manifestation d'enthousiasme populaire à Addis en présence du *Därg*.
17 mars. Abolition de la monarchie.
29 avril. Publication du décret sur la réforme agraire.
Juin. Lutte armée contre les réformes dans l'Éthiopie septentrionale et dans le sud du Choa.
26 juillet. Nationalisation des propriétés urbaines. Formation des comités de quartier *(qäbälé)*.
27 août. Mort de Haylä Sellasié.
31 août. L'E.P.R.P. publie son programme politique minimum.
Septembre. État d'urgence devant les manifestations de l'*E.P.R.P.* et après les incidents sanglants de l'aéroport.
6 décembre. Loi sur le travail. Dissolution de la *C.E.L.U.* et fondation de l'*A.E.T.U.*
14 décembre. Réorganisation de l'administration locale au profit des associations de paysans.
Fin 1975. Cinq groupes marxistes-léninistes regroupés par le *Meison*.

1976
Janvier-février. Réduction des impôts fonciers.
« Abyot-forum » dans la presse.
Traduction du *Capital* en amharique.
20 avril. Programme de la Révolution Nationale Démocratique.
Institution du *P.O.M.O.A.* (Bureau provisoire pour l'organisation des masses) dominé par les intellectuels marxistes du *Meison* (Haylé Fidda et Näggädä Gwåbäzié).
16 mai. Programme en neuf points pour l'Érythrée.
Mai-juin. Échec de la « marche rouge » sur l'Érythrée.
Juillet. Exécution de membres du *Därg* mêlés aux négociations en Érythrée et vaste mouvement dans le commandement.

17 juillet. Fin de la *zämäča*.
4 août. Institution d'une Commission Spéciale pour les Affaires de la Région d'Érythrée.
Septembre. L'*E.P.R.P.* déclaré ennemi de la révolution passe à la clandestinité et à la guérilla urbaine. Début de la « terreur blanche ».
Attentat manqué contre Mängestu le 23 septembre.
Élections dans les comités de quartier.
Nombreux maquis au Nord.
1er octobre. Assassinat de Feqré Märed, un des leaders du *Meison* et membre du *P.O.M.O.A.*
9 octobre. Institution des Municipalités et renforcement des Comités de quartier.
2 et 18 novembre. Exécution de plusieurs dizaines de personnes accusées d'être membres de l'*E.P.R.P.*
Décembre. Réforme du *P.M.A.C.* traduisant les divergences au sein du *Därg*.
Fin 1976-début 1977. Assassinats politiques à Addis Abäba.

1977   *3 février.* Élimination du général Täfäri Bänti et de ses partisans qui sont exécutés.
4 février. Manifestation à Addis Abäba pour appeler à l'élimination des « contre-révolutionnaires ». Début de la « terreur rouge ».
11 février. Mängestu Haylä Maryam devient président du *P.M.A.C.* (donc chef de l'État) et Atnafu Abatä vice-président.
26 février. Assassinat du secrétaire général de l'*A.E.T.U.* élu en janvier.
Carter annonce la fin de l'aide américaine.
12 mars. Nationalisation de Radio Voix de l'Évangile.
14 mars. Rencontre Fidel Castro-Mängestu à Aden en vue de former une Fédération socialiste incluant la Somalie et le Yemen du Sud avec l'Éthiopie.
16 mars. Échec du sommet d'Aden présidé par Fidel Castro.
Mars. Distribution d'armes aux *qäbälé*.
23 avril. Fermeture de la base de « Kagnew » et d'autres organismes américains et occidentaux.
Avril-mai. Arrivée des premiers « conseillers » cubains. Lutte antiterroriste confiée aux *qäbälé* qui constituent des milices armées.
Meeting monstre à Addis Abäba : « la mère-patrie ou la mort ».
29 avril-1er mai. Massacre d'étudiants et de lycéens à Addis Abäba, par les *qäbälé* et les milices.
5 mai. Mängestu à Moscou. Accord secret sur la livraison d'armes par les Soviétiques.
2-3 juillet. Offensive somalienne dans l'Ogaden.
Août. Le *Meison* passe dans la clandestinité.
Pont aérien soviétique pour aider l'armée éthiopienne contre la Somalie.
12 septembre. Prise de Jijjiga *(Ğiğğiga)* par les troupes somaliennes.
Novembre. La Somalie dénonce son traité avec l'U.R.S.S. et expulse les conseillers soviétiques.
13 novembre. Exécution d'Atnafu Abatä.
Décembre. Arrivée massive de « conseillers » cubains.
Siège de Massawa, seule ville encore aux mains des Éthiopiens avec Asmära.
Intervention de la marine soviétique.

17-18 décembre. Massacres nocturnes à Addis Abäba opposant les factions révolutionnaires.

1978   *Janvier-février.* Contre-offensive sur le front somalien.
5 mars. Reprise de Jijjiga par les Éthiopiens.
9 mars. La Somalie retire ses troupes.
Mars. Nouvelle terreur rouge à Addis Abäba.
Juin. Début de la contre-offensive en Érythrée.
Juin-juillet. Le blocus d'Asmära est rompu.
27 octobre. Lancement de la campagne nationale de développement.
Lancement de la campagne nationale d'alphabétisation.
20 novembre. Visite de Mängestu à Moscou. Signature d'un traité d'amitié et de coopération avec l'U.R.S.S.

1979   *Janvier.* Accord entre les Fronts d'Érythrée et du Tigré.
5 mai. Discours de Mängestu devant l'*A.E.P.A.* annonçant la mise en route de la villagisation prévue par la réforme de 1975.
Juin. Arrestation de 179 membres de l'église luthérienne Mäkanä Iyäsus.
24 juin. Directive sur la collectivisation des terres (seconde réforme agraire).
13 septembre. Formation de la commission pour l'organisation du Parti des Travailleurs *(C.O.P.W.E.).*

1980   *Janvier-février.* Décret permettant d'employer des chômeurs dans les fermes d'État.
Arrivée de colons du Tigré et du Wållo au Wållägga.
Mars. Établissement de l'Académie des langues éthiopiennes.
24-29 mai. Voyage de Mängestu à Khartum.
Juin. Premier congrès de la *C.O.P.W.E.* et nomination d'un comité central.
Juillet. Développement de la ferme d'État de Sätit-Humära (création de l'ancien régime).
132 coopératives de producteurs.
Août-octobre. Combats entre le F.L.E. et le F.P.L.E. en Érythrée.

1981   *21 mars.* Traité d'amitié et de coopération avec la République de Djibouti.
Mars. Comité central de la *C.O.P.W.E.*
L'Éthiopie remporte le prix de l'Unesco pour la lutte contre l'analphabétisme.
Raids du F.P.L.T. (Front Populaire de Libération du Tigré).
Transferts de populations au Wållägga.
Juin. Élection des représentants aux *qäbälé.*
19 août. Signature d'un traité de coopération avec la Libye et le Yemen du Sud.
Novembre-décembre. Offensive en Érythrée. Siège de Naqfa (encore contrôlé par les Érythréens).

1982   *25 janvier.* Annonce d'une grande offensive contre l'Érythrée, assortie d'une campagne de développement révolutionnaire (« Étoile Rouge »).
Janvier-juin. Opérations en Érythrée.
Raid du F.P.L.T. sur Bati (route d'Assab).
Persécutions dans les milieux religieux, saisie des biens de l'Église luthérienne Mäkanä Iyäsus.

Juin. Second congrès de l'*A.E.T.U.*
Juillet-octobre. Accrochages sur le front somalien.
Novembre. Appel du gouvernement éthiopien pour la lutte contre la famine.

1983 *Février.* Accord sur le rapatriement de 40 000 personnes réfugiées à Djibouti pendant le conflit de 1977-1978.
Mars. Le gouvernement éthiopien annonce que la sécheresse touchera trois millions d'habitants au Tigré, au Wållo et en Érythrée.
75 000 personnes déplacées. Plan pour le déplacement de 1 500 000 personnes.
20-22 avril. Le F.P.L.T. enlève au Tigré une dizaine de ressortissants étrangers (libérés le 3 novembre).
3 août. Enlèvement de ressortissants suisses par le F.P.L.T. (libérés le 30 août).
8 août. Mängestu Président de l'O.U.A.
Septembre. Création de l'Institut des Nationalités.
Octobre. Deuxième congrès de la *C.O.P.W.E.*

1984 *Janvier.* Attentats contre le chemin de fer à l'ouest de Dirré Dawa.
Redivision des comités de quartier.
6 février et 7 mars. Expulsion de six diplomates américains.
Mai. Attaque du F.P.L.E. contre Asmära.
2-3 mai. L'Académie des langues éthiopiennes organise un séminaire sur la littérature orale éthiopienne.
Juillet. Le gouvernement annonce que la sécheresse touchera cinq millions de personnes.
6-10 septembre. Fondation du Parti des Travailleurs Éthiopiens.
Mängestu élu Secrétaire général.
12 septembre. Célébration solennelle du 10ᵉ anniversaire de la Révolution.
Octobre-novembre. Appels du gouvernement éthiopien et des organisations caritatives pour lutter contre la famine.
27 octobre. Création du Comité national de lutte contre la sécheresse.
Novembre. Résultats du recensement de 1984 : 42 millions d'habitants en Éthiopie.
28 novembre-11 décembre. Mission de sept experts de la F.A.O. sur les possibilités de production agricole.
Décembre. Révélation de l'exode des Fälaša vers Israël (« Opération Moïse »).
Le colonel Mängestu refuse une trêve des combats en Érythrée pour permettre l'acheminement des secours.

1985 *Janvier.* Accident sur le chemin de fer (500 morts).
Création du « Front de libération de l'Érythrée/Organisation unifiée » (président : Osman Saleh Sabbé), rival du F.P.L.E.
Plan de réinstallation d'un million et demi de personnes dans le sud de l'Éthiopie.
Février. Début de la villagisation au Harärgé.
Janvier-mai. Transferts autoritaires de populations vers le sud avec l'aide de l'Aeroflot.

Exode de populations vers les camps et vers le Soudan à cause de la famine.
21 mai. Évacuation forcée du camp d'Ebnät.
Mai. Réorganisation du commandement militaire dans le nord (Érythrée, Tigré, Gondar).
4 septembre. Commission chargée de préparer la Constitution.
Octobre. Réunion à Addis Abäba du Comité National de Planification Centrale annonçant que 580 000 personnes ont été déplacées vers le sud.
Novembre. Polémique dans les média occidentaux sur les déplacements de populations (article du *Sunday Times* affirmant qu'il y aurait eu de 50 à 100 000 morts).
2 décembre. Expulsion de M.S.F.
Décembre. Défection du major Dawit Wåldä Giyorgis, chef de la *R.R.C. (Relief and Rehabilitation Commission).*

Le Front de Libération Oromo revendique une attaque surprise contre l'armée éthiopienne au Wållägga.

1986

15 janvier. Ouverture à Djibouti du premier sommet de l'I.G.A.D.D. (autorité intergouvernementale contre la sécheresse).
17 janvier. Rencontre Mängestu-Siyad Barré à Djibouti.
8 février. Le gouvernement éthiopien annonce un ralentissement des déplacements de populations afin de permettre les évaluations nécessaires.
9 février. Accord entre l'Éthiopie et l'U.R.S.S. sur la prospection pétrolière en Éthiopie.
13 février. Création d'un comité de rédaction de la Constitution.
Avril. Le Comité central du Parti affirme que le projet de Constitution devra être soumis au débat public.
19 mai. Le gouvernement éthiopien annonce qu'il suspend le programme de villagisation pendant la saison des pluies.
21 mai. Le major Dawit donne une interview au *New York Times* dénonçant la politique agraire du gouvernement.
8 juin. Le projet de Constitution est rendu public.
15-22 juin. Les comités de quartier et les associations de paysans débattent sur le projet de Constitution.
Août-septembre. Controverses en Europe sur l'aide à l'Éthiopie.
3 septembre. Défection de l'ambassadeur à Paris, M. Giétačåw Kebrät.
Septembre. Adoption du projet de Constitution par le Comité central du Parti.

Le programme de villagisation redémarre sur une grande échelle au Gamo Gofa.
27 octobre. Défection de M. Goššu Wåldié, ministre des Affaires étrangères.
17 novembre. Offensive du F.P.L.T. et du Mouvement démocratique éthiopien au Wållo.
16 décembre. Défection de l'ambassadeur en Suède M. Tayyä Telahun.

1987

Janvier. Célébration solennelle du centenaire de la bataille de Dogali.
1er février. Référendum pour l'adoption de la Constitution (82 % de oui, 16 % de non).
19 mars. Isayyas Afäworqi secrétaire général du F.P.L.E.
24 mars. Discours du Colonel Mängestu devant le Comité central du Parti

annonçant l'intensification des déplacements de populations dans les prochaines années.
5 avril. Décès de Osman Saleh Sabbé.
22 avril. Création d'une commission nationale pour superviser les élections.
10 mai. Présentation des candidats aux élections.
14 juin. Élections à l'Assemblée nationale *(Šängo)* : 13,4 millions de votants (85,4 % de participants) 835 députés.
3 septembre. Annonce de l'auto-dissolution du *Därg*.
10 septembre. Le colonel Mängestu Haylä Maryam élu président de la République par l'Assemblée nationale.

ÉTHIOPIE, RÉVOLUTION, FAMINE :
QUEL CHEMIN L'ÉTHIOPIE RURALE
A-T-ELLE DONC PARCOURU DEPUIS 1974-1975 ?

Benoît Barbary

L'Éthiopie vient de nouveau d'attirer sur elle l'attention du monde. Il en est ainsi d'un certain nombre de pays dont on ne parle que par à-coups. Les observateurs extérieurs n'ont donc la possibilité de garder présentes à l'esprit que des situations d'exception, et ils comprennent mal comment on a pu en arriver là ; pire, ces situations masquent la vie d'un pays, d'un peuple, d'un gouvernement qui se trouvent jugés et classés en fonction des derniers événements rapportés. A propos de l'Éthiopie on se souvient ainsi de la grande famine de 1973-1974, qui a été le détonateur d'une Révolution sans grands heurts à ses débuts, presque une révolution propre ; puis les choses ont évolué, on a alors retenu les faits marquants d'une guerre civile très dure, l'existence d'un Conseil militaire, le *därg*, dont on saisissait mal et la composition et la logique des décisions ; ensuite on a parlé de la guerre avec la Somalie, de l'alliance avec l'Union Soviétique et Cuba ; enfin il y avait l'éternel conflit érythréen, dont on fait état par moments, comme si ce n'était pas le lancinant et continuel problème qui consomme bien des forces vives du pays.

Aujourd'hui (mars 1985) c'est de nouveau une grande famine qui frappe l'Éthiopie, comme l'ensemble des pays du Sahel, et qui redonne à ce pays le triste privilège d'être à la une de l'actualité des grandes catastrophes. On se souvient alors qu'en 1974 on avait fondé beaucoup d'espoirs sur un changement de régime, pour ne plus voir réapparaître cette dramatique situation, qui semblait dépendre essentiellement d'un type de gouvernement et d'un système de tenure foncière.

Les grandes réformes, dont la Réforme Agraire, survenues par la suite, n'auraient-elles pas permis de venir à bout de ces difficultés ? C'est la question que l'on est en droit de se poser mais à laquelle on ne peut répondre par des simplifications hâtives ou idéologiques. Il faut chaque fois revenir à la réalité des faits, à partir desquels se créent demain et l'avenir. Si l'on veut comprendre un peu cet irritant problème des famines périodiques dans un pays dont le potentiel agricole a la réputation d'être riche, il nous faut revenir à 1974-1975, trouver les liens avec l'histoire antérieure, comprendre un peuple de paysans montagnards qui a eu, à la fin du Moyen Age, des contacts avec les civilisations avancées de l'époque, mais qui est toujours resté vigilant à ne pas se laisser contaminer par l'Étranger, qui a pris les armes plus d'une fois, et avec succès, pour garder la maîtrise de son terroir.

Il n'est pas inutile non plus de regarder l'Éthiopie, dont le cas est malgré tout très particulier, au milieu des autres pays. Nation qui a toujours gardé son indépendance mais qui est aujourd'hui classée parmi les pays les moins avancés. Pays qui a connu l'écriture dès les temps anciens, qui a développé une culture propre en n'y intégrant que très peu d'éléments extérieurs, mais qui aujourd'hui ne peut plus vivre dans l'isolement.

Ces lignes voudraient donc tenter de porter un regard attentif, le plus réaliste possible, sur le pourquoi, les raisons de ce qu'il faut bien appeler un échec, puisqu'une fois encore il n'a pas été possible de maîtriser les conséquences d'un phénomène climatique dont on peut être sûr qu'il se reproduira.

1. LA RÉFORME AGRAIRE DE 1975

Revenons donc à la fin 1974, période où les réformes étaient annoncées par proclamations successives sur les ondes radio. L'indicatif musical qui les précédait arrêtait pratiquement toute activité. On se groupait rapidement autour des postes pour écouter la voix solennelle, grave et lente, du speaker qui, après de longs attendus, lisait le texte de la nouvelle loi. Tous suivaient attentivement la lecture de ces proclamations qui marquaient la fin d'une ère. Chacun essayait de comprendre des textes presque trop clairs, pour des esprits habitués aux longues périodes enroulées sur elles-mêmes, et d'imaginer la portée et les conséquences de leur mise en œuvre. C'est ainsi que le 4 mars 1975 on put entendre proclamer l'une des lois qui marqua l'un des plus grands changements en Éthiopie : « Proclamation pour rendre les terres rurales propriété du peuple. » On attendait depuis longtemps cette réforme agraire. L'Empire de Haylä Sellasié dans son déclin avait multiplié les séminaires de réflexion, les enquêtes, les études, avait même créé un ministère de la Réforme agraire et présenté plusieurs propositions. On connaissait donc bien le problème et sa complexité. Et voilà que tombait la plus radicale de toutes les réformes agraires, dans un pays qui avait certes annoncé son alignement sur l'idéologie socialiste, mais qui était encore loin d'être un pays socialiste.

Le texte de cette 31ᵉ Proclamation est simple et clair[1]. Autant le droit foncier impérial et la tenure des terres relevaient auparavant d'un système complexe, autant le Conseil Militaire Administratif Provisoire, le *därg*, a évité d'entrer dans les détails : toutes les terres rurales deviennent propriété collective

---

1. *Nägarit Gazéta*. 34ᵉ année, n° 26, 29 avril 1975.

du peuple éthiopien ; toute propriété privée est abolie et le texte précise qu'aucune indemnité ne sera versée, tant à un particulier qu'à une institution, pour leurs anciens droits de possession. Par contre, toute personne qui veut cultiver une terre peut disposer d'une surface qui ne doit pas dépasser dix hectares.

C'était l'application du principe « la terre à celui qui la travaille » avec l'impossibilité de louer les services de quiconque pour cultiver sa terre, à l'exception des femmes seules qui n'avaient pas d'autres moyens de subsistance.

Cette réforme comportait un deuxième volet, tout aussi important, qui concernait l'organisation de la société rurale. Des Associations de Paysans devaient être créées pour regrouper les cultivateurs sur une aire d'environ huit cents hectares, suivant des découpages traditionnels. La raison d'être de ces associations était en premier lieu la redistribution des terres, mais elles étaient en même temps dotées des pleins pouvoirs administratifs et judiciaires, dans les limites de leur territoire. C'était un changement radical introduit dans une société de type féodal où celui qui ne possédait pas de terre, donc le paysan, n'avait pas le droit de s'organiser, pas le droit de participer à des réunions, pas le droit du port d'armes. Bien plus, désormais les cas de litige portant sur les questions de terre relevaient du Tribunal de l'Association des Paysans. Les anciens propriétaires devaient donc s'en remettre en cas de conflit à ces tribunaux composés de paysans, pour la plupart anciens métayers : c'était un renversement complet des valeurs, mais c'était aussi la porte ouverte à tous les excès. Il fallut très rapidement repréciser les pouvoirs de ces Associations paysannes, leur donner la personnalité juridique — ce qui n'était pas prévu à l'origine — définir les devoirs et responsabilités, et, surtout, déterminer les limites de leur pouvoir judiciaire. Cette réorientation a fait l'objet d'une nouvelle loi, dix mois plus tard, intitulée : « Proclamation pour la consolidation des Associations de Paysans [2]. »

Il était évident que ces textes courts, concis à l'excès, préparés un peu à la hâte, laisseraient place à interprétation et qu'une jurisprudence serait longue à prendre forme. La subjectivité aidant, les premières lectures ont souvent été erronées. Ainsi il fut très difficile de faire comprendre qu'il ne s'agissait pas d'accorder à chacun dix hectares de terre, mais que c'était seulement la définition d'un maximum possible. L'idée de coopérative et particulièrement de coopérative de production, dont la proclamation annonçait qu'elle serait précisée en temps voulu, fut pratiquement ignorée face au droit de tenure concédé aux paysans qui le confondirent très vite avec un quasi-droit de propriété dont ils rêvaient depuis si longtemps. De leur côté les anciens propriétaires essayèrent de tirer parti de toutes les imprécisions du texte pour jeter la confusion, et résister à un mouvement contre lequel ils ne pouvaient en fait pas grand-chose.

Un point de cette réforme paraît cependant n'avoir retenu l'attention d'aucun commentateur à l'époque de sa publication : la loi enfermait les

---
2. *Nägarit Gazéta*. 35e année, n° 15, 14 décembre 1975. Proclamation n° 71.

agriculteurs dans les limites très réduites et relativement rigides du territoire dévolu à leur Association de Paysans. Nous y reviendrons, car c'était un coup d'arrêt à toute mobilité paysanne.

Des changements qui s'expliquent

D'où partait-on avant la réforme agraire ? Le système foncier hérité des siècles passés, que quelques réformes — sur l'impôt foncier notamment — avaient essayé de modifier, se rattachait encore à un système de type féodal. Celui-ci était caractérisé par plusieurs niveaux de droits ou de privilèges concédés sur une même terre ou un même domaine ; on pourrait dire qu'il y avait plusieurs niveaux de « titres de propriété » pour une même terre [3].

En premier lieu la Couronne avait un droit dit « éminent » sur l'ensemble des terres du pays. Elle pouvait donc soit exploiter par mode de fermage de grands domaines, soit concéder l'attribution d'un territoire, d'un fief ou même d'une parcelle à un individu ou à une institution. S'il s'agissait d'un individu, toujours un notable, l'attribution était liée à une allégeance, à un service que le bénéficiaire devait à la Couronne. En compensation il avait le droit de lever des impôts, d'administrer, de rendre la justice. Ce droit par contre n'était pas définitif, il n'y avait que le cas de l'Église pour laquelle l'attribution pouvait être considérée comme irrévocable.

Au niveau suivant se situait la tenure traditionnelle et régionale qui variait d'une province à l'autre. Dans la moitié sud et le centre de l'Éthiopie, elle était dans beaucoup de cas très proche d'un quasi-droit de possession, soit sur un domaine, soit sur des parcelles, et ce droit était pratiquement acquis. Plus au nord on trouvait une tenure très particulière, le système du « rest ». Celui-ci donnait un droit d'usage sur une terre, parce qu'on avait pu établir un lien de descendance, par son père ou sa mère, avec l'ancêtre-fondateur qui s'était établi sur ce territoire aux temps anciens, et y avait créé une paroisse. Dans le nord de l'Éthiopie le droit de terre était concédé parce qu'on était membre d'une communauté territoriale, et une parcelle était attribuée à chacun des membres chaque année.

Au plus bas niveau on trouvait ceux qui n'avaient que le droit d'établir leur « feu », et encore à titre précaire, sur une terre qu'ils pouvaient travailler s'ils versaient à leurs différents maîtres des redevances en nature, mais aussi s'ils leur rendaient les services qui rappelaient fort le servage et les corvées auxquels était astreint le paysannat européen du temps des seigneurs féodaux. La majorité des paysans éthiopiens se retrouvaient dans ce dernier groupe, surtout ceux du sud et du centre du pays. Ils payaient ainsi en nature selon le bon vouloir de leurs maîtres : en général un tiers de la récolte après séparation des semences gardées par le propriétaire pour l'année suivante. Cette contribution pouvait

---
3. Voir Berhanou Abbebe. *Évolution de la propriété foncière au Choa (Éthiopie) du règne de Ménélik à la constitution de 1931*, Paris, 1971 ; Hoben A., *Land tenure among the Amhara of Ethiopia*, Chicago, 1973 ; Cohen M. and Weintraub D., *Land and Peasants in Imperial Ethiopia : The Social Background to a Revolution*, Assen, 1975.

atteindre, dans certains cas, les trois-quarts de la récolte, puis s'ajoutaient pour tous les journées de travail et les redevances pour le seigneur du lieu et pour l'Église.

On comprend que dans une structure aussi contraignante la réforme agraire ne pouvait être que bien accueillie par l'immense majorité des Éthiopiens, même s'il était difficile d'en imaginer toutes les implications. Le droit éminent de la Couronne sur l'ensemble du patrimoine foncier était transféré au peuple éthiopien ; à l'État revenaient les grandes exploitations et à chaque agriculteur un droit d'usage qui n'était pas sans rappeler ce *rest* dont on a parlé plus haut. Ainsi tous les intermédiaires étaient supprimés et remplacés par l'Association des Paysans. Il n'y avait pas de place, sinon au rang de cultivateur, pour ceux qui avaient fait obstacle sous l'empire du Roi des Rois à toute tentative de réforme agraire. La plupart d'entre eux, noblesse traditionnelle à qui s'étaient joints d'anciens fonctionnaires et militaires de haut rang, ne jouissaient pas d'une fortune extraordinaire mais ils craignaient la moindre réforme qui aurait remis en cause des privilèges et un équilibre socio-économique qu'ils voulaient croire satisfaisant. En effet, grâce au système de métayage et de redevance en nature, ils contrôlaient le stockage, les réserves de semences et la circulation des produits agricoles vers les centres urbains. De plus les contrats de louage des terres ne connaissaient aucune réglementation et permettaient de maintenir dans une sujétion quasi totale les métayers. Ces privilégiés croyaient qu'une atmosphère d'hostilité se développerait entre fermiers et propriétaires du jour où serait introduite par décret ou loi une codification quelconque.

Mise en œuvre immédiate de la Réforme agraire

Il restait à mettre en œuvre la proclamation sur la Réforme agraire. L'armée, qui avait été le moteur de la Révolution, n'oubliait pas ses origines paysannes et la dureté de la vie dans les campagnes. Dès la fin de l'année 1974, le Conseil militaire avait pensé faire progresser dans le milieu rural l'idéologie socialiste, base pour lui du développement du pays et d'un mieux-être du paysannat. Il organisa très rapidement une grande campagne appelée « Campagne du développement par la coopération ». Plus connue sous le nom de *zämäča*, terme amharique qui désigne l'expédition et la campagne militaire, cette opération fut déclenchée avant la Proclamation sur la Réforme Agraire. Soixante mille étudiants et lycéens, garçons et filles des dernières années du secondaire ou de l'Université, leurs professeurs et quelques militaires d'encadrement se trouvaient ainsi à pied d'œuvre, répartis dans quelque cinq cents centres au moment de la mise en œuvre de la réforme. La tâche initiale qui leur avait été confiée était d'expliquer aux paysans les principes du socialisme éthiopien, de les alphabétiser, de les convaincre de mettre les intérêts de la collectivité avant tout et donc de travailler ensemble. L'application de la nouvelle loi entra tout naturellement dans l'attribution des *zämač* (un *zämač* est celui qui participe à la *zämäča*), sous la direction des fonctionnaires du ministère de la Réforme agraire qui venaient d'être nommés dans chaque province.

Les *zämač* participèrent de façon très active à l'établissement des Associations paysannes. L'enthousiasme fut grand au début, surtout dans la moitié sud du pays où l'on désarma les anciens notables propriétaires ; on confisqua leurs terres pour les remettre à l'Association ou à ceux qui les cultivaient. Le fait de pouvoir s'organiser était considéré par les paysans comme un progrès social extraordinaire : pouvoir conduire leurs affaires, être considérés comme des citoyens à part entière avec droit de parole dans les assemblées, partager avec tous une égalité de statut, tout ceci était chose nouvelle. Les Associations s'organisèrent donc très rapidement et moins d'un an après la proclamation 18 000 Associations de Paysans étaient formées. Elles sont environ 20 000 aujourd'hui.

Par contre, et à franchement parler, la redistribution des terres n'eut pas vraiment lieu, et pour cause... dans la plupart des cas les propriétaires ne cultivaient pas eux-mêmes mais faisaient cultiver des multitudes de petites parcelles par des métayers. Il y avait bien des terres inexploitées mais celles-ci furent très souvent utilisées par les Associations comme terres communales où les paysans venaient, bon gré, mal gré, travailler gratuitement, afin de fournir quelques revenus pour construire l'école, un dispensaire, acheter un moulin, faire une route, payer les menus frais d'administration. Très peu de terres restaient donc à distribuer pour agrandir des tenures qui souvent n'atteignaient pas un hectare et rarement dépassaient deux. Les frontières des Associations étaient trop rigides et on excluait les nouveaux venus. Le problème de l'exiguïté des terres n'était pas résolu.

C'est à cette époque que l'on commença à organiser officiellement des transferts de population qui furent mis en œuvre dès les années 1976-1977. Il ne faut pas oublier qu'après la famine de 1973-1974 des groupes de paysans du nord, du Wallo, peu nombreux il est vrai, s'étaient spontanément déplacés vers le sud et avaient occupé des terres basses non cultivées.

L'amorce du tournant politique de 1978-1979

Tous ces changements ne s'effectuèrent cependant pas sans heurts. Poussés par les *zämač*, les paysans avaient vraiment pris le pouvoir. Les nouveaux administrateurs locaux, très souvent jeunes et inexpérimentés, ne pouvaient que laisser faire : ce furent les belles années de la décentralisation. Dans les territoires du centre-nord et du nord de l'Éthiopie, où le type de tenure traditionnelle des terres était différent, le paysannat accueillit la proclamation avec suspicion et méfiance ; son adaptation aux conditions locales posait des problèmes que les *zämač* ne pouvaient résoudre et ce n'est qu'après des aménagements qu'elle put être appliquée. Le *Därg* avait donc allumé un feu qu'il ne maîtrisait pas parfaitement, loin s'en faut. Un bon nombre d'étudiants désertèrent la « campagne » qui traînait en longueur, les nationalismes locaux, si longtemps jugulés, redressèrent la tête. Les prix agricoles, qui avaient été fixés au niveau le plus bas possible pour favoriser les villes, incitèrent les paysans devenus maîtres de leurs récoltes à thésauriser et à consommer davantage, ce qui n'améliorait pas un circuit commercial par ailleurs très désorganisé. Les quelques exploitations commerciales qui devaient être nationalisées, pour permettre l'approvisionnement immédiat des villes, étaient l'objet de discussions avec les ouvriers agricoles qui demandaient la redistribution des terres.

Par ailleurs, les militaires étaient loin de faire l'unanimité parmi les groupes qui se prétendaient détenteurs de la véritable idéologie de la révolution. Enfin, l'Éthiopie gardait les yeux fixés sur deux problèmes majeurs hérités de l'ancien régime et que la Révolution n'avait pas résolu : l'Érythrée et la Somalie[4].

C'est précisément l'époque que choisit la Somalie pour lancer son opération de réunification de la « Grande Somalie », qui devait englober une partie de l'Éthiopie. Pendant ce temps le Front de Libération de l'Érythrée étendait son contrôle sur une grande partie de la région. Il paraissait proche du but qu'il s'était fixé, l'indépendance, et ce n'est sans doute que ses divisions internes — surtout d'origine religieuse — qui ont empêché le Front d'aboutir à ses fins.

Les années 1977-1978 marquèrent donc la grande confusion qui valut à l'Éthiopie une très mauvaise réputation à l'étranger. Une guerre civile, il est vrai, n'est jamais très glorieuse et surtout elle n'est jamais comprise de l'extérieur. Les grandes puissances restaient dans l'expectative à l'Est comme à l'Ouest. L'U.R.S.S. soutenait encore la Somalie et avait pris position pour le Front érythréen. La Révolution éthiopienne hésitait sur le style à suivre. On était parti d'idées très générales empruntées à différentes idéologies socialistes. On parlait de plus en plus de marxisme scientifique, mais il n'y avait pas encore de doctrine bien élaborée. L'accent avait d'abord été mis sur les campagnes qui étaient l'enjeu principal de la Révolution à ses débuts. Les responsabilités données aux Associations de Paysans qui jouaient le rôle de communes rurales ont pu faire croire qu'on s'orientait vers un modèle chinois.

Avec la guerre civile tout s'est vite recentré sur la priorité à la ville. C'était là que résidaient les responsables des différentes factions et tendances révolutionnaires, c'était là que, pendant plusieurs mois, s'affrontèrent, de façon sanglante, les partisans des différentes tendances, formées de militaires, de fonctionnaires, d'employés de bureau, d'ouvriers, d'universitaires. La campagne avait peine à suivre ces divisions subtiles, gardées à demi-secrètes ; elle perdit donc très rapidement de son importance politique et dut reprendre son rôle secondaire de pourvoyeuse de vivres pour les villes.

A cette époque, les États-Unis avaient déjà décidé de suspendre leur aide militaire aux pays qui ne respectaient pas les Droits de l'homme et parmi lesquels fut classée l'Éthiopie[5] qui avait un besoin urgent d'armes tant sur les frontières qu'à l'intérieur.

Moscou choisit alors de se mettre aux côtés de l'Éthiopie et de lui fournir des armes. Après quelques mois la situation se rétablit à la frontière somalienne : l'Ogaden était repris en juillet 1978. Au nord le siège d'Asmara était brisé et surtout la prise de Keren en novembre marquait de façon symbolique le repli

---
4. Lefort R., *Éthiopie : la révolution hérétique*, Paris, Maspero, 1981.
5. 26 février 1977 (décision du président Carter).

du Front érythréen. C'était aussi la fin de la guérilla des rues qui avait éprouvé si durement les habitants d'Addis Abäba et de quelques autres villes. Pour la nouvelle année éthiopienne célébrée en septembre on pouvait noter qu'une étape était franchie ; les choix étaient faits, l'Éthiopie se liait à l'U.R.S.S. et au plan idéologique c'était le début de l'alignement.

Conséquences d'un choix politique

Les conséquences pour les campagnes furent immédiates : recentralisation du pouvoir, reprise en main de l'administration locale et rétablissement de l'ordre hiérarchique administratif, en remettant les Associations de Paysans à leur place, c'est-à-dire au dernier degré de cette échelle. Puis en juin 1979 furent publiées les directives pour la constitution de coopératives de production agricole : c'était l'adoption ferme, cette fois, du principe de l'agriculture collectivisée [6]. Ces directives avaient été formulées en toute connaissance de cause, car le *Därg* avait commandité une étude, début 1979, pour préciser les avantages et inconvénients des coopératives. Cette étude avait eu la franchise de montrer que, du point de vue économique, une politique généralisée et imposée de coopératives agricoles avait toujours été un échec. Par contre, s'il s'agissait avant tout d'inculquer de façon pratique aux paysans, les principes du socialisme, c'était aux décideurs de fixer leur choix. Ces décideurs avaient eu l'occasion à plusieurs reprises de visiter les grandes exploitations collectives des pays de l'Est : rien de comparable avec l'agriculture éthiopienne et le morcellement extrême de ses terres cultivées. Une option a donc dû s'imposer sans difficulté : pour pratiquer une agriculture moderne avec des moyens mécaniques, il fallait d'abord mettre les terres en commun et organiser des coopératives.

Si de leur côté, les fermes d'État éthiopiennes n'avaient que des rendements très faibles, c'était parce qu'elles étaient mal gérées, et que les travailleurs n'étaient pas assez consciencieux. Le remède préconisé était de faire appel à l'esprit du collectivisme pour remettre les choses en ordre : ainsi étaient posées les bases des « directives » pour créer les coopératives agricoles de production. La proclamation de décembre 1975, relative à l'organisation et à la consolidation des Associations de Paysans, avait annoncé une proclamation à venir qui définirait l'organisation et l'administration des coopératives. En fait, ces directives en tiennent lieu. Il fallait ménager les populations paysannes qui étaient restées, en grande majorité, fidèles au gouvernement à cause de sa réforme agraire. De plus, les ministères techniques étaient conscients qu'une telle transformation demandait préparation et formation.

Quelle va être la réaction du paysannat à ces directives ? Pour simplifier on peut la résumer à quelques tendances principales :

— Un petit nombre, qui a toujours fait entière confiance au gouvernement,

---

6. *Addis Zämän* (quotidien de langue amharique) du 26 juin 1979.

qui a été bien encadré, et qui a vraiment foi dans l'association, répond aux directives et commence à mettre en commun ses terres. On arrivera ainsi, quatre ans après la publication des directives, à un petit millier de ces coopératives, en y incluant celles formées de façon obligatoire par les populations déplacées.

— La grande majorité est très déçue, elle avait pris possession de la terre et voilà qu'on veut la lui reprendre ; c'est alors une réaction de méfiance et de retrait avec une pratique de l'inertie et de la passivité qui ne sont évidemment pas sources de grande productivité.

— Enfin, il y a ceux qui ne cachent pas leur opposition et expliquent volontiers que la rétribution du travail au nombre de « points » acquis est trop aléatoire, qu'il n'y aura en fin de compte guère de différence entre un paysan travailleur et un paysan paresseux, que chacun connaissait bien sa terre, mais qu'il n'en sera plus de même lorsque tout sera regroupé. Les raisons ne manquaient pas d'être opposé à ces directives.

Le grand élan de la Réforme agraire aurait dû être entretenu. Il aurait sans doute fallu le canaliser, l'orienter pas à pas vers de meilleurs rendements, effectuer ou susciter quelques regroupements de terre, inciter à produire plus. Il aurait surtout fallu faciliter et encourager les déplacements et les organiser.

Ce n'était pas une tâche aisée étant données les conditions de l'agriculture éthiopienne mais il était certainement possible à partir des Associations de Paysans de mettre en route et d'entretenir un processus de développement. Le principe de l'agriculture collectivisée est trop ridge, trop étranger aux mentalités paysannes pour réussir, bon nombre de fonctionnaires en sont d'ailleurs conscients et les officiels éthiopiens l'ont reconnu publiquement il y a quelques mois en constatant à regret que la collectivisation n'était pas un bon stimulant et que l'on devait maintenant envisager des solutions différentes se substituant à l'organisation systématique des coopératives de production. On envisageait ainsi la distribution de superficies de deux hectares par famille pour les populations déplacées : question cruciale qui devra être suivie.

Voici donc résumée à très grands traits, l'évolution du contexte politique dans lequel les paysans éthiopiens ont vécu ces dernières années. Ils sont passés d'un type de conditions sociales qu'on pourrait qualifier des plus attardées, à une prise soudaine et presque inattendue de pouvoir, de responsabilités et d'initiatives, pour finalement revenir, non pas à l'état antérieur, mais à un rôle de second plan, malgré leur très grande importance dans l'économie du pays.

Le paysannat éthiopien a encore un long chemin à parcourir : cette évolution sociale à marche forcée, à contrecoups, n'est pas sans aspects positifs, mais elle le laisse, pour l'immédiat, très vulnérable et mal à l'aise. Ce sont des aspects à ne pas négliger quand on veut comprendre l'Éthiopie actuelle.

2. UNE AGRICULTURE ENRACINÉE DANS DES TERROIRS RÉGIONAUX

Si donc depuis dix ans le cadre social et l'environnement politique du paysan éthiopien ont changé du tout au tout, la vie campagnarde et surtout la pratique de l'agriculture sont restées bien semblables à ce qu'elles étaient auparavant. On peut encore parler aujourd'hui d'une véritable agriculture de terroir régional, au sens où les paysans connaissent les particularités de leurs terres, leurs qualités et leurs limites, et savent finalement en tirer le meilleur parti avec les moyens dont ils disposent. Ce sont des terres qu'ils ont cultivées de génération en génération et auxquelles ils se sont attachés même s'ils n'en avaient pas la possession. Des générations de paysans ont ainsi traversé les siècles en gardant sensiblement les mêmes techniques et les mêmes pratiques agricoles. Ils ont créé un système de culture relativement équilibré et adapté, qui n'appelait pas de changements importants. La culture attelée remonte bien au-delà du Moyen Age. Les miniatures les plus anciennes que l'on ait retrouvées (XIVe siècle) nous montrent un type d'araire tiré par des bœufs attelés sous un joug rudimentaire, le tout parfaitement semblable à ce que l'on peut voir aujourd'hui.

Le premier élément naturel dont le paysan éthiopien doit tenir compte, c'est l'altitude. Les cultures s'échelonnent et se diversifient de 3 000 mètres à 1 500 mètres environ d'altitude. A un niveau inférieur, on trouve les régions qu'il appelle « désertiques ». Les cultures se font plus rares et laissent peu à peu place à une savane arborée où les populations semi-nomades qui l'habitent pratiquent l'élevage. Par contre, les hauts plateaux et les terres d'altitude jouissent d'une double saison des pluies très propre à une agriculture intensive. Aux environs du mois de mars, les basses pressions du sud et du sud-est de l'Afrique provoquent une première saison des pluies venant de l'océan Indien. Ces pluies sont en général moins intenses et moins longues que celles des mois d'été. Elles permettent soit une première récolte, soit un semis dans de bonnes conditions de céréales à cycle plus long qui profiteront ensuite de ce qu'on appelle la grande saison des pluies. Celle-ci se situe entre les mois de juillet et septembre. Ce sont les pluies équatoriales venant de l'ouest et du nord-ouest du pays. Elles transforment normalement l'Éthiopie en un immense château d'eau, aussi bien pour elle-même que pour les pays voisins.

Les contraintes

Ce mécanisme des pluies n'a malheureusement pas la régularité qu'on souhaiterait lui connaître. C'est bien là qu'il faudra chercher encore pour longtemps la cause importante des sécheresses qui engendrent les famines. L'année 1984 n'a ainsi connu aucune pluie avant le mois de juin, fait très rare mais non inconnu, c'est ce qu'il faut souligner. Les Chroniques Royales font mention au cours de l'histoire d'Éthiopie de sécheresses catastrophiques et de famines semblables à celles que l'Europe a pu connaître il y a quelques siècles. Du XVIe siècle au XVIIIe siècle, plus de dix famines sont relevées dans ces chroniques, deux au XVIIIe siècle, puis les dates sont plus faciles à préciser : 1800, 1835, 1865 et une grande famine de 1888 à 1893 durant laquelle le tiers de la population aurait péri. Plus proches de notre époque des famines sont signalées en 1913-1914, en 1932-1934 dans tout le sud du pays, en 1953 dans le nord, en 1957 avec plus de 100 000 morts et des vivres qui pourrissent sur les quais des ports. C'est ensuite 1966, 1970 et 1973, cette famine qui ouvrit les yeux de l'Éthiopie et du reste du monde sur une situation malheureusement chronique et ancienne avec chaque année une ou plusieurs poches régionales sévèrement frappées par la sécheresse.

Après ces mauvaises années, un ou deux ans passent et ceux qui ont survécu à l'épreuve oublient et la sécheresse et la famine. Les greniers traditionnels, jarres, paniers, trous dans la terre, se remplissent d'orge, de blé, de maïs, de sorgho, de haricots et de fèves et de cette petite céréale qui permet de faire la galette d'*engéra* si appréciée des Éthiopiens, le *téf*. A noter la valeur nutritive assez remarquable de cette dernière, même si les rendements à l'hectare sont faibles[7]. Malheureusement les greniers n'ont pas besoin d'être très grands : on vend rapidement pour rembourser une dette, les rongeurs et autres prédateurs ont déjà pris un lourd tribut sur les récoltes (près du quart). Il faut donc encore faire la soudure et les premières pluies sont les bienvenues.

Dans une grande partie du sud-ouest du pays la carte agricole d'Éthiopie fait apparaître les provinces où l'on cultive l'ensete *(ensät)*. Cette Musacée dont la gaine des feuilles forme comme un tronc de plus de soixante centimètres de diamètre, est une ressource remarquable. Elle ne donne pas de fruits comestibles, comme le bananier à qui elle ressemble, mais permet d'obtenir par raclage des gaines foliaires une pulpe que l'on laisse fermenter en terre quelquefois très longtemps (d'une dizaine de jours à cinq ou six mois) pour en faire des galettes en suivant différentes préparations culinaires. La valeur nutritive est faible[8], essentiellement de l'amidon, mais cette plante, dont le cycle général est de sept ans, a l'avantage de résister aux grandes sécheresses et d'éviter les pires catastrophes en fournissant le minimum de calories alimentaires. Malheureusement peu de recherches ont été menées sur cette plante et l'on ne sait pas lutter contre des maladies d'origine bactérienne qui provoquent chaque année des dégâts importants dans les plantations familiales.

Si l'agriculteur éthiopien est soumis aux aléas des pluies, des maladies des plantes, et des insectes, il s'est donné une autre contrainte qui limite sa production : il veut rester sur la terre cultivée par ses ancêtres, près de l'Église et des images des saints qui le protègent. Avec une croissance de population, même réduite, sans autre possibilité que de cultiver la terre, on imagine facilement la réduction progressive des superficies cultivées par chaque famille. Il faut alors gagner sur les forêts, les pâturages, les jachères. Le capital forêt disparaît peu à peu, l'érosion s'accentue sur des sols de montagne fragiles. La

---
7. Ghiglione C. et Lemordant D. Sur deux produits alimentaires éthiopiens : la farine de tef et la pâte d'ensete. *Journ. d'Agric. Trop. et de Bota. Appl.*, XXV, 3, 1978 : 185-193.
8. Ghiglione C. et Lemordant D., *o.c.*

disparition du bois oblige à utiliser le fumier comme combustible au lieu de le garder comme engrais naturel... Ainsi se déclenche le processus créateur de terres arides qui rend désastreuses des années qui auraient pu n'être que difficiles. L'exploitation agricole se concentre sur des superficies réduites où est pratiquée une agriculture de jardinage, avec des variétés de semences toujours semblables et des bœufs de faible gabarit qui continuent à tirer l'araire traditionnel, incapables qu'ils sont de tracter un matériel plus lourd.

La production n'est pas mauvaise mais elle reste très faible pour une famille.

Il serait injuste de laisser croire qu'il n'y a jamais eu d'évolution dans cette agriculture. L'introduction de nouvelles plantes et variétés s'est pratiquée de tout temps. Plus récemment les paysans de certaines régions ont accepté volontiers d'utiliser les fumures minérales complémentaires et des semences sélectionnées qu'il fallait acheter. Ils ont participé à des travaux de conservation du sol, grand problème des zones de montagnes déboisées. Certains ont demandé qu'on leur offre une formation agricole et pratiqueraient volontiers l'horticulture. Le café, principale source de revenu en devises étrangères (60 à 65 %), a longtemps été cueilli presqu'exclusivement sur des arbustes sauvages. La culture du caféier se développe peu à peu et l'exigence des stations de lavage et de dépulpage du café ont conduit à une amélioration de la production. Le bétail, autre source importante de devises pour les cuirs qu'il fournit, a été soumis à de larges campagnes de vaccinations.

Ces évolutions ne peuvent être que lentes. Aller trop vite est souvent néfaste. On a ainsi en 1973 des zones normalement peu sensibles à la sécheresse touchées par la famine parce que les paysans avaient trop bien suivi les conseils des vulgarisateurs et abandonné leurs cultures traditionnelles résistant au moins partiellement aux variations climatiques. Les cultures améliorées n'étaient pas encore assez bien maîtrisées et ce fut la catastrophe, ce qui bien évidemment peut expliquer des réticences par la suite pour une agriculture dite moderne.

Vie sociale et économique à la campagne

Mais, revenons au cultivateur, au paysan qui connaît si bien la terre qu'il cultive que les conseils extérieurs ne lui paraissent pas *a priori* d'une grande utilité. Il sait par ailleurs qu'il peut compter sur ses voisins pour l'aider que ce soit pour les labours ou la moisson. Un bœuf ou un attelage ne se louent pas, ils se prêtent. Les maisons, modestes huttes couvertes de chaume plantées au milieu des champs, sont à portée de voix l'une de l'autre et les messages passent de lieu en lieu sans que l'on sache trop jusqu'où ils vont. Les claquements de fouet se répercutent le matin d'un champ à l'autre car c'est aux mêmes jours et aux mêmes heures qu'on commence les travaux des champs. La vie campagnarde reste ainsi faite d'individualisme et d'association spontanée, délimitée par l'appartenance au même voisinage, à la même paroisse, au même groupe de dévotion à un Saint-Patron.

Les biens circulent peu, on vit de sa propre production et les échanges sur le marché local se réduisent au minimum, du sel, du sucre, des allumettes, une pile électrique, une cruche ou un panier, des lanières de cuir ou un fer d'araire, de temps en temps un vêtement neuf, surtout au moment des fêtes. Le marché est d'abord le lieu où l'on rencontre les connaissances, la famille, où l'on échange les dernières nouvelles, où l'on se retrouve entre amis autour de la jarre de bière locale. Au moment des récoltes, le paysan peut y vendre ses maigres surplus, mais très souvent il les a déjà cédés à un commerçant venu avec son âne jusqu'à la ferme. Ainsi commence un circuit très long où les petites quantités finissent entre les mains d'un grossiste à la capitale provinciale, puis à Addis Abäba. Les prix montent d'étape en étape et chacun des nombreux intermédiaires ayant pris sa commission il ne reste au paysan producteur qu'un prix souvent dérisoire comparé à celui du marché d'Addis Abäba.

Depuis la Révolution le gouvernement a essayé d'intervenir pour modifier ces mécanismes et contrôler les prix des produits agricoles. Mais tout se tient dans un tel système et le bon équilibre n'est jamais très bien atteint. Un contrôle trop strict avait entraîné une réaction de rétention des denrées agricoles à la base et, dans un pays qui n'a pas de réserves, les villes n'étaient plus alimentées. Il fallait donc obliger les paysans à vendre. Sans augmenter les impôts, on leur a demandé de nombreuses contributions monétaires pour la défense de la mère patrie, pour l'alphabétisation pour la construction d'une route locale, d'une école secondaire, d'un centre de formation régional... Les produits agricoles sont revenus sur le marché mais on n'était plus très loin des prélèvements effectués sur les métayers de l'ancien régime, non plus en nature il est vrai, mais au moins en valeur.

Une autre mesure avait été prise dès le début de la réforme agraire pour essayer de régulariser les cours des produits agricoles : on avait créé des Coopératives de services. Celles-ci étaient chargées de fournir à plusieurs associations de paysans regroupées les denrées alimentaires de base venant des villes ainsi que les intrants agricoles, engrais chimiques, semences et pesticides. En revanche elles devaient revendre les récoltes des paysans. Le principe était intéressant et les paysans, qui pour la plupart sont de piètres commerçants et se laissent facilement tromper par les professionnels, ont pensé que ces coopératives résoudraient enfin leur vieux problème de commercialisation. Mais s'il est relativement facile d'organiser une boutique de petits produits ménagers et alimentaires courants, c'est un travail très difficile de s'occuper des intrants et de la vente des céréales. C'est une spécialité à laquelle les membres des coopératives n'étaient pas formés. Par ailleurs ces coopératives avaient l'obligation de vendre leurs produits au représentant local de l'Office national de Commercialisation des produits agricoles à un prix fixé par le gouvernement, prix maintenu évidemment le plus bas possible pour éviter l'inflation en ville.

Nouveau blocage, alors que le gouvernement aurait voulu que les principaux produits comme les céréales et le café soient entièrement commercialisés par l'Office national créé à cet effet. Ce office n'était en fait pas mieux équipé pour commercialiser les innombrables petits surplus de chacun des paysans indépendants qui produisent plus de 93 % du total des produits agricoles. A défaut une demi-mesure fut prise, on laissait aux commerçants le travail de collecte mais pour obtenir un permis de vente à l'extérieur de la province, ils devaient revendre à l'Office national la moitié de ce qu'ils voulaient acheminer vers les villes. Inutile de préciser que les commerçants ont vite trouvé des parades et que les 50 % ont été dans la pratique très réduits. Les producteurs paysans se retrouvaient donc encore une fois sans aucune incitation à produire car les prix aux producteurs étaient maintenus au plus bas niveau.

Relations campagnes-villes

Il faut bien nourrir les villes, surtout Addis Abäba qui compte environ un million et demi d'habitants. Les salaires y sont en général très bas, l'industrie n'emploie pas cent mille personnes. En dehors des commerçants, les fonctionnaires, les militaires et les employés de bureau forment la part importante des populations urbaines bénéficiant d'un modeste salaire. L'État ne peut se permettre de laisser monter les prix, et c'est à la société rurale que revient en définitive la part la plus lourde de cette politique. Elle baisse la tête comme elle avait l'habitude de le faire. Il faut cependant être juste et ne pas dire qu'on est revenu au passé, mais un pas en arrière a été fait après 1978, nous avons eu l'occasion de le signaler. L'administration centrale a repris ses droits et ses pouvoirs ; les paysans ont dû renoncer à des acquis pour lesquels, il faut le reconnaître, ils n'avaient pas été les premiers à se battre, étant donnée l'ignorance dans laquelle ils avaient été maintenus. Les habitudes de soumission quelque peu fatalistes ont refait surface çà et là. En même temps réapparaissait la méfiance traditionnelle du paysannat. Les slogans et les discours politiques ne sont plus beaucoup de mise dans les Assemblées Paysannes où l'on écoute poliment le représentant du Parti venu présenter les thèses officielles. La seule chose à laquelle on ne peut échapper, ce sont les contributions monétaires, encore qu'il n'ait jamais été honteux de passer par la prison qui reste le châtiment infligé par les puissants aux plus faibles.

Le principal problème est la stagnation qui résulte d'une telle situation. Plus personne n'ose ou même n'a le goût de bouger, d'avancer et si par hasard vous tentiez de le faire en suivant les directives officielles parce que, d'une manière ou d'une autre, vous voulez progresser, l'agent subalterne du Parti aura vite fait de l'interpréter comme une tentative pour échapper à la condition générale ou pour créer des injustices.

Le développement n'est facile pour personne pas plus pour ceux qui sont chargés de l'organiser que pour ceux qui sont à la production. Tous doivent s'adapter à de nouvelles situations. L'habitude de prévoir et de gérer, qui est le propre d'une économie de marché et d'une société d'échanges, n'est pas une composante des systèmes d'autosubsistance traditionnelle. Les campagnes éthiopiennes, à la différence de celles d'autres pays africains, ne sont encore jamais entrées dans un système ou l'échange monétaire avait déjà pris un peu d'importance. Le paysan éthiopien n'a pas d'argent, il ne peut donc faire le moindre investissement. Le seul capital dont il dispose, c'est son terroir, mais celui-ci a déjà été bien mis à mal et lors d'une année de sécheresse tout empire.

3. QUELLES SOLUTIONS ? DÉPLACEMENTS DE POPULATIONS

Quelles pourraient être les solutions pour éviter de tels drames que le monde de 1985 ne peut plus admettre ? On peut en imaginer de multiples et les experts savent très bien ce qui peut être fait aussi bien pour freiner la désertification que pour faire rendre à la terre de quoi constituer des stocks pour les années sans eau. Il est possible de dénombrer les facteurs limitants et les blocages et de trouver à chacun des remèdes ou des parades ; on l'a bien fait pour la vieille Europe, pourquoi pas pour les pays du Sahel et de l'Afrique ? Mais tout ceci reste technique et écologique. A partir du moment où l'on touche au domaine socio-économique, il faut compter avec des populations qui sont les acteurs du développement et là tout change car il y a un facteur temps ajouté aux impondérables que connaît toute société. Il y a des étapes à franchir et ces étapes ne se recopient pas sur celles suivies antérieurement par d'autres sociétés car le contexte est obligatoirement différent. Il y a aussi le modèle politique que chaque pays a choisi, il est souvent mal défini ou à l'inverse trop rigide.

L'Éthiopie n'échappe pas à ces contraintes : c'est ce que nous avons essayé de souligner ici en montrant la complexité des facteurs et des éléments dont il faut tenir compte, sans oublier l'interaction des uns sur les autres. Le gouvernement Éthiopien et ses ministères techniques, en plus de l'aide sollicitée à l'extérieur, ont préparé un certain nombre de mesures spéciales afin de parer au plus urgent. L'une d'entre elles a provoqué beaucoup de réactions dans le monde : il s'agit d'un redéploiement d'une partie des populations du nord (surtout Wållo et Tigray) sur d'autres terres. On l'a vu, la population éthiopienne est concentrée sur les hauts plateaux et n'occupe que 10 % des surfaces cultivables sur l'ensemble du territoire. L'exiguïté des terres est devenue un tel problème qu'il faut décongestionner ces régions. L'organisation en Associations de Paysans a freiné les mouvements de populations qui par nature n'avaient pas tendance à changer de place. Il faut s'adapter à un autre environnement, à d'autres cultures, changer ses habitudes alimentaires et surmonter les craintes qu'entraîne la mauvaise réputation des régions plus basses et peu peuplées.

Cette solution n'est pas nouvelle, elle était déjà préconisée sous l'empereur Haylä Sellasié. Ce qui a choqué le monde, c'est la façon dont elle a été décidée : très rapidement et dans un contexte de régions dont l'opposition armée au gouvernement est bien connue. A ceci s'ajoute le manque de préparation des structures d'accueil et d'organisation ou infrastructures locales ; mais d'un autre côté, est-ce la plus mauvaise solution ? On l'a déjà dit, il n'y a pas de bonne solution quand on n'est pas préparé. Dans les pays où la population est plus mobile, l'administration locale a aussi dû prendre des mesures autoritaires pour canaliser des flux qui auraient pu être dramatiques. Évidemment lorsque l'on veut transférer en quelques mois un million et demi de personnes, on prend des risques plus importants, et il restera encore une énorme population sur ces terres usées où l'infrastructure médicale et économique est très pauvre. On peut d'ailleurs penser que celle-ci sera plus facile à établir sur les nouvelles terres comme l'ont montré les expériences antérieures. L'inquiétude portait aussi sur le mode collectiviste des nouvelles installations. Cette crainte était fondée puisque c'est ce qui avait été pratiqué ces dernières années et l'on en connaît les conséquences humaines et économiques. Or, dans ce cas précis les autorités éthiopiennes ont affirmé que leur intention était de diviser en lots de deux hectares pour chaque famille, les nouvelles superficies à mettre en culture. Ce qui serait avantageux à tous points de vue y compris celui non négligeable de la sauvegarde de haies et de boqueteaux.

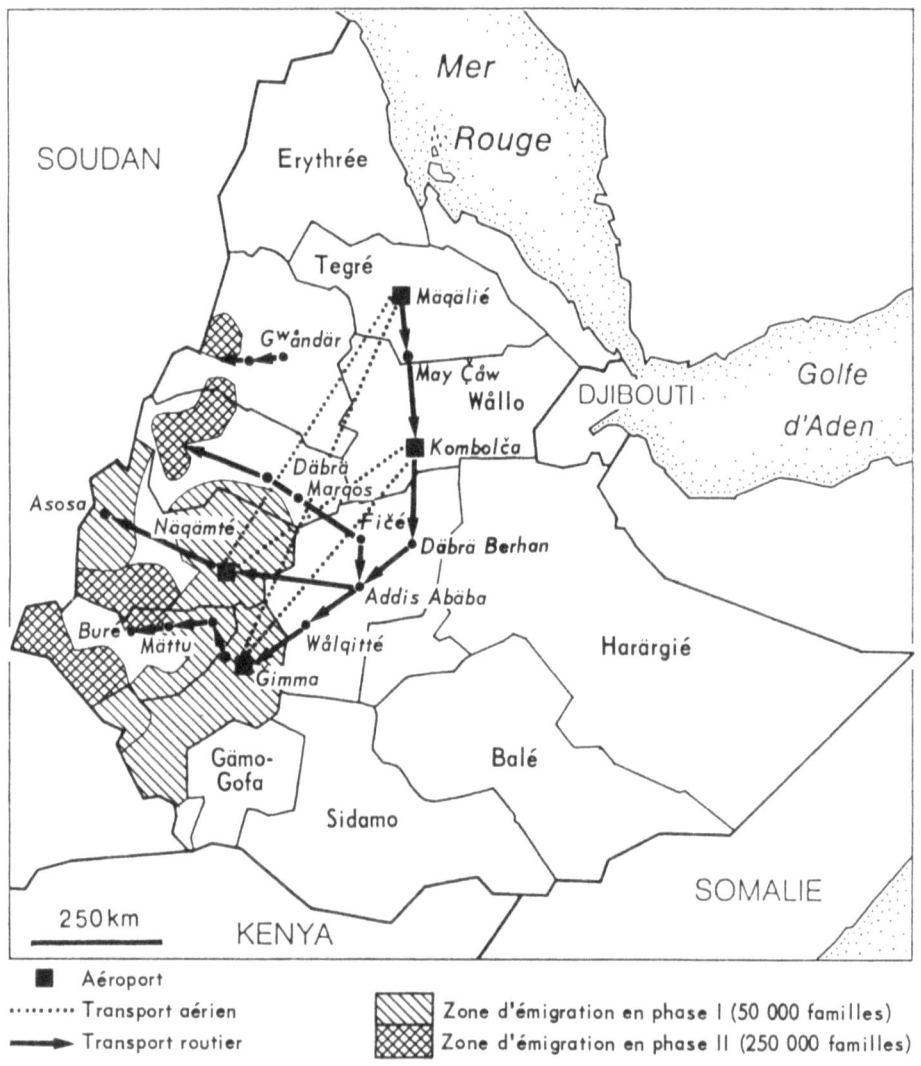

3. Mouvements des populations affectées par la sécheresse vers leurs nouveaux lieux d'établissement

Ces transferts de populations ont déjà été pratiqués avant 1984. Plus de 40 000 chefs de famille soit environ 200 000 personnes ont été réinstallés sur 83 sites. La Commission de Secours et Réhabilitation estime que 57 de ces centres sont maintenant autosuffisants. Le plus important de ceux-ci, *Asosa,* comptait plus de 7 000 familles dont beaucoup venaient du Wållo. La production agricole de cet établissement correspondait sensiblement aux besoins des populations à la fin 1984.

Il faut aussi souligner les avantages théoriques de ces transferts qui peuvent devenir avantages pratiques après quelques années : mise en culture de terres non exploitées jusqu'ici, rééquilibrage des densités de population et désenclavement de groupes autrefois très isolés, possibilité et même obligation pour les paysans d'innover parce qu'ils ne peuvent transférer leurs habitudes et techniques sans adaptation.

Il y aura sans doute des « bavures » dans ce grand mouvement, c'est pourquoi on aurait préféré un plan mieux préparé. Mais il faut faire vite et encore une fois il faut souligner que l'une des caractéristiques des pays en développement c'est de ne pas avoir les moyens de prévoir en toute connaissance de cause et de devoir trouver des solutions aux problèmes quand il est déjà presque trop tard. En tout cas ces transferts et réinstallations de population sont à suivre et l'aide extérieure peut certainement s'y appliquer.

Pendant ce temps il faudrait que les hautes terres du Wållo, du Gondär et du Tigray soient revitalisées. Ceci suppose qu'on laisse la nature reprendre ses droits dans des zones mises en défens où ni l'homme, ni les animaux n'empêchent le développement d'un couvert bien nécessaire au maintien du sol et à une protection spontanée d'espèces arborées et fourragères.

Ce rapide survol a évité d'entrer dans les données chiffrées qu'on peut maintenant trouver ailleurs. Le but était plutôt de situer le contexte de cette famine 84-85 et de souligner la complexité des données qui entourent deux phénomènes bruts dans leur réalité : des années de sécheresse et une explosion démographique importante (42 millions d'habitants en 1984 avec un taux de croissance annuel de 2,9 % et une population rurale à 88,7 %). Si la société éthiopienne est sortie définitivement de la société de type féodal qu'elle connaissait il y a dix ans, il lui reste une longue route à effectuer d'autant plus qu'au plan technique très peu de chemin a été parcouru pendant ce temps. Formuler ou dicter une conduite à un gouvernement et à un peuple est relativement facile, mais il est plus utile de les aider à analyser la situation, à établir des diagnostics qui correspondent à la réalité et à soutenir des actions à la mesure des possibilités de ce peuple. Ce qu'on peut leur demander, et ceci vaut peut-être particulièrement pour l'Éthiopie, c'est de ne plus conduire isolément leur destinée, mais de la conduire dans une relation aux autres pays du monde où il faudrait bien que chacun ait sa place originale.

Mars 1985

LES RÉFORMES AGRAIRES
1974-1984

Alain Gascon*
U.A. 94, C.N.R.S.-E.H.E.S.S.

Si j'avais à déterminer la date qui a marqué la rupture irréversible avec l'« Ancien Régime », je choisirais le 4 mars 1975, annonce de la Réforme Agraire. La déposition d'un souverain ou les exécutions de dignitaires qui marquèrent l'année 1974 n'étaient pas une nouveauté dans l'histoire de l'Éthiopie, par contre, c'était la première fois que le gouvernement s'attaquait à l'immémorial et intangible édifice hérité du *Fetha Nägäst*[1] glorieux. C'est, armés de cette loi et de mots d'ordre comme « la terre à ceux qui la travaillent » que les étudiants mobilisés dans la *zämäča* firent d'un putsch « urbain » une révolution agraire radicale propagée jusqu'au fond des campagnes. Rarement cette marche vers la Révolution fut une marche triomphale : beaucoup d'étudiants et de paysans ont péri dans des affrontements sanglants contre les tenants de l'ordre ancien. Il s'y mêla une résurrection brutale des conflits « inter-tribaux », « inter-nationalités », si bien qu'on ne sait toujours pas comment cette première Réforme Agraire gagna les districts les plus reculés et ce qu'elle a pu changer. Les obstacles du relief, les imbrications des ethnies rivales ont permis aux adversaires de la réforme de résister quatre ou cinq ans ou même de résister encore !

La crise intérieure violente de 1977-1978 et la guerre en Érythrée et en Ogadén ont accentué le repli des campagnes sur elles-mêmes.

Le gouvernement laissa l'Éthiopie s'atomiser en une « république des associations de paysans » et des *qäbälé*, en leur confiant tous les pouvoirs locaux pourvu qu'elles fournissent des hommes et du grain.

Après les terreurs blanche et rouge de 1977-1978, on assista à une nette reprise en main : le pouvoir militaire, fortifié par ses succès et par l'aide soviétique, était résolu à imposer depuis Addis-Abäba le « socialisme scientifique » pour rompre résolument avec le sous-développement et le mode de production « féodo-bourgeois » *(sic)*.

---

* Auteur d'une thèse de doctorat (3e cycle) : « Identité culturelle et contrôle de la terre... le pays Mécca (Éthiopie du centre-ouest) de l'ancien régime à la révolution », Paris, E.H.E.S.S., 1983.
1. La Justice des Rois : Code civil et religieux de l'Éthiopie traditionnelle.

Depuis juillet 1979, de nouvelles coopératives sont « proposées » aux paysans éthiopiens dont les lopins personnels rétrécissent de 10 ha à 1 000 ou 2 000 m². L'accent est mis sur la socialisation des moyens de production au sein de coopératives de producteurs (en amharique, *hebrät-erša*) dont la parenté avec les kolkhoz est évidente. Les surplus de terre ainsi dégagés sont adjoints aux Fermes d'État mécanisées (sovkhoz) et doivent assurer de substantielles exportations et l'indépendance alimentaire.

On peut en conclure à ce point de l'exposé que nous sommes en présence d'un schéma soviétique : un partage pour se concilier les « larges masses paysannes » puis, quand le pouvoir est assuré, la reprise de la terre.

La question des réformes agraires se situe au centre de la polémique sur les causes de la famine qui ravage l'Éthiopie. Personne ne nie le caractère exceptionnel et catastrophique de la sécheresse qui frappe les provinces du Nord depuis plusieurs années.

Pourtant, les avis divergent quand il s'agit de mettre en cause les autorités éthiopiennes, non pas seulement dans la lenteur et la mauvaise organisation des secours, mais dans la volonté de reprendre en main les associations de paysans pour développer les grandioses Fermes d'État aux dépens de l'agriculture vivrière.

La question des secours aux populations n'est pas simple pour qui connaît l'inextricable labyrinthe du relief et l'absence de réseaux de communications. Il faut tenir compte au Nord de la guerre qui règne depuis plus de 20 ans (ainsi en 1943, la répression de la révolte des *wåyyané* entraîna une famine au Tigré). Même les autorités et les chercheurs éthiopiens reconnaissent les réticences des paysans éthiopiens à renoncer aux 10 ha théoriques auxquels la Réforme de 1975 leur donnait droit.

Ne sont-elles qu'une appréhension des communautés rurales devant le changement, le progrès ou la modernisation ? Y a-t-il une sorte de grève du zèle de la paysannerie comme dans bien d'autres pays et comme pratiquée couramment sous l'Ancien Régime ?

J'ai déjà entendu de tels discours sur « l'esprit de routine » des paysans lors de mon séjour de 1969 à 1971 à Ambo, au *Méčča* (à 125 km à l'ouest d'Addis-Abäba). Quand je suis revenu en 1975 au moment de la *zämäča,* la « Campagne d'Alphabétisation Révolutionnaire », j'ai mesuré combien étaient profondes les transformations survenues depuis la réforme du 4 mars 1975 et le rôle des étudiants dans ce bouleversement.

Pendant neuf ans, je n'ai pas pu retourner en Éthiopie et en novembre dernier, je n'ai eu ni l'autorisation ni les moyens de retourner à Ambo. J'ai donc préparé ce texte à l'aide d'ouvrages et d'articles, essayant de les recouper avec mon expérience personnelle. Donc, en ce qui concerne la période d'après 1975, cette communication est tributaire de mes lectures ; je ne demande qu'à modifier mon avis en allant me rendre compte par moi-même[2].

---

2. Le souhait formulé en 1985 a été réalisé au printemps 1987.

LA RÉFORME DE 1975 ET LA FIN DE L'ANCIEN RÉGIME

Pour comprendre comment la réforme de mars 1975 marqua l'effondrement de l'Ancien Régime, il faut montrer que l'Ancien Régime ne pouvait faire la réforme qu'en disparaissant. Quand on lit, sans connaître le terrain, l'impressionnant recueil de proclamations, décrets et déclarations pris par Haylä-Sellasé Ier, pour améliorer le sort de ses sujets paysans, on ne se rend pas compte que cette politique n'est qu'un « trompe l'œil » ; il n'y avait pas plus acharnés à réclamer les droits et les services abolis que les membres de la famille royale (Cf. Gilkes, Markakis) ou les hauts fonctionnaires (le *ras* Mäsfen au *Méčča*). Le meilleur exemple est « l'impôt au lieu de la dîme » saboté par le Parlement, les fonctionnaires et les propriétaires qui continuèrent à exiger au vu et au su de tous la dîme supprimée.

On peut être sûr que lorsqu'un *ras* ou un prince s'établissait dans une région, tous les projets internationaux d'amélioration de l'agriculture soit échouaient, soit étaient récupérés (témoignage personnel à Ambo et de Ståhl à Bako).

Cohen et Weintraub mettent bien en relief l'énorme importance des terres *mängest* (de la couronne), principalement situées dans le Sud, dans les régions conquises au siècle dernier par les troupes de Menilek : les basses-terres périphériques et les hautes-terres du Sud et de l'Est. Selon le droit traditionnel éthiopien, toute population vaincue perdait ses droits sur la terre au profit du vainqueur et devenait hôte précaire sur cette terre.

Cette énorme masse de terres (46 % du territoire, 11,8 % de la S.A.U.)[3] servit à rétribuer les artisans de la conquête puis les fonctionnaires salariés de l'Administration centralisée plus récente. Menilek, puis Haylä-Sellasé Ier, en aliénant ces terres confisquées ont assuré leur puissance à l'intérieur et à l'extérieur de l'Éthiopie. Ils ont donné la terre, avec des paysans autochtones devenus tenanciers précaires à part de fruit, et aussi des assignations fiscales : les bénéficiaires pouvant conserver une partie des sommes collectées. On imagine sans peine les abus résultant d'une telle situation, les paysans ayant en face d'eux un administrateur, un collecteur d'impôts et un propriétaire en une seule personne. Il se pouvait que ce personnage soit de plus un ecclésiastique.

La conquête italienne démontra aux maîtres de la terre que la mécanisation des exploitations permettait de se passer des paysans. On recourait aux dispositions traditionnelles pour les évincer : comme dans la « Rift-Valley » et au *Méčča* pour créer des plantations sucrières ou cotonnières, d'*Awasa* au sud à *Tendaho,* au Nord, en passant par *Wånği, Mätahara,* etc. Cette alliance monstrueuse du *Fetha Nägäst* et du tracteur provoqua l'échec du projet C.A.D.U.[4] dans l'*Arsi* et déclencha un exode rural sans précédent (Cohen et Weintraub).

---

3. S.A.U.: Surface Agricole Utile.
4. C.A.D.U. : Chilalo Agricultural Development Unit.

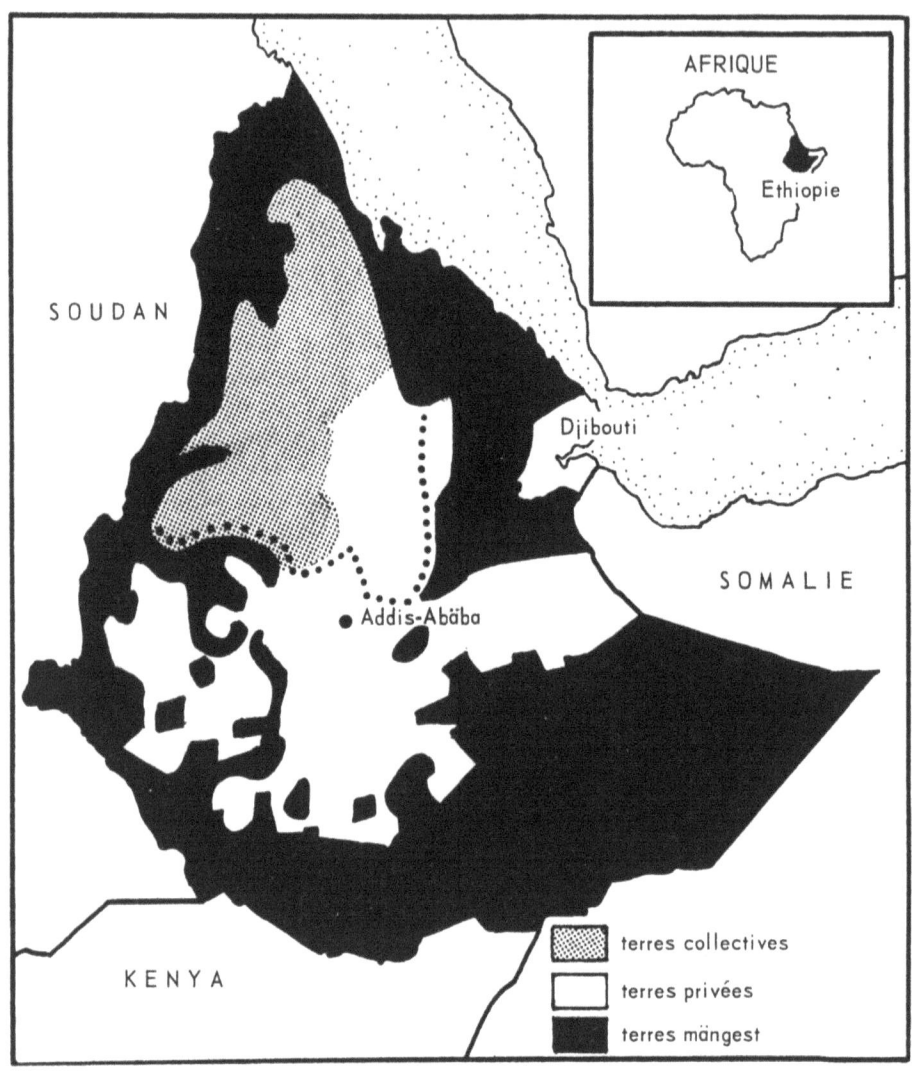

4. Répartition des terres collectives, privées et *mängest*.

(Adapté et traduit de Cohen et Weintraub, p. 30 — on a ajouté en pointillé la limite entre les petits « rest » du Nord en faire-valoir direct, et les vastes concessions du Sud, en faire-valoir indirect.)

Dans la tradition éthiopienne, les terrains de parcours des nomades sont considérés comme des friches, donc « res nullius ». L'élevage itinérant, pour des céréaliculteurs sédentaires, est une forme secondaire, précaire de mise en valeur. On pouvait donc lotir sans précautions particulières, leurs territoires comme on le fit au sud d'*Awasa* aux dépens des Sidamo et dans la vallée de l'*Awaš* aux dépens des Afar et des Oromo Karayu.

Sur les Hauts-Plateaux du Nord, les paysans avaient un tout autre rapport avec la terre qui était « communale ou tribale » ou « familiale et lignagère » (le fameux *rest* par lequel toute personne pouvant se prévaloir de liens familiaux avec un ancêtre peut réclamer un lopin de terre). Compte tenu de la « surpopulation » des régions du Nord, la conquête du Sud procurait aux « Nordistes » l'assurance d'un revenu stable et sans risque de contestation dans des clans déchirés (Hoben).

Il est donc absolument nécessaire de comprendre que la conquête n'était pas terminée en 1973 : une vaste spoliation dirigée et ordonnée depuis Addis-Abäba menaçait toutes les populations vaincues du XIXᵉ siècle.

En paraphrasant Clausewitz, on pourrait écrire que le système de tenure, c'était la guerre continuée par d'autres moyens. C'était, pour Pausewang, le moyen d'« articuler » les secteurs traditionnels et modernes de l'économie de l'Éthiopie sous-développée. Les produits arrachés aux paysans par le biais des droits traditionnels parvenaient sur le marché international. (En 1973, l'Éthiopie exporta des produits agricoles en pleine période de famine.)

LA RÉFORME AGRAIRE DE 1975

Après bien des atermoiements le *Därg*[5] promulga le 29 avril le décret de la Réforme Agraire antidaté au 4 mars 1975. Chaque Éthiopien avait l'usufruit de 10 ha de terre et toute forme de propriété était supprimée. Les paysans étaient invités à se grouper en associations (pour 800 ha). Les membres élisaient un bureau qui devait organiser le travail coopératif, redistribuer la terre et résoudre les litiges fonciers avec un comité judiciaire. Les paysans formaient aussi une milice. Dans le Sud et au *Méčča*, l'accueil fut extraordinaire : démonstrations d'unanimité, danses, cavalcades, et fusillades pendant plusieurs jours. Au Nord, coupé d'Addis-Abäba, les cadres traditionnels ignorèrent la réforme, déclarée impie, œuvre de « Gallas musulmans » *(sic)* et même des évêques excommunièrent le personnel envoyé la mettre en œuvre.

Il y eut des réticences à la suppression de toutes les formes de droits sur la terre aussi parmi les militaires. L'Ancien Régime conférait comme récompense et comme retraite un *gašša*[6] du Sud. On éventa aussi un complot contre la junte au *Harär* et en Érythrée. (Les conjurés furent exécutés le 26 juillet 1975.)

Selon Brietzke, deux moutures de la Réforme Agraire, en anglais plus modérée et en amharique plus radicale, coexistèrent et ce fut la version amharique qui l'emporta. Les grandes exploitations étaient rattachées directement au ministère qui nommait un directeur sans que les associations de paysans puissent intervenir. Le statut des terrains de parcours et des terres communales demeurait vague, des associations « démocratiques » devant prendre en main

---

5. La Junte.
6. Unité fiscale équivalente au rapport d'une « bonne » terre d'environ 40 ha, donc de superficie très variable.

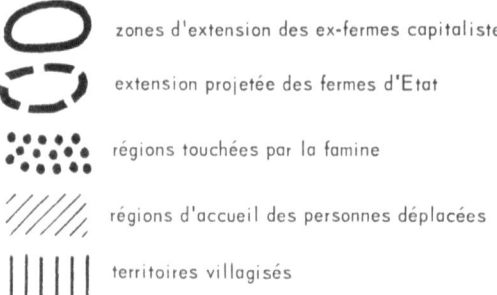

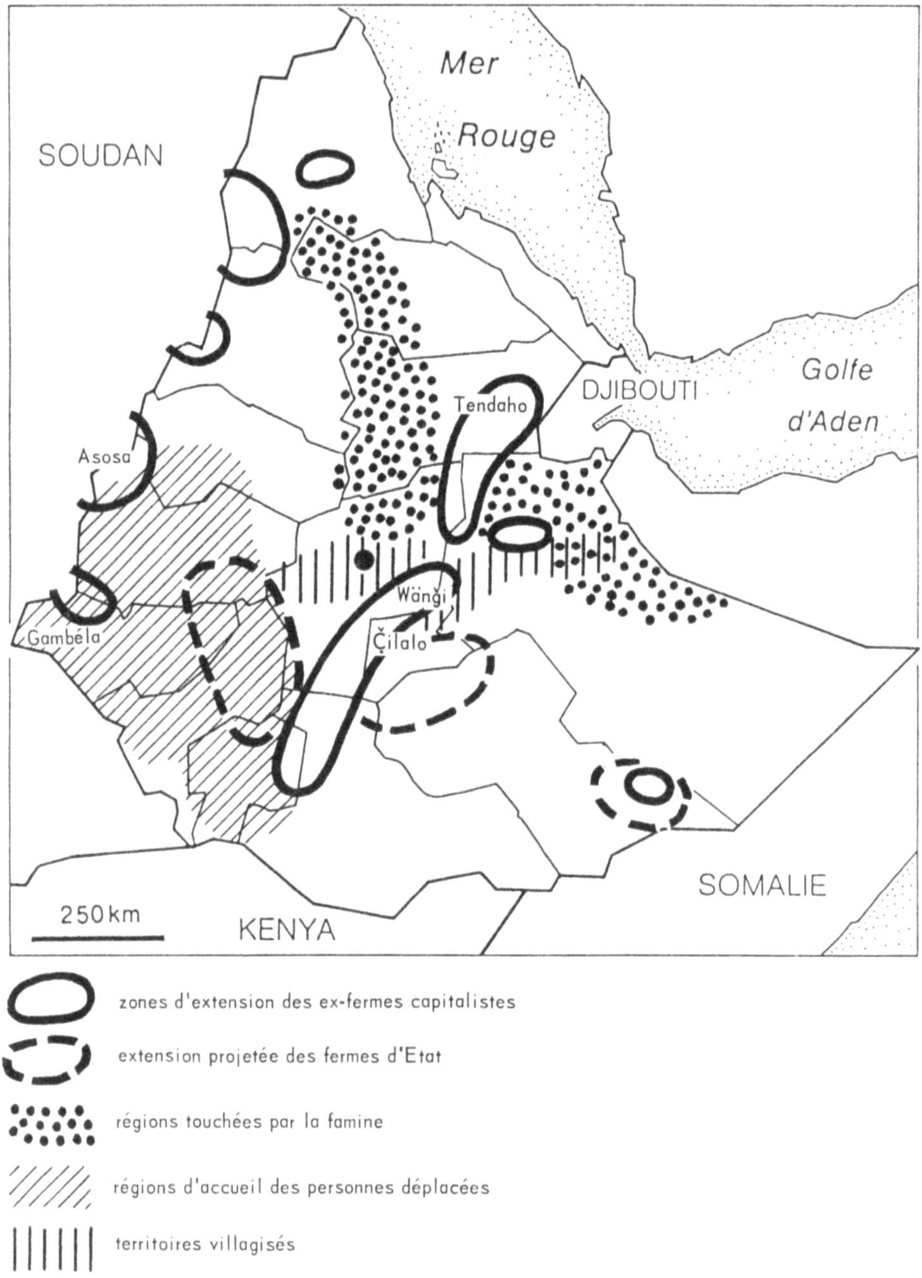
Mer
Rouge
SOUDAN
DJIBOUTI
Golfe
d'Aden
Tendaho
Asosa
Wängi
Gambéla
Čilalo
SOMALIE
250 km
KENYA
zones d'extension des ex-fermes capitalistes
extension projetée des fermes d'Etat
régions touchées par la famine
régions d'accueil des personnes déplacées
territoires villagisés

5. De la Révolution Verte à la Famine, une « Nouvelle Donne » ?

la gestion du patrimoine commun. La Réforme Agraire ne soufflait mot sur les moyens de production (outils et bœufs) et sur le sort des anciens propriétaires. Il est très significatif que la mise en œuvre de la Réforme incombait au ministère de l'Intérieur dont dépendaient 3 000 « Land Reform Officers » aidés de « Land registrars and surveyors » ; le ministère de l'Agriculture fournissait l'aide technique. Pour la plupart, ces cadres inexpérimentés et trop peu nombreux, soit ne purent rejoindre leurs postes, soit demeurèrent dans leurs bureaux, face aux administrateurs, aux policiers et aux prêtres qui montèrent la population contre eux. Ceux-ci étant dépositaires d'une parcelle de pouvoir : un accès à la terre. Devant l'énormité de la tâche et devant l'embrasement des campagnes le ministre de l'Agriculture Daññačåw Ergu s'enfuit au Soudan. Et pourtant, à la fin de 1975, le *Därg* revendiquait 18 000 associations de paysans qui regroupaient 4,5 millions de membres.

LES VRAIS MISSIONNAIRES DE LA RÉFORME

La Campagne, la *zämäča*, sous le double patronage de l'Armée et de l'Université, a mobilisé 60 000 étudiants en décembre 1974 et en janvier 1975.
Ils étaient dans les campagnes quand éclata la nouvelle de la Réforme. La popularité du *Därg* atteignit son zénith parmi les étudiants.
Ils subirent le choc des tenants de l'Ancien Régime et durent être rapatriés depuis les provinces du Nord (Tigré, *Gʷåǧǧam*) où les paysans les boycottèrent. Une rebellion menée par les chefs traditionnels affronta l'armée à plusieurs reprises et alimenta de nombreux maquis (Ottaway, Lefort).
Dans le Sud, la Réforme triompha sans coup férir dans les régions proches des grandes exploitations spéculatives (*Méčča*, Rift-Valley) tenues par des étrangers ou des membres de l'aristocratie souvent victimes des exécutions sommaires du début de la Révolution (23 novembre 1974) : l'ordre ancien avait disparu.
Dans la plus grande partie du sud, l'Ancien Régime s'appuyait sur des vétérans et des « collaborateurs » autochtones toujours en place en 1975. Dès l'annonce de la Réforme, les propriétaires menacèrent leurs paysans qui refusaient le paiement des exactions et de la rente. Ils dénoncèrent les récalcitrants et les étudiants à la police et à la justice qui les emprisonnèrent. Instruits par l'échec les paysans et les étudiants s'armèrent en secret, capturèrent les propriétaires qui furent délivrés par la police. Les violences éclatèrent entre les policiers, et beaucoup de propriétaires commencèrent à saisir les bœufs (au *Wällägga*, selon Ståhl, il y eut une migration vers le Soudan, les forêts ou les vallées).
Au grand scandale des étudiants, les autorités d'Addis-Abäba soutinrent les cadres locaux, effrayées par la perspective d'un détournement de la Campagne par une alliance étudiants-paysans. Dans l'ouvrage d'Astér Akalu, on note que, dans les neuf provinces qu'elle étudie, les tenants de l'Ancien Régime n'abdiquèrent qu'en 1977 au moment où le gouvernement entreprit de reprendre en

main les associations de paysans où les anciens propriétaires s'étaient fait élire. A la même date, on muta les fonctionnaires qui faisaient obstacle à la réforme agraire. Dans les districts les plus montagneux du *Wållo (Wag)*, les plus éloignés du *Gondär* et du *Gʷåǧǧam*, le gouvernement central ne put imposer ses vues et son personnel qu'en 1979, les leaders anciens, notamment religieux (couvents) conservant leur fonction dominante. Le triomphe de la Réforme Agraire que j'ai pu voir au *Méčča* représente une exception.

Le labour collectif des terres avant tout partage se produisit au *Méčča* mais aussi parmi les céréaliculteurs et les planteurs d'*ensät* et de café du Sud-Ouest.

Cet enthousiasme révolutionnaire poursuit une tradition d'avant la Révolution.

Dans d'autres régions, les cadres nouveaux se dépêchèrent d'enregistrer leur propre lopin et favorisèrent leurs parents et amis. Beaucoup de paysans refusèrent de labourer et de semer si on n'enregistrait pas leurs champs. Ils désiraient parfois conserver des parcelles en position altitudinale différente, situation compliquée quand les céréaliculteurs Amhara de la *däga* froide veulent conserver leurs lopins chez les Oromo éleveurs de la *qolla* chaude (Maǧitté au *Wållo* selon Pausewang). Chez les musulmans du *Wållo*, de l'*Ilu babor* et du *Käfa*, la polygamie permit de faire enregistrer plusieurs lots de terre au nom des co-épouses. Les chrétiens favorisèrent des unions précoces de circonstance afin de conserver plus de 10 ha.

LA RÉFORME AGRAIRE, L'ÉTAT ET LA « CAMPAGNE »

J'ai fait allusion à la rivalité entre les étudiants et les militaires pour la conduite de la Campagne. Cette opposition était très nette dès juillet 1975 à Ambo, comme je l'ai constaté dans mes contacts avec mes anciens élèves mobilisés sur place. Les civils s'efforçaient d'écarter de toutes les actions les sous-officiers ou les soldats. Ils réclamaient des armes pour les milices des associations et ne perdaient aucune occasion de rappeler le *provisoire* du « gouvernement militaire provisoire ». Le conflit était aigu au point qu'il y eut une manifestation silencieuse dans les rues d'Ambo. La conduite des autorités dans l'affaire de la ferme de Mullu du général Sandford scandalisait mes informateurs. Les paysans avaient envahi la terre concédée par l'Empereur au libérateur de l'Éthiopie et le Därg n'avait pas hésité à les expulser.

Au *Käfa*, au *Wållägga*, au *Wålayta*, les militaires refusèrent de soutenir les étudiants quand, alliés aux paysans, ils prétendaient faire régner leur ordre dans des provinces réunies au siècle dernier à l'Empire. (Notamment à Djimma (*ǧimma*), dont le nouvel administrateur descendait du dernier souverain indépendant Abba Djifar.)

La Réforme Agraire de 1975 est une mesure politique plutôt qu'agraire : les militaires ont retardé l'essor de la Réforme Agraire à chaque fois qu'une alliance menaçait de les tourner « à gauche » ou à chaque fois que l'unité de l'Éthiopie était en question (*Ityopya Teqdäm* : « Éthiopie d'abord » n'était pas un vain slogan).

Le *Därg* était d'autre part soumis à la contestation de plus en plus vive de groupes « gauchistes », principalement des étudiants déserteurs de la *zämäča* qui infiltraient les *qäbälé*[7] d'Addis-Abäba (les associations locales de résidents urbains). La junte balança un temps entre la chasse aux déserteurs et l'amnistie, puis après avoir fêté son premier anniversaire liquida la *zämäča* à la sauvette. Ces groupes étaient aussi favorables à un compromis en Érythrée et à une temporisation avec les Amhara opposés à la Réforme Agraire.

Je rejoins Lefort quand il insiste sur le décret de décembre 1975 qui transféra aux associations de paysans (regroupant 3 à 10 *qäbälé* ruraux), toutes les compétences de l'administration locale (loi et ordre, santé, éducation, justice, approvisionnements, partage de la terre, vente des récoltes). Cette mesure donna le pouvoir aux paysans au moment où l'Éthiopie était secouée par la guerre civile et la guerre étrangère, les militaires ne réclamant que des hommes et des livraisons de grain. En dehors du bastion des hautes-terres, des élections amenèrent à la tête des associations des hommes nouveaux sincèrement ralliés à la Réforme.

Les paysans délivrés des menaces des anciens propriétaires commencèrent à s'intéresser à la culture collective, au partage des terres, à l'introduction des engrais, à la construction d'écoles... Des associations dynamiques comme celles du *Wållägga* (Ståhl) appuyées par l'Église Évangélique *Mäkanä-Iyäsus* et cultivant le café s'unirent, construisirent des boutiques coopératives. Il y eut aussi des rivalités entre *qäbälé* et dans les *qäbälé*, en partie résolues sur place par les comités judiciaires (Astér Akalu). La milice traqua les propriétaires réfugiés dans les forêts, réduits à vivre en *šefta* (en bandits). Il se développa un « patrimoine des *qäbälé* » et le pays se fractionna en une République socialiste des *qäbälé*.

LA TERRE REPRISE AUX PAYSANS

L'Éthiopie révolutionnaire étant délivrée des menaces extérieures au prix d'une alliance étroite avec les pays de l'Est on assiste à une « reprise en main » symbolisée par les nouveaux déplacements de Mängestu Haylä-Maryam dans le pays.

L'Administration est épurée et centralisée depuis Addis-Abäba où s'installe un pouvoir fort qui se fixe comme objectif de lutter contre le sous-développement de l'Éthiopie, armé du « socialisme scientifique ».

La junte militaire réforme l'appareil d'État et calque le modèle soviétique. Un conseil supérieur de planification (29 octobre 1978) est chargé d'une Campagne Nationale Révolutionnaire de Développement (la Révolution verte). Elle ranime une campagne nationale d'alphabétisation.

Le ministère de l'Agriculture et de l'Implantation des populations rurales est divisé en plusieurs ministères :

---

7. *Qäbälé* : « comité de quartier ».

— ministère des Paysans (ministère de l'Agriculture) ;
— ministère des Fermes d'État ;
— ministère du Développement du thé et du café ;
— les implantations rurales dépendent du Haut-Commissariat au Secours et à la Réhabilitation[8].

Les objectifs de la Révolution Verte sont révélateurs des choix de l'Éthiopie :
— éliminer le déficit alimentaire ;
— augmenter et utiliser rationnellement les réserves de devises étrangères ;
— augmenter la production alimentaire ;
— systématiser le secteur commercial de l'économie ;
— poser les fondations d'une élimination graduelle des problèmes sociaux existants.

Le chef du *Därg* prend le temps d'expliquer les objectifs de la Révolution Verte par une série de meetings dans tout le sud de l'Éthiopie. Ce n'est que le 24 juin 1979 que paraît la directive qui retire aux paysans l'initiative du développement agricole.

Les paysans sont appelés à se grouper sur la base du volontariat dans des coopératives de producteurs paysans selon trois stades : *malba, wålba* et *wåland* [9]. Dans les deux premiers, les paysans conservent des lopins de 1 000 à 2 000 m², les outils et les bêtes et dans le dernier, ils mettent tout en commun. La parenté avec les kolkhoz (artel, toz, etc.), est évidente.

Le surplus de terres doit servir à agrandir les fermes d'État qui reçoivent des cadres, des engrais et des machines. La reprise en main des cadres se traduit par la réunion du 1er congrès de l'« All Ethiopia Peasants Association » des 10-12 mai 1979 auquel assiste Mängestu Haylä-Maryam en personne. Ce congrès appelle les paysans à augmenter la production, à payer leurs impôts et à livrer leur récolte aux autorités.

Une grande campagne nationale appelle les paysans à dénoncer et à stigmatiser les koulaks qui font obstacle aux nouvelles directives. En dépit de tous ces signes, on ne peut conclure à une « soviétisation » de l'Éthiopie car d'autres mesures vont à l'encontre de cette tendance.

UNE MISE EN ŒUVRE PRUDENTE ET BRUTALE

La lutte contre le koulakisme a commencé avant que les foudres de l'État se déchaînent. Lefort visita le *Käfa* et plus précisément *Yäbbo* dans l'*awraǧa* (province) de *ǧimma* parmi les planteurs de café. Dans cette région, les lots individuels ont été réduits à 4 ha et les autorités dénoncent les koulaks qui commercialisent le café en dehors des circuits officiels. Les anciens propriétaires

---
8. R.R.C. : *Relief and Rehabilitation Commission.*
9. Ces trois termes sont expliqués dans le *Dictionnaire du Marxisme-Léninisme*, respectivement pp. 82-83 et pp. 396-397 (Note de l'éditeur).

ont conservé leurs outils qui leur ont permis d'exploiter à l'aide de salariés la totalité de leurs pièces de terre.

Beaucoup d'entre eux pratiquent aussi le commerce car les paysans et les associations ont accès au marché depuis la Réforme Agraire. Le principal souci des planteurs n'est plus seulement de produire mais aussi de vendre. Les autorités font la chasse aux « contrebandiers » du café, des céréales et des bovins : il n'est de jour où la presse ne relate leur capture, mais en même temps elles s'efforcent d'approvisionner les boutiques coopératives en objet de première nécessité (les 3 « S » : savon, sel, sucre, de Lefort). Les militaires dénoncent l'individualisme des paysans avec lesquels on ne peut composer mais en même temps appâtent les associations avec des produits de consommation.

La même ambiguïté préside à la mise en place des coopératives de type nouveau. La presse éthiopienne dépouillée par le « Sédoc-Ethiopia » publie des comptes rendus enflammés sur les créations de ces nouvelles coopératives. Solennellement, en présence des représentants de l'administration, du gouvernement et du parti des travailleurs et des organisations de masse, on remet aux représentants des paysans la charte constitutive de la coopérative. Il n'est pas facile de faire un bilan, car les sources sont difficiles à interpréter : tout souci de propagande n'est pas absent dans la presse éthiopienne complètement contrôlée par le pouvoir. D'après Mängestu lui-même, selon J.P. Langellier en 1981, les coopératives « nouveau style » ne représentent qu'1 % de la S.A.U., elles seraient au nombre de 400 ; 31 fonctionnent mais aucune n'a atteint le 3e stade. C'est bien peu à côté des 3 000 coopératives de service (compagnies de commercialisation) qui regroupent 26 000 associations de paysans (chacune desservant de 3 à 10 *qäbälé*) et donc 7 millions de paysans. Pour le *Méčča*, d'après le dépouillement de la presse et d'après mes informations, il n'y en aurait que 4.

Le congrès de l'A.E.P.A. (4 mars 1984) estime que 49 698 *qäbälé* regroupent 5 326 096 membres, les coopératives « nouveau style » sont 1 196 avec 79 835 membres. Il est difficile de vérifier ces données, néanmoins on remarque que les coopératives traditionnelles (les coopératives de service) dominent très largement, elles pénètrent au Tigré, au *Wällo*, au *Gʷåǧǧam* et en Érythrée (13 coopératives en *Hamasén*).

Le Nord ne comporte pas de coopératives de producteurs. Il y en aurait 32 au *Harärge* (onze de plus en 1983), 45 au Choa, 113 au *Wällägga* (dont 73 *malba*). Au *Käfa*, au Gamo-Gofa, et au *Sidamo* chez les producteurs de café, leur nombre augmente comme dans le district de Gedeo *(Sidamo)* où il y a 65 coopératives de paysans et d'artisans dont 31 coopératives de service, 21 coopératives de producteurs *wälba* et une *malba* avec un capital considérable de 6 806 520 *berr* (29 magasins, 71 laveries de café, 48 moulins, 28 camionnettes, 4 motos, un camion et un tracteur). Elles regroupent d'anciennes coopératives, les membres de leur bureau étant le plus souvent à la tête de *qäbälé* comme pour les cinq coopératives du *wåräda* (district) d'Ada (1 *wålba* et 4 *malba*), qui comportent 281 membres qui cultivent 310 ha et exploitent 207 ha de pâturages avec 2 tracteurs et 213 bœufs et un capital de 144 000 *berr*.

La précision de ces chiffres est illusoire mais il est hors de doute que les autorités s'efforcent de développer l'agriculture « coopérative » pour contrôler avant tout le marché du café, principale source de devises de l'Éthiopie socialiste. Sans doute, les deux millions de paysans qui ont disparu des statistiques officielles ne sont pas devenus membres des coopératives de producteurs. Certains ont échappé au dénombrement mais la réponse se trouve dans le développement des fermes d'État et des grands projets de remodelage de la carte des densités de population en Éthiopie.

LES DÉSENCHANTEMENTS DE LA RÉFORME ET LES HÉSITATIONS DES AUTORITÉS

L'ouvrage ambitieux de Dässaläñ Rahmato « Agrarian Reform in Ethiopia », qui étudie en réalité quatre districts, montre une certaine évolution des conceptions en matière de politique agraire. Il écrit : « The pattern of holdings that has emerged after land reform is by and large a close replica of the pattern of holdings of the old system. » Dans les régions de forte pression démographique du Nord et du Sud-Ouest, la demande de terre est très forte si bien que le gouvernement a dû aliéner une partie des grandes exploitations saisies lors de la Réforme (notamment jusqu'en 1977).

Durant la période de Terreur, les *qäbälé* ont vécu isolés de la capitale et les paysans ont en priorité amélioré leur régime alimentaire en augmentant leur autoconsommation (82 % de la récolte selon le Central Statistical Office). Ils ont construit, encouragés par l'E.P.I.D.[10], des greniers collectifs, des laveries de café, des moulins, du matériel agricole. Ils ont stocké une partie de la récolte pour faire face aux aléas climatiques et pour attendre la période où les prix sont le plus élevés.

Les autorités ont à faire face à ces « koulaks » qui affament les villes et qui obligent à importer un tonnage croissant de céréales et à organiser le rationnement à Addis-Abäbä. Il n'est pas facile de composer avec les paysans qui forment 89 % des 42 millions d'Éthiopiens (ils n'étaient qu'environ 25 millions il y a 14 ans !). Les militaires ont tenté de contraindre les *qäbälé* à commercialiser par les canaux officiels (Ethiopian Grain Corporation), une part plus importante de leur récolte. En 1977, les autorités fixèrent les prix agricoles au niveau local avec un contrôle très sévère du marché libre. Puis elles ont préféré la méthode des quota que doivent livrer les associations à un prix national (depuis 1981). Depuis 1979, on a encouragé les accords entre *qäbälé* ruraux et urbains.

La réaction des paysans face aux exigences de l'Agricultural Marketing Corporation est déplorée et dénoncée par les militaires : chaque année les livraisons n'atteignent pas les quota. Pourtant, les « Grain Purchase Task

---
10. Extension and Project Implementation Department.

Forces », au nom révélateur, mobilisent toute la hiérarchie administrative pour traquer et débusquer les koulaks. L'état s'efforce de faire place aux marchands privés qui, moyennant l'achat d'une licence, peuvent participer à la collecte. Comme le fait remarquer Alämayyähu Lirénso dans sa communication au congrès de 1984, le Gʷåǧǧam, une des principales régions productives n'a plus un seul marchand licencié depuis 1982-1983 et le Gamo-Gofa n'en a pas ! La collecte porte pour près de la moitié sur du téf et provient pour 80 % de trois provinces : le šåwa (Choa), le Gʷåǧǧam et l'Arsi.

Les prix payés aux associations sont inférieurs de 20 à 25 % aux prix payés aux Fermes d'État et n'ont pas varié depuis quatre ans alors que l'inflation sévit : le pouvoir d'achat des associations et des paysans est gravement amputé. Les quota ne sont remplis qu'au tiers pour le téf selon le même auteur. Les associations pratiquent la grève du zèle et les officiels ne peuvent que répéter à satiété le même discours sur l'esprit rétrograde (« backwardness ») et l'individualisme des paysans.

Que penser alors des fonctionnaires qui ont refusé de livrer des sacs aux Kämbata et aux Hadiya tant que les quota n'ont pas été remplis, si bien qu'une grande partie de la récolte a été perdue. Les impôts qui ne dépassaient pas 10 berr en 1976 ont doublé, selon Dässalän, en 1982. L'E.P.I.D. prêtait des engrais et des outils à un taux de 12 % !

L'IMPASSE DES FERMES D'ÉTAT

Selon un discours de Mängestu Haylä-Maryam, les quarante Fermes d'État doivent assurer l'approvisionnement des villes, les exportations, et promouvoir une agriculture modèle. Lefort rapporte que les officiels estimaient que les coûts de production dans les Fermes d'État était de 50 % supérieurs.

Dässalän fait exactement le même diagnostic (1979-1980).

Agriculture	% de la S.A.U.	% de la Production	Rendement Moyen
paysanne	87 %	96 %	13 q/ha
de groupe	3 %	2 %	10 q/ha
d'État	2 %	2 %	17 q/ha

Les paysans éthiopiens sont beaucoup plus efficaces que l'agriculture scientifique si on tient compte des énormes investissements consentis pour les Fermes d'État.

Le bilan du travail de Haylä-Iyäsus Abägaz est aussi extrêmement éloquent, l'auteur représentant peu ou prou un point de vue quasi officiel.

La plupart des grandes Fermes d'État se situent dans les régions basses de l'Éthiopie. Elles datent de l'occupation italienne et des années 60 quand les sultans, les *ras,* les princes, les généraux, s'acoquinèrent avec des sociétés capitalistes après que les autochtones aient été évincés. Elles sont localisées dans la Rift Valley et sur la frontière du Soudan, dans des régions malariennes occupées par les nomades le plus souvent. Leur création s'accompagna de violences et de spoliations qui expliquent le succès de la Réforme Agraire autour des grands domaines.

En 1975, elles s'étendaient sur 60 000 ha, et formaient une *State Farms Development Authority* divisée en 6 *Agricultural Development Corporations*. En mai 1979, un ministère des Fermes d'État fut créé, le café dépendant d'un ministère spécialisé.

La surface des Fermes d'État passa en 1975-1976 à 84 000 ha, dont 20 000 furent distribués jusqu'en 1978, puis elles atteignirent 146 200 ha en 1979-1980. Les nouvelles plantations sont atteintes de gigantisme *(humära, šeneka)*. L'auteur écrit « clear and well formulated land use policy is still lacking » (Haylä-Iyäsus, p. 133). Il est aussi question de développer dans un rayon de 100 km autour d'Addis-Abäba, une ceinture laitière et maraîchère. Comme dans le modèle soviétique, les machines agricoles dépendent d'un service autonome dont l'auteur dénonce la lourdeur.

La première période est celle du développement de plantes industrielles et de spéculation pour l'exportation, mais depuis deux ou trois ans, pour faire face à la famine, on augmente la part des céréales (surface multipliée par 4), dont les rendements sont plutôt faibles.

Selon l'ouvrage consulté, 700 000 ha sont prospectés pour fixer les populations venues des régions densément peuplées quoique, pour le moment, on ait surtout besoin de travailleurs saisonniers. Les nomades refusent ou acceptent à contrecœur ces durs travaux.

Les objectifs sociaux des Fermes ne sont pas atteints : à côté d'un personnel qui reçoit un salaire fixe, bénéficie de congés payés, de soins médicaux gratuits et de l'école, il y a pour les travaux difficiles du personnel temporaire peu payé, venu de l'alentour. On a tenté de créer une émulation socialiste parmi les travailleurs.

Les organismes officiels de commercialisation achètent aux fermes d'État à un prix plus élevé qu'aux simples paysans. Les exploitations d'État bénéficient aussi de crédits à des taux préférentiels (9,5 à 10 %). Selon notre source, 13 % des crédits vont aux investissements et 87 % aux « operation costs ». Les fermes reçoivent directement 60 % des crédits, le « Agricultural Inputs and Marketing Service » 36 % et les petits paysans 4 % par l'intermédiaire de l'E.P.I.D. Les Fermes d'État ne représentent que 6 % de la S.A.U.

QUI TIENT LA TERRE TIENT LE POUVOIR, QUI A LE POUVOIR PREND LA TERRE

L'étude des Réformes Agraires en Éthiopie depuis 10 ans ne permet pas à mon sens de définir une ligne directrice unique. La junte a maintes fois brûlé ce qu'elle avait adoré et elle a su s'adapter à des conjonctures politiques difficiles.

Le statut de la terre a été une magnifique machine de guerre d'abord contre l'Ancien Régime. Elle a privé l'aristocratie foncière, la famille royale, l'Église orthodoxe, les descendants des vétérans de la conquête et les fonctionnaires, de la base économique et sociale de leur pouvoir. Au *Méčča* des maquis de plusieurs centaines de participants ont fondu en quelques jours à l'annonce que la terre était à prendre. Les militaires ont contraint ces cadres à se démasquer même s'ils ont pu tenir plusieurs années contre l'assaut des étudiants et des paysans. Ils ont pris le risque de se couper du Nord « sémite » et chrétien, sachant qu'à longue échéance la fonction de l'élite traditionnelle repliée dans les provinces du Nord serait minée par la lutte pour la terre.

La dévolution des pouvoirs locaux aux associations de paysans et le lâchage des étudiants dans les conflits avec les propriétaires procédaient de la même stratégie du tri entre adversaires et partisans. Comme la *zämäča* était menaçante, les militaires l'ont dissoute en s'appuyant sur les associations. Ils ont fait l'impasse sur la modernisation de l'agriculture et sur l'augmentation de la production en aliénant même une partie du capital foncier et technique des grandes exploitations saisies en 1975.

Il était plus urgent de maintenir l'intégrité du pays. A partir de 1978, la conjoncture politique a changé, le péril a été écarté et de nouvelles alliances ont été nouées. Les associations de paysans sont chapeautées par l'A.E.P.A.[11], les cadres mutés et l'administration épurée. Les paysans assistent à l'installation d'un pouvoir fort et exigeant qui a rompu le cycle de l'exploitation.

Sans doute avec une certaine surprise, les militaires réalisent maintenant que les paysans ne les considèrent pas différemment du pouvoir précédent : l'État des « larges masses » doit compter avec les « koulaks ». Ces « individualistes » préfèrent vendre à meilleur prix leurs surplus aux marchands privés qu'aux organismes officiels et constituent des stocks pour mieux se nourrir... Cette méfiance est intolérable pour la junte dont le nationalisme manichéen réinterprète l'internationalisme prolétarien de curieuse façon. (La lecture des écrits révolutionnaires révèle des néologismes surprenants.) Brietzke écrivait « Peasants are seen as a problem rather than an asset ». Ce sont donc les conditions politiques qui président les choix contradictoires des membres du Därg.

Le pari onéreux des fermes d'État vise à affranchir la Révolution de la pression de paysans dont on noircit le retard économique et technique, un peu comme on parlait des moujiks sous Staline ou même sous Lénine. Et pourtant, tous les dirigeants de l'Éthiopie Révolutionnaire sont des enfants de paysans et beaucoup ont appris leur syllabaire en gardant la vache familiale.

On a voulu faire une agriculture sans paysans en Éthiopie et on a fait de l'agriculture avec de l'argent : avec 96 % des crédits destinés au secteur agricole, on a augmenté en moyenne le rendement de 4 q l'ha sur seulement 6 % de la S.A.U. ! Jamais la conjoncture économique n'est entrée en ligne de compte

---

11. All Ethiopia Peasants' Association.

mais bien une politique volontariste et spectaculaire de modification de la nature et des installations humaines.

L'imbrication entre le régime et sa politique agraire est telle qu'il ne peut en changer sans se remettre en question. Terre et pouvoir sont toujours intimement liés en Éthiopie, même socialiste.

ÉPILOGUE : 1987, LA FIN DES RÉFORMES AGRAIRES ?

Je n'ai pas jugé bon de revenir sur mon analyse de 1985, le débat sur « l'aide » à l'Éthiopie n'ayant rien apporté. Certes, la polémique qui a suivi l'expulsion de M.S.F. a suscité la publication de nombreux ouvrages dont la violence de ton masque bien mal la pauvreté du contenu. Bien pire, la vigueur de l'anathème est censée suppléer la brièveté du séjour sur le terrain. On prétend qu'une trop grande « familiarité » avec l'Éthiopie « obscurcit » le jugement ! Il n'est donc pas étonnant que la vague « médiatique » n'ait rien laissé derrière elle après son reflux (cf. quelques titres en fin de bibliographie).

On ne peut dresser un bilan de la famine de 1984-1985-1986 faute de recul et d'informations. Néanmoins, je retire de mon séjour, récent, au moins deux conclusions encore provisoires.

La famine « socialiste » a été le second « baptême du feu » du régime révolutionnaire après la guerre d'Ogadén : il a désormais fait face aux deux calamités qui reviennent régulièrement dans l'histoire de l'Éthiopie.

L'ère des Réformes Agraires radicales, de la table rase est close, provisoirement, dit-on ; l'urgence est maintenant de subvenir aux besoins d'une population en croissance rapide avec des ressources financières et alimentaires limitées, sous l'œil des médias.

BIBLIOGRAPHIE SOMMAIRE

I. *L'ancien régime agraire*

AMBAYE ZÄKARYAS, 1966, *Land tenure in Ethiopia*, Addis Abäba, 80 p.
BERHANOU ABBEBE, 1971, *Évolution de la propriété foncière au Choa (Éthiopie) du règne de Ménélik à la Constitution de 1931*. Paris, Bibliothèque de l'École des Langues Orientales Vivantes, 270 p.
BONDESTAM L., 1974, « People and Capitalism in the North-Eastern lowlands of Ethiopia » : *Journal of Modern African Studies*, XII, 3-4, p. 423-439.
COHEN J. and WEINTRAUB D., 1975, *Land and peasants in imperial Ethiopia, the social background to a Revolution*, Assen, Van Gorcum et C.B.V., 115 p.
HOBEN A., 1973, *Land tenure among the Amhara of Ethiopia. The dynamics of cognatic descent*. Chicago, University of Chicago Press, 273 p.

IMPERIAL ETHIOPIAN GOVERNEMENT. MINISTRY OF LAND REFORM AND ADMINISTRATION (DEPARTMENT OF LAND TENURE), 1967, *Report on land tenure survey of Shoa province*, Addis Abäba, 84 p.
1967-1968 et 1968-1969, *Annual Report*. Addis Abäba, 2 vol., 25 p.
MAHTÄMÄ-SELLASÉ WÄLDÄ-MÄSQÄL, 1957, « The Land System of Ethiopia » : *Ethiopia Observer*, I, 9, p. 283-301.
1960, *Le régime foncier en Éthiopie*, Addis Abäba, 35 p.
MANTEL-NIEĆKO J., 1980, The Role of Land Tenure in the System of Ethiopian Imperial Government in Modern Times. Varsovie, Dissertationes Universitatis Varsoviensis, 289 p.
STÅHL M., 1973, « Contradictions in agricultural development, a study of three minimum Package Projects in Southern Ethiopia. » *Nordiska Afrika Institutet Research Report*, 14, 66 p.
1974, *Ethiopia. Political Contradictions in Agricultural Development*. Stockholm, Liber Tryck.

II. *Réforme agraire et révolution*

NÄGARIT GAZÉTA, 1975, Proclamation n° 31 : « Proclamation pour rendre les terres rurales propriété du peuple. », 34ᵉ année, 26, 29 avril 1975. [Texte de la réforme agraire.]
ALÄMAYYÄHU LIRÉNSO, 1984, *Grain marketing in post-1974 Ethiopia : problems and prospects*. (Paper presented at the VIIIth International Conference of Ethiopian Studies, Addis Abäba, 26-30 november), 26 p.
ASTER AKALU, 1982, « The process of land nationalization in Ethiopia. Land nationalization and the peasants », *Regiae Societatis Humanorum Litterarum Lundensis*, 76, 224 p.
BRIETZKE P.M., 1976, « Land reform in revolutionary Ethiopia », *Journal of Modern African Studies*, 14, 4, pp. 637-660.
COHEN J.M., GOLDSMITH A.A. AND MELLOR J.W., 1976, « Revolution and land reform in Ethiopia : peasant associations, local governement and rural development », *Cornell University Rural Development Committee Occasional Paper*, 6, 127 p.
DESSALEGN RAHMATO, 1984, *Agrarian reform in Ethiopia*. Uppsala, Nordiska Afrika Institutet, 105 p.
GILKES P., 1975, *The dying lion. Feudalism and modernization in Ethiopia*, London, J. Friedman, 307 p.
HAILE YESUS ABEGAZ, 1982, « The organization of state farms in Ethiopia after the land reform of 1975 : planning, realization, potential and problem. » *Sozialökonomische Schriften zur Agrarentwicklung*,Saarbrücken, Breitenbach Vrlg., 46, 242 p.
HENDRY P., 1982, « Partir de ce que pense le paysan » : *Cérès*, mai-juin, pp. 27-32.
HOLMBERG J., 1977, « Grain marketing and land reform in Ethiopia. An analysis of the marketing and pricing of foodgrains in 1976, after the land reform », *Nordiska Afrika Institutet Research Report*, 41, 34 p.
LAPISO G. DILEBO, 1979, « Land tenure, underlying cause of the Ethiopian revolution », *Proccedings of the Vth International Conference of Ethiopian Studies*, Session B, April 13-16, 1978, Chicago (Office of the Publications Services, University of Illinois and Chicago Circle, Robert L. Hess *Ed.*), p. 713-725.
LEFORT R., 1981, *Éthiopie, la révolution hérétique*, Paris, Maspero, 413 p. (Cahiers libres).
OTTAWAY M., 1976, « Social classes and corporate interests in Ethiopian revolution » : *Journal of Modern African Studies*, 14, 3, p. 469-486.
OTTAWAY M. and D., 1978, *Ethiopia : Empire in revolution*. New York and London, Africana Publ. Cº, 250 p.
PAUSEWANG S., 1983, *Peasants, land and society. A social history of land reform in Ethiopia*. München, Köln and London, Afrika Studien, n° 110, 237 p.
STÅHL, 1977, « New seeds in old soil. A study of the land reform process in Western Wollega, Ethiopia, 1975-1976 », *Nordiska Afrika Institutet Research Report*, 40, 90 p.
TICHNIKOV M., 1981, « Ethiopie, le pouvoir de Mengistu », *in* Y. Lacoste *Ed.* : *L'état du monde, 1981*, pp. 206-208, Paris, Maspero.

TUBIANA J., 1978, « Éthiopie : fin de l'empire ou fin de la société impériale ? », *Hérodote*, 10, pp. 8-25.
TRIULZI A., 1983, « Competing views of national identity in Ethiopia », *in* I.M. Lewis Ed. : *Nationalism and self-determination in the Horn of Africa*, pp. 111-128, London.

Journaux dépouillés (1974-1985)

Le Monde et *Le Monde diplomatique*.
S.E.D.O.C.-*Ethiopia* (Service of Documentation and Communication, Ethiopia's Development Current Abstracts), Addis Abäba.

III. *Ouvrages sur l'U.R.S.S.*

CRISENOY C. de, 1978, « Lénine face aux moujiks », *in* J. Juillard and M. Wincock Ed. : *L'Univers historique*, Paris, Seuil, 374 p.
SOUVARINE B., 1985, *Staline, aperçu historique du bolchévisme*, Paris, G. Lebovici, 639 p.
WERTH N., 1984, *La vie quotidienne des paysans russes de la révolution à la collectivisation, 1917-1939*, Paris, Hachette, 410 p.

Complément à la bibliographie

1. *Enquêtes sur les camps de réfugiés*

CLAY J. and HOLCOMB B., 1985, « Politics and famine ». *Cultural Survival*, Report n° 20, nov. 1985.
NIGGLI P., 1985, *Äthiopien : Deportationen und Zwangsarbeitslager*. Berliner Missionswerk, Mai 1985. [Le texte en allemand est plus complet que les traductions anglaises. D'autres enquêtes sont publiées que je n'ai pas encore lues.]
CLAY J. and HOLCOMB B., 1986, « Spoils of famine : Ethiopian famine policies and peasant agriculture », *Cultural Survival*, Report, n° 25.
CLARK L., 1986, *Report Tug Wajale « B »*, Refugee Policy Group, April. [Ces enquêtes donnent un « matériel » brut et ne critiquent aucunement le témoignage des « enquêtés ».]

2. *Bilans des conséquences de la sécheresse*

FOUCHER M., « L'Éthiopie : à qui sert la famine ? », (*Hérodote*, 39, octobre-décembre 1985).
GALLAIS Y., « Sécheresse, Famine-État : le cas de l'Éthiopie. » *Ibid.*
R.R.C., 1986, *Revised Emergency Relief Plan of Operation*, Addis Abäba, août 1986.

3. *Le débat sur l'aide*

GALLAIS Y., 1986, « L'aide alimentaire à l'Éthiopie. Climat et révolution », *Études sahéliennes, Cahiers géographiques de Rouen*, 1er semestre 1986. [Rapport d'une mission effectuée pour le ministère de la Coopération en 1985.]
JEAN F., 1986, *Éthiopie : du bon usage de la famine*. M.S.F. [L'auteur y expose l'analyse de M.S.F. reprise dans la « Conférence sur les Droits de l'Homme en Ethiopie » tenue à Paris, le 29 octobre 1986.]
WOLTON Th. et GLUCKSMANN A., 1986, *Silence, on tue*, Paris, Grasset. [Les auteurs brossent une vaste fresque sur l'« aveuglement » des puissances capitalistes face au socialisme, où l'Éthiopie occupe une place subalterne.]
FRANEY J.P. et L., 1986, *Éthiopie, la face cachée*, Paris, Messidor. [Une riche iconographie vient appuyer le point de vue d'O.N.G. restées en Éthiopie ; ouvrage chaleureux.]
LECOMTE G., 1986, « Utopisme et transferts de population en Éthiopie » : *Esprit*, juin 1986, p. 45-52. [Le numéro d'*Esprit* de décembre 1986 est l'écho d'une controverse sévère entre G. Lecomte qui répond à une lettre de R. Brauman de M.S.F.]

SIVINI G., 1986, « Famine and the resettlement program in Ethiopia » : *Africa* (Roma), XLI (2) ; 211-242 [résumé dans l'article « Une pause dans le transfert des populations en Éthiopie : *Le Monde diplomatique,* juillet 1986.]

4. *La dénonciation des excès de la polémique*

CONDAMINES C., 1987, « Les dérives de la campagne contre l'aide à l'Éthiopie » : *Le Monde diplomatique,* janvier.
BRISSET C., 1987, « La famine, l'aide et la polémique », « Le transfert de population est nécessaire » : *Le Monde diplomatique,* juillet.
JULIEN C., 1987, « Choisir les victimes » : *Le Monde diplomatique,* juillet.

LA FAMINE : PHÉNOMÈNE CLIMATIQUE ? PHÉNOMÈNE POLITIQUE ?

Marie-José Tubiana
Directeur de recherche au C.N.R.S.

Une enquête[1] effectuée en 1974 à Addis Abäba parmi les étudiants de l'Université et les élèves des établissements d'enseignement secondaire donnait de la famine qui sévissait alors la perception suivante :

Quelles sont, selon vous, les causes de la famine ?

Seulement 18 % des jeunes gens voyaient dans la famine une conséquence inéluctable de la sécheresse ; à l'opposé seulement 11 % mettaient la sécheresse hors de cause, incriminant l'absence de moyens et d'organisation, les structures sociales et économiques du pays, le génocide délibérément recherché par le régime impérial et la négligence du gouvernement et du régime. Mais 71 % incriminaient à la fois la sécheresse et les structures administratives ou même les fondements politiques et économiques de la société éthiopienne, et parmi eux 51 % rendaient responsable cette société. Si on compare cette appréciation avec les jugements formulés officiellement, à la même époque, à l'étranger, à savoir qu'il s'agissait en tout et pour tout d'une catastrophe naturelle, on est frappé par la lucidité dont faisaient preuve ces jeunes Éthiopiens.

Comment convient-il d'agir, à votre avis ?

38 % réclamaient des transformations profondes, et si 61 % préconisaient des secours d'urgence, 3 % seulement faisaient référence à une aide étrangère ; les autres, soit 58 %, souhaitaient que l'Éthiopie entreprenne de réagir par ses propres moyens et 100 % étaient disposés à participer à des projets d'assistance pendant leurs vacances ; 62 % envisageaient même d'abandonner leurs études pour cela.

Dix ans après, l'Éthiopie, qui a changé de régime, est confrontée à une nouvelle famine, peut-être plus sérieuse que celle de 1973. Il aurait été intéressant de poser à nouveau ces mêmes questions à d'autres lycéens et étudiants, intéressant aussi de savoir ce que sont devenus les enquêtés de 1974.

---

1. Voir Joseph Tubiana, « Les jeunes Éthiopiens et la famine » (ci-après p. 153).

Cependant notre réflexion sur la famine actuelle peut s'appuyer sur deux documents récents. Le premier est le rapport présenté à la 8ᵉ Conférence Internationale des Études Ethiopiennes, qui s'est tenue à Addis Abäba en novembre 1984, par le major Dawit Wolde Giorgis *(wäldä-giyorgis)*, responsable de la Commission de Secours et de Réhabilitation *(Relief and Rehabilitation Commission)* du Gouvernement éthiopien[2]. Ce rapport officiel, d'une personne autorisée, avait essentiellement pour objectif de faire connaître les actions et les projets du Gouvernement éthiopien dans la lutte à mener contre la sécheresse et la famine. Le second est un avant-projet destiné à la F.A.O.[3]. Nous l'analyserons ci-après.

*
* *

On sait que la famine qui, en 1971-1973, affecta le Nord-Est de l'Éthiopie et tout particulièrement le Wållo (avec un nombre impressionnant de morts, estimé à 250 000) contribua à la chute du régime impérial. Le nouveau gouvernement, dès 1976 selon le document cité, essaya de mettre en place des institutions pour, dans le court terme, secourir les sinistrés et, dans le long terme, prévenir le retour de telles crises. C'est cette organisation, telle qu'elle est décrite dans le rapport du major Dawit, que j'ai essayé de présenter dans une ébauche d'organigramme (cf. p. 65).

La Commission de Secours et de Réhabilitation, (A) sur l'organigramme, coiffe l'ensemble. Nous ignorons le nombre de ses membres et leurs personnalités. Nous savons seulement que le major Dawit est à leur tête. Elle coordonne trois grands secteurs : information (I), intervention (II) et prévision (III).

Information. Ce secteur comprend un Centre d'Information *(Information Center*, I.a) et un Système d'Alerte Avancée *(Early Warning System*, I.b) lequel doit se tenir constamment informé de la situation alimentaire à l'échelle de la nation et fournir des rapports à la Commission de Secours et de Réhabilitation.

Ces informations sont répercutées par la Commission sur ses bureaux régionaux (C) en vue d'organiser les interventions. La première tâche de ces bureaux régionaux sera d'envoyer sur le terrain des équipes d'évaluation des régions sinistrées *(Disaster Area Assessment teams* : D.A.A.T., C.1) pour y faire des enquêtes sur la base des éléments fournis par le Système d'Alerte Avancée. Ces enquêtes sont menées en sélectionnant un certain nombre d'indicateurs : précipitations, maladies et parasites des plantes, rendements des moissons, état des troupeaux, état des marchés (prix, quantités disponibles), niveau des réserves de grains, consommation de nourriture, santé, nutrition.

---

2. Voir Dawit Wolde Giorgis, « Institutional and Practical Responses to Drought in Ethiopia » (ci-après p. 218).
3. Voir « Sécheresse et développement rural en Éthiopie » (ci-après p. 201).

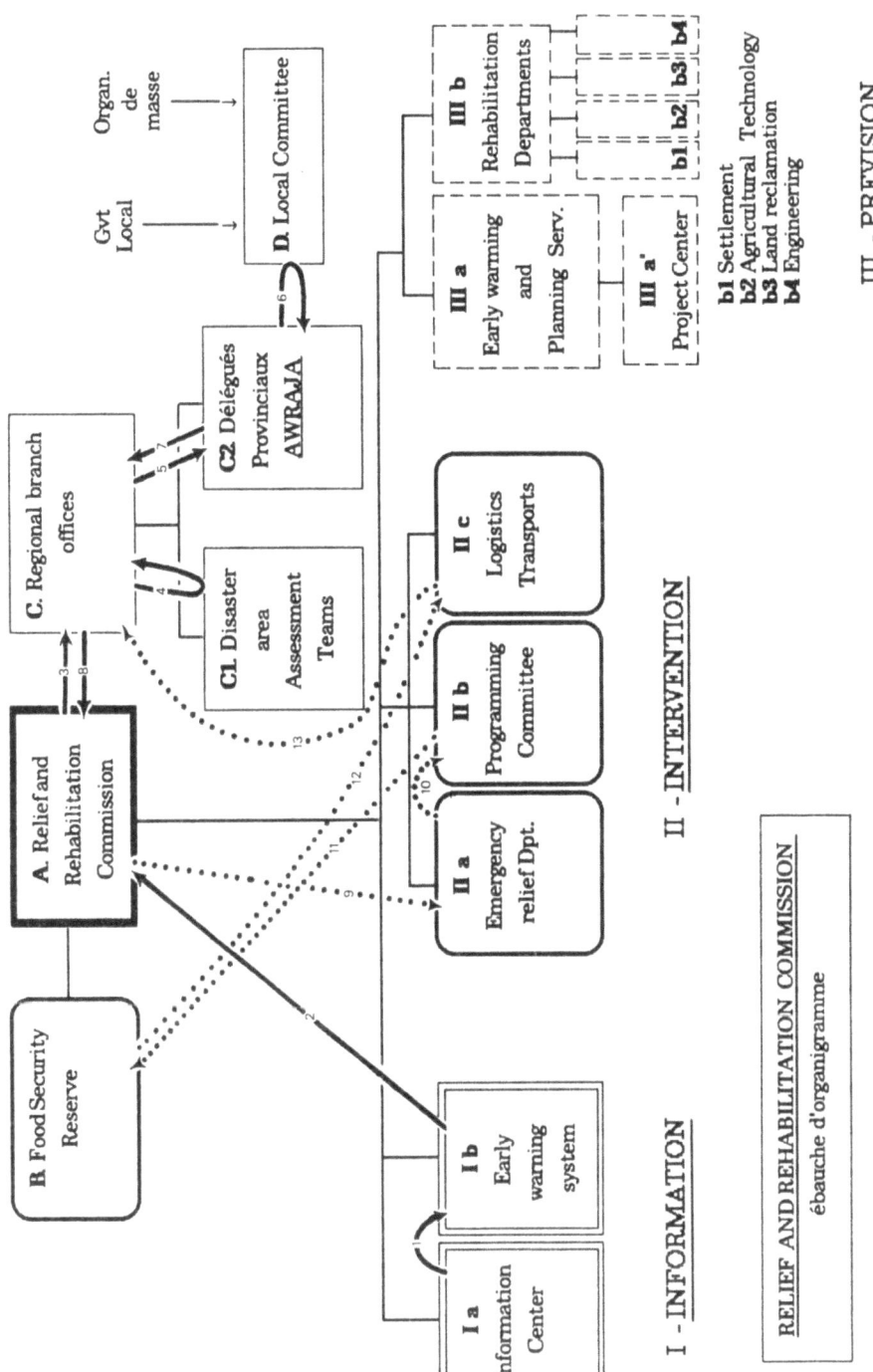

Une deuxième tâche du Bureau Régional sera de prévoir la distribution des secours. L'examen des rapports d'enquêtes se fera avec les délégués provinciaux, (C.2), assistés de Comités locaux (D) eux-mêmes issus du Gouvernement local et des organisations de masse, donc indépendants de la Commission.

Intervention. Les demandes d'intervention examinées et sans doute sélectionnées sont alors adressées au Département des Secours d'urgence (*Emergency Relief Department*, II.a) qui décide ou non d'octroyer les secours demandés et transmet ses décisions au *Programming Committee* (II.b) qui gère les stocks alimentaires (*Food Security Reserve*, B) et qui est responsable de la répartition des secours et de l'établissement des priorités. Si les stocks sont suffisants l'acheminement sera fait par le Département des Transports (*Logistics*, II.c) qui livrera les vivres non pas directement dans la région sinistrée, mais en les faisant transiter, semble-t-il, par les Bureaux régionaux.

Prévision. On trouve dans ce secteur un service de Planification et d'Alerte Avancée (III.a) comprenant un Centre de Prospective (III.a'). La mission de ce service est de préparer les projets d'interventions aussi bien pour les secours immédiats que pour le long terme : réhabilitation. Dans ce dernier cas quatre départements sont concernés : Installation (b1), Technologie Rurale (b2), Restauration des Sols (b3) et Génie Rural (b4). 80 *settlements* (zones d'installation) relevaient, à l'époque du rapport, du département Installation.

L'ensemble de l'organisation : R.R.C. avec ses trois branches (information, intervention, prévision) tire ses ressources du gouvernement central, des organisations de masse, des contributions individuelles et de la communauté internationale des donateurs.

Ce mécanisme extrêmement compliqué et centralisé révèle une parcellisation des tâches (personne ne gère une opération dans sa totalité), une excessive méfiance (tout le monde a l'air de contrôler tout le monde), une possibilité de manipulation lors des sélections successives et de l'établissement de priorités, et surtout une très grande lourdeur, je dirais même inertie, pour un dispositif qui se veut avant tout d'urgence.

Sur le bilan de l'action du RRC le rapport est beaucoup plus bref. Il se réfère aux deux dernières années (1983-1984) et mentionne seulement les différents moments où a été tirée la sonnette d'alarme :

— fin 1983, après les moissons, le rapport de synthèse du Système d'Alerte Avancée prédit « une situation plus mauvaise en 84 qu'en 83 et prévoit que 5 millions de personnes seront touchées par la disette » (il n'est pas encore question de famine) ;

— en mars 84, après des pluies de printemps insuffisantes, il est fait appel aux donateurs étrangers : « seule une opération de secours massive pourrait sauver le Wållo ». Des migrations importantes de paysans sont signalées. 450 000 tonnes de grains seraient nécessaires : 34 000 tonnes seront reçues ;

— l'appel est renouvelé en août 84 et la demande se monte alors à un million de tonnes. Le major Dawit constate que c'est 10 mois après la première alerte que la communauté internationale prend les choses au sérieux et seulement après l'intervention de la télévision[4].

Il conclut son rapport en demandant la constitution de stocks de sécurité qui puissent être acheminés avant le début de la famine.

Remarques

On constate de la part du Gouvernement éthiopien un effort de mise en place d'une organisation. Fonctionne-t-elle réellement ou est-elle encore sur le papier ? Et si elle fonctionne son dispositif extrêmement compliqué ne la rend-il pas en partie inefficace, en particulier pour les secours d'urgence, si l'on en juge d'après la situation telle qu'elle apparaît à travers les médias ?

Le remède proposé : constitution de stocks de sécurité qui puissent être acheminés avant même le début de la famine ne peut que rencontrer un large consensus. Encore faudra-t-il préciser si ces stocks seront centralisés et gérés en un seul point (par exemple par la *Food Security Reserve*) ou mis en place dans les villages et gérés par la communauté villageoise. Ce qui change tout.

Enfin, un tel organisme a besoin de ressources. Les tirera-t-il de diverses sources, comme l'indique le major Dawit Wolde Giorgis : gouvernement central, organisations de masse, contributions individuelles et secours internationaux, ou bien des seuls secours internationaux, comme le mentionne le rapport de la F.A.O. dont il va être question. Il est évident que la pluralité des sources de financement peut favoriser le fonctionnement d'un tel organisme et peut-être son indépendance.

*
* *

Ce deuxième document intitulé « Sécheresse et développement rural en Éthiopie » a été rédigé par un des sept membres de la mission F.A.O. chargée d'évaluer les possibilités de production agricole en Éthiopie. Cette mission s'est déroulée du 26 novembre au 8 décembre 1984. Son but était de proposer des mesures à court terme et de favoriser la mise en œuvre des meilleures solutions envisagées par les Éthiopiens eux-mêmes. Deux régions ont été visitées : le Wållo et une grande zone d'installation de l'ouest éthiopien, celle d'Assossa *(asosa)*, à 30 kilomètres de la frontière du Soudan. Nous avons donc affaire à un rapport d'expert qui s'exprime dans le cadre d'une organisation internationale.

D'entrée, l'auteur fait remarquer que l'impact des programmes F.A.O. a été jusqu'à ce jour très limité en Éthiopie, bien que l'action de cet organisme remonte à une vingtaine d'années. Il signale trois freins, qui m'apparaissent au cœur de nos interrogations :

---

4. Voir Dawit Wolde Giorgis, *o.c.*, p. 224 et ses déclarations subséquentes après qu'il ait choisi de s'exiler en octobre 1985.

— la structure fragmentée et compartimentée de l'administration éthiopienne,
— le manque de fonds du côté éthiopien,
— une carence en experts locaux spécialisés et bien formés.

Cette réserve faite, il établit, en expert, un diagnostic de la situation actuelle : l'Éthiopie jouit *normalement* d'une pluviométrie raisonnable (3/4 du pays se situe entre 600 et 2 200 mm par an) mais on constate des perturbations importantes selon les années et les régions. Si à cela s'ajoute une mauvaise gestion du patrimoine naturel et des possibilités de conserver l'humidité, on arrive à des catastrophes. Or, l'équilibre a été remis en cause par l'accroissement de la population et, qui plus est, d'une population essentiellement rurale (à 80 %), habituée à vivre d'une économie de subsistance. En 20 ans, on est passé de 23 à 42 millions d'habitants. Double conséquence : utilisation plus intensive du sol qui n'a pas le temps de se régénérer, déboisement très important (le pourcentage des forêts est passé de 16 % à 3 ou 4 %).

Bien que la réforme agraire de 1975 ait créé des conditions nouvelles, le système de culture est resté identique. D'où toute une série de conséquences en chaîne : sol cultivé de façon plus intensive, sans assolement ; disparition des forêts ; augmentation du cheptel qui fait obstacle au reboisement naturel ; utilisation des bouses de vaches pour le chauffage (par manque de bois) et non comme engrais naturel ; destruction par les pluies et les vents de la couche fertile d'un sol qui n'est plus protégé.

La situation s'est dégradée progressivement sans que les structures administratives nationales, fragmentées et plus ou moins mal coordonnées, réagissent. Plus d'une douzaine de ministères et services sont impliqués directement dans l'agriculture et les eaux et forêts. S'y ajoute, dans certaines régions, l'aggravation due à l'insécurité (guerilla).

Le diagnostic fait (et il est assez noir), quels remèdes envisager ?

Le programme d'action *proposé par l'Éthiopie* compte :

a) Des mesures immédiates (déjà prises avec l'aide internationale) pour améliorer la distribution des céréales y compris celles de la production nationale et ce dernier point me paraît assez nouveau pour mériter d'être souligné.

b) Des mesures pour le moyen terme comprenant la remise en état de l'agriculture traditionnelle et sa modernisation progressive, et les transferts de populations vers les zones situées à l'Ouest et au Sud-Ouest de l'Éthiopie.

Entrons dans le détail du projet de remise en état de l'agriculture traditionnelle et de sa modernisation progressive. On y trouve successivement :

1. La division de l'Éthiopie en *huit sous-régions*, à l'étude au Ministère de l'Agriculture depuis plusieurs années, mais qui n'a pas pu être mise en place par manque de fonds.

2. L'installation au milieu des paysans, au siège des coopératives de service, *d'agents de développement* chargés de la vulgarisation et du conseil. Ils présenteront au niveau des régions à des spécialistes du Ministère de l'Agri-

culture les problèmes techniques des paysans et répercuteront les solutions et conseils des experts vers les paysans.

3. *L'intensification de l'horticulture* en développant en particulier la production de légumes non indigènes : pomme de terre, chou, betterave rouge et carotte.

4. *La production de semences.* Un Office de production des semences a été créé en 1979 pour multiplier des semences de qualité contrôlée et les distribuer : blé, maïs, orge et sorgho, ainsi que légumineuses et graines oléagineuses[5]. Durant les trois dernières années il a produit 20 000 tonnes l'an. Le Ministère de l'Agriculture estime le total des besoins annuels à 120 000 tonnes. Mais le système de distribution est trop lent et les semences ne sont pas adaptées aux différentes régions écologiques. En réponse aux critiques, l'Office vient de présenter un nouveau projet lui aussi décentralisé : construction de douze entrepôts dans les régions touchées par la sécheresse pour y stocker des semences sélectionnées déjà testées dans la région, mais aussi des semences provenant des espèces locales.

5. *L'outillage agricole.* La sécheresse a réduit de façon drastique le nombre de bœufs de labour disponibles. Le ministère envisage d'acheter 66 000 bœufs et de les distribuer à crédit aux paysans mais le R.R.C. de son côté avance le chiffre de 366 000 bœufs nécessaires. Pour débloquer la situation, le ministère propose de louer des services de tracteurs aux paysans. Ces tracteurs feraient le travail de base puis les paysans achèveraient le travail avec les bœufs disponibles ou des outils à main. Enfin sont envisagés en point 5 : irrigation, pompes et réservoir d'eau. Viennent pour terminer, en point 6 : vaccins vétérinaires et introduction de cultures fourragères ; en point 7 : engrais et pesticides, et en point 8 un projet auquel le ministère de l'Agriculture attache beaucoup d'importance : la récolte des gommes et résines dans les basses terres de l'Éthiopie.

Remarques

Tous ces projets, ceci apparaît clairement à la lecture de ce rapport, ne découlent pas du dialogue entre les experts F.A.O. et les responsables éthiopiens. Pour la plupart, ils existaient bien avant et n'ont pu être menés à bien par manque de fonds. Le Gouvernement éthiopien souhaite les poursuivre avec l'aide de la F.A.O., ce qui est légitime. Encore faudrait-il qu'il soit tenu compte du diagnostic précédent. L'auteur du rapport est bien conscient de ce décalage, et souligne, après avoir présenté les différents projets : « il n'en reste pas moins que l'urgence parmi les urgences est la conservation du sol et la reforestation » (ci-après p. 211).

On peut faire aussi d'autres remarques :

---

5. Curieusement des céréales typiquement éthiopiennes comme le *ṭéf* et le *dagussa*, etc. ont été ignorées (Éd.).

— si la décentralisation au niveau de la décision agricole et des programmes particuliers paraît souhaitable, il y a peut-être un danger à faire proliférer ou à donner trop de poids aux agents de développement et à déposséder en quelque sorte le paysan de sa capacité de comprendre et de résoudre ses propres problèmes, sans tenir compte du savoir-faire accumulé par les ruraux ;

— si la production de semences sélectionnées s'avère nécessaire, et s'il est aujourd'hui indispensable de remettre dans le circuit paysan quelques tonnes de semences, puisque celles-ci ont été consommées pour tenter de survivre, il n'y a certainement aucun intérêt à ce qu'en période normale le paysan ne produise pas ses propres semences, en faisant sa propre sélection comme il en avait l'habitude.

Il ne faudrait pas (et je grossis à peine les faits), après avoir fait du paysan un assisté, en faire un incapable. Ce sont les paysans qui doivent être les acteurs du développement agricole, ce ne sont ni les experts, ni les fonctionnaires. Ils doivent en avoir la responsabilité, sans être totalement abandonnés.

Enfin parmi les mesures à court terme qu'a déjà prises le Gouvernement éthiopien *il y a le transfert de populations* à partir des régions frappées par la sécheresse et la famine ou à partir des camps de réfugiés vers des terres plus fertiles. Ce transfert devait concerner 1 million de personnes[6].

La mission F.A.O. s'est rendue à Assossa *(Asosa)* dans le Wållägga pour enquêter dans une zone d'installation *(settlement)* créée dès 1979 par la Commission de Secours et de Réhabilitation rurale. Elle est située à 1 500 mètres d'altitude, avec une pluviométrie entre 1 000 et 1 500 mm. Le type d'organisation (22 400 personnes en début d'année 84, augmentée de 20 000 arrivants au moment de la mission F.A.O.) est collective, mais les responsables pensent revenir à une exploitation individuelle de 2 ha avec une infrastructure commune. Il est curieux de noter que l'ensemble de la zone vit sur l'aide étrangère alors que sa production assez diversifiée (maïs, sorgho, *téf*, haricots, *nug*, piments) est commercialisée par un organisme d'État, l'Agricultural Marketing Coorporation.

La mission conclut que cette solution du déplacement des paysans est un moindre mal dans la situation actuelle, tout en soulignant que ce projet global n'est pas sans risques : préparation insuffisante, manque d'infrastructures d'accueil, problèmes sanitaires et surtout réactions négatives éventuelles des habitants des régions d'accueil.

On ne peut passer sous silence les interrogations formulées en divers milieux :

— s'agit-il de transferts ou d'une déportation déguisée ?

— est-ce que ce sont des familles entières qui sont déplacées ou seulement

---

6. Dawit Wolde Giorgis dans l'article donné au *Guardian* le 2 juillet 1987 (ci-après p. 235) fait état pour la période octobre 1983-octobre 1985 de 2 millions et demi de personnes déplacées et de 450 000 réfugiés au Soudan. Il parle également d'un million de morts, de 100 000 adultes handicapés et de 200 000 enfants orphelins ou abandonnés.

les membres les plus valides de ces mêmes familles, donc les plus jeunes, qui, nourris d'idéologie, feront de bons propagandistes ?

— le transfert est-il envisagé comme temporaire, en attendant la restauration des zones sinistrées, ou comme définitif ?

*
* *

Notre réflexion sur la sécheresse et la famine ne peut se limiter à l'examen de ces documents, dont le sérieux est indiscutable et les points de vues très différents.

Une première constatation porte sur la récurrence des périodes de sécheresse et de famine. Années sans pluie ou avec un total pluviométrique insuffisant, pluies décalées dans les saisons, années consécutives de sécheresses et famines concomitantes : tout cela ne constitue pas une nouveauté.

L'histoire a su conserver le souvenir de telles périodes et les utilise pour jalonner sa chronologie comme autant de points de repère. Mais ce qui a changé c'est la connaissance que nous avons de ces désastres. Alors qu'autrefois celle-ci restait limitée à la région affectée, aujourd'hui les informations (lorsqu'elles ne sont pas tenues un certain temps secrètes) sont diffusées dans le monde entier et des images arrivent jusque dans nos maisons. Nous ne sommes donc pas en présence d'un phénomène nouveau et les famines qui frappèrent l'Éthiopie en 1889, en 1913, en 1973 ou en 1984, pour citer quelques dates parmi les plus marquantes, relèvent du même processus. Toutefois elles semblent avec le temps avoir pris une ampleur (extension de la zone, populations atteintes) inconnue jusqu'alors. Pour déterminer les causes de cette aggravation plusieurs facteurs doivent être pris en compte :

Le premier est l'essor démographique de ces dernières années. Il y a 20 ans, on estimait la population éthiopienne à 23 millions, aujourd'hui le recensement de 1984 fait état de 42 millions d'habitants. Et ceci malgré les milliers de morts dus à la famine de 1973. Or cet accroissement considérable touche une population en majorité paysanne et l'on est amené à se poser la question suivante : est-ce que la production agricole a progressé de la même manière ?

Or on constate qu'il n'en est rien. Les méthodes agraires sont restées en gros les mêmes, on cultive les mêmes plantes et, malgré les exploitations modernes, les rendements globaux n'ont pas augmenté sensiblement. Il s'ensuit que la production alimentaire a augmenté moins vite que la population. Cette constatation se retrouve d'ailleurs à l'échelle de l'Afrique : « Au cours des quatre dernières années la production agricole globale du continent africain n'a progressé que de 0,1 % par an, alors que l'augmentation annuelle de la population était de 3 % (*Lettre d'Afrique*, 30 avril 1985). Il serait bien entendu indispensable d'étudier ces mouvements par pays et par régions, surtout si l'on souhaite promouvoir des échanges Sud-Sud.

Les conséquences directes de cette situation ne se sont pas fait attendre : utilisation plus intensive des sols et surtout déboisement important. La mission F.A.O. signale que « les forêts qui couvraient il y a 20 ans environ 16 % du territoire n'en couvrent plus que 3 à 4 % » ! On défriche, on coupe les arbres pour bâtir des maisons, se chauffer, faire la cuisine et on ne reboise pas !

La dégradation des sols par utilisation intensive (sans changement dans les méthodes culturales) et la déforestation ont produit les effets nocifs que nous voyons. Les sols, cultivés en permanence, sans jachère, sans apports fertilisants complémentaires se sont appauvris et les surfaces dénudées (le plus souvent pentues) ont vu leurs éléments les plus fertiles entraînés par les eaux de ruissellement et le vent. Par ailleurs, la diminution des surfaces forestières a modifié le régime pluviométrique de la zone en question et même des zones voisines. Pour prendre un exemple hors de l'Éthiopie, il est aujourd'hui reconnu par les géographes et les hydrologues que les phénomènes de désertification que connaît aujourd'hui le Burkina Fasso sont en partie dus à la déforestation de la Côte-d'Ivoire !

Finalement on se retrouve confronté au tableau suivant : une population accrue, des ressources alimentaires n'ayant pas augmenté en proportion et un écosystème dégradé. Dans les années climatiquement bonnes on obtient un équilibre alimentaire très précaire où les gens vivent avec le strict minimum, parfois à la limite de la malnutrition et *où il n'y a pas de possibilités de stocks*. Qu'une mauvaise année (ou une succession de mauvaises années) survienne, c'est la famine.

*
* *

Peut-on dire qu'une telle situation est imprévisible ? Certainement pas, on sait que les régions où aujourd'hui sévit la famine sont normalement des régions à risque et qu'il faut donc en permanence prévoir ce risque. A court terme, la seule réponse nous paraît être une réponse paysanne : constituer sur place des réserves qui pourront, le moment venu, faire office de régulateur. Ce sera revenir à l'habitude des communautés villageoises qui savaient constituer des stocks de sécurité en prévision des mauvaises années et qui, avec l'essor démographique, ont dû renoncer à cette pratique, faute d'années excédentaires. L'origine de ces stocks : réserves de céréales, de tubercules et de fourrages pour les animaux des nomades et des agriculteurs pourrait être nationale ou internationale : denrées excédentaires provenant de régions moins défavorisées, appel à l'aide internationale.

A long terme il faudra envisager à partir d'une parfaite assimilation des savoirs paysans l'introduction d'autres méthodes culturales, de plantes nouvelles ou d'espèces nouvelles permettant de plus forts rendements. Cela demandera du temps et pour le choix judicieux des nouveautés à introduire et pour l'effort d'éducation à faire auprès des paysans.

Parmi ces possibilités on pense à l'irrigation, à l'horticulture, au développement des fumiers organiques, à une mécanisation prudente : les machines-outils qu'exporte l'Europe ne sont pas forcément adaptées. Il faudra aménager.

Mais revenons au court terme et à la constitution de réserves. On voit tout de suite les difficultés de cette entreprise :

— au niveau national, on constate l'insuffisance des circuits économiques et du réseau routier et aussi l'inexistence de réseaux de solidarité par exemple entre Nord et Sud, expérience qui n'a jamais été tentée ;

— au niveau international : à l'échelle de l'Afrique les traits précédents : circuits économiques, moyens de transports, réseaux de solidarité sont encore plus cruellement absents ; au-delà de l'Afrique on constate une inaptitude à bouger en dehors de l'événement. Quiconque viendra dire : « Attention, ici, dans cette région du monde, dans quelques mois, les gens seront confrontés à une période de famine » ne sera pas entendu et il n'y aura vraiment prise en compte de l'information que lorsqu'on montrera les files de malheureux, maigres, déguenillés et les enfants mourant dans les bras de leurs mères. Alors, il est déjà trop tard pour beaucoup. L'aide se mettra en route, avec ses lourdeurs et ses coûts plus élevés, puisque c'est une aide d'urgence. Il faudrait repenser le problème des transports et de mise en place de l'aide alimentaire. L'aide doit arriver dans tous les villages même les plus reculés. Lorsqu'il n'y a pas de routes et que les zones sont montagneuses, il faudra revenir aux moyens de transports habituels dans la région : mulets, ânes, chameaux. On peut facilement mesurer l'écart entre ce qui se fait et ce qui serait souhaitable.

Ce que nous retenons devant la situation actuelle caractérisée par l'essor démographique et la dégradation de l'écosystème c'est d'abord l'incapacité à prévoir. Mais il faut également pour mieux cerner la situation présente en Éthiopie ne pas négliger l'interférence des facteurs humains et politiques qui bloquent la circulation de l'information et l'acheminement des secours. Doivent entrer en ligne de compte :

— la pudeur des gens qui pensent qu'ils vont s'en sortir par leurs propres moyens ;

— l'amour-propre des gouvernements qui cachent le désastre le plus longtemps possible. Fausse honte de n'avoir pas prévu et surmonté les difficultés ? Quand le monde occidental est alerté par la B.B.C. en automne 84, il y a déjà des milliers de morts. C'était la même chose en 1971/1974 ;

— les choix politiques : l'Éthiopie a donné la priorité à la propagande politique, aux achats d'armes, aux mesures arbitraires, à la répression, sacrifiant ainsi, délibérément, des vies humaines. Quand en plus il se trouve, comme c'est le cas, que les régions éprouvées par la sécheresse et la famine sont justement celles où l'on s'efforce de réduire les organisations rebelles, certains ont vite fait de penser qu'affamer les gens est une manière comme une autre de les combattre, et l'on affamera femmes, enfants et vieillards ; mais les hommes valides auront le plus souvent rejoint les rangs des combattants.

A toutes ces raisons qui se conjuguent pour retarder une action, qui du fait de l'imprévoyance, doit être forcément une action d'urgence, s'ajoutent les lourdeurs de la bureaucratie : « la révolution n'a pas effacé cette fragmentation administrative de l'ancien régime et le choix d'une politique de centralisation après 1978 a ravivé la rivalité de services qui ne doivent rendre compte qu'à une autorité toujours plus lointaine au fur et à mesure que l'on monte dans la hiérarchie pour atteindre le pouvoir central, seul véritablement investi du pouvoir de décision » (Mission F.A.O. p. 206). L'organigramme que nous avons ébauché est tout à fait révélateur. Il y a quelques mois, quand a été connue l'épidémie de choléra qui s'est déclarée dans les camps de réfugiés — épidémie passée sous silence par la presse éthiopienne — on a appris dans les journaux européens que les médicaments qui avaient été acheminés en urgence restaient bloqués en douane.

Enfin, comment ne pas évoquer aussi la corruption, qui ne permet pas d'évaluer la quantité de secours détournés pour être revendus au plus haut prix.

Dans cette situation, le paysan, qui n'a plus rien à manger, se trouve sans argent, sans semences (car il les a mangées) et n'a d'autre ressource que d'abandonner son village, partir à pied, parfois sur de longues distances, pour trouver du secours en ville (d'où il est souvent rejeté) ou vers les endroits où il a entendu dire que l'on distribuait des vivres. C'est ainsi que se créent des camps de réfugiés surpeuplés :

Korem *(kʷåräm)* dont on a beaucoup parlé dans la presse : 50 000 personnes, deux puits seulement, plus de bois dans les environs, 20 médecins qui soignent en sélectionnant forcément ceux qui ont le plus de chances de survivre.

Mäqälié : 190 000 réfugiés, manque de tentes : froid la nuit, chaud le jour. 350 000 morts en 1984, sans doute trois fois plus en 1985 et les épidémies inévitables dans un tel environnement : gens affaiblis, promiscuité, hygiène impossible.

La réponse du Gouvernement éthiopien a été le transfert de ces populations au Wållägga, et dans l'Ilubabor : régions riches, non affectées par la sécheresse, peu peuplées ou moins peuplées (?), où il n'y a pas de malaria (nous dit-on). On achemine les gens par camions, par avion : 1 250 000 personnes doivent être transportées. Pas un très grand enthousiasme, malgré l'effort de propagande : « Demain vous conduirez des tracteurs et vos femmes seront sages-femmes. » On déverse des flots d'idéologie et aussi on sélectionne les plus jeunes. Le départ est présenté comme définitif. On ne dit pas si les gens censés accueillir les réfugiés ont été avertis, préparés et quelle sera leur attitude. Il est vrai qu'il faut trouver d'urgence une solution — *mais ne devrait-elle pas être temporaire comme la sécheresse ?*

L'IMPACT DE LA RÉVOLUTION CHEZ LES OROMO : COMMENT ILS L'ONT PERÇUE, COMMENT ILS ONT RÉAGI

P.T.W. Baxter
Université de Manchester

« They would welcome the worst anarchy so it were their own and not foreigners. »

Basil Thomson
Diversions of a Prime Minister
London, Blackwood, 1894

Lorsqu'en novembre dernier Joseph Tubiana m'invita à venir parler de la façon dont les Oromo avaient perçu la Révolution[1] et dont ils avaient réagi, j'étais sur le point, après plusieurs années passées au loin, de revenir chez deux des principaux peuples parlant oromo, les Boran et les Arssi. J'espérais donc pouvoir bientôt constater de mes propres yeux certains des changements qui s'étaient produits depuis la Révolution et entendre de mes propres oreilles quelques réactions locales des Oromo à la Révolution. Mais il n'en fut rien. A mon grand regret on m'interdit, au tout dernier moment, de me rendre en Éthiopie. Il me faut donc déplorer d'être malheureusement obligé aujourd'hui de m'en tenir pour l'essentiel à une banale revue des publications émanant (I) des groupes oromo, étudiants ou autres, vivant en Europe et aux États-Unis, et aussi (II) du Front de Libération Oromo ou F.L.O. *(Oromo Liberation Front, O.L.F.)*, que je compléterai par de rares informations sorties clandestinement d'Éthiopie. Il n'existe pas à ma connaissance d'autres sources. Je me suis efforcé d'éviter toute partialité du fait que je ne pouvais recourir qu'à des publications émanant soit du F.L.O. ou des milieux de l'émigration, soit des deux à la fois.

Tout d'abord, je dois préciser que je vais essayer de formuler de façon critique le point de vue des Arssi politiquement avertis, tel qu'il se dégage dans les sources que j'ai pu consulter ; ce faisant je ne leur apporte pas mon soutien,

---

[1]. Je remercie le ministère des Affaires étrangères français, qui a fourni à l'INALCO les moyens de m'inviter à participer à ce Colloque International, l'université de Manchester, qui m'a également accordé son soutien, et bien entendu l'INALCO pour son invitation.

je n'en fais pas mon opinion personnelle. Je n'ai aucune envie de m'immiscer dans la politique éthiopienne. Malheureusement les publications oromo n'ont ni l'importance, ni la diffusion des publications érythréennes analogues. Il est vrai que le mouvement des Oromo a démarré bien après celui des Érythréens, pour rester à la traîne, et qu'il a toujours souffert de la dispersion des Oromo, de leur relative pauvreté et du manque de fonds. De plus il me semble que les Oromo ont été quelque peu négligés par les journalistes du fait que le cœur du pays oromo est très éloigné des aéroports.

Par commodité je parlerai des Oromo comme il s'agissait d'une nation homogène sans divisions internes, mais bien évidemment ceci n'est pas plus vrai pour eux que pour les Russes, les Américains, les Français, les Italiens ou les Anglais. Il est toujours malaisé de dessiner des frontières ethniques ; des gens qui sont unis dans une certaine situation ne le seront plus dans une autre. Après tout, le fait que Napoléon fut un grand centralisateur n'a jamais empêché les nationalistes corses de réclamer l'indépendance de la Corse. La difficulté de définir ou préciser une identité ethnique ou nationale est bien connue, et cette identité est souvent réactivée par une situation historique ou politique particulière. A l'appui de mon propos il suffit d'évoquer la question de la nationalité dans le cadre du sport international. Quand il s'agit de rugby les Irlandais ne sont qu'une seule nation, par contre pour le football ils forment deux nations. Aux Jeux Olympiques la Grande-Bretagne forme une seule nation, mais pour son sport national, le cricket, Gallois et Écossais peuvent y jouer comme Anglais. On pourrait multiplier de tels exemples à l'infini, cependant il suffit pour mon propos d'avoir clairement montré qu'il est improbable qu'aucun groupe ethnique ou national soit intérieurement homogène. Je ne veux pas m'enliser dans des définitions de groupes ou frontières ethniques (Knutsson 1969).

En ce qui concerne les Oromo le sentiment de ne former qu'une même nation avec une même culture est récent et produit de leur expérience de colonisés ; tout comme les Choans sont un produit de leur propre domination impériale. De semblables processus, au terme desquels de nouveaux groupes ethniques se sont créés à partir de segments fragmentés et dispersés, en réaction à un régime colonial, ont été rapportés cent fois ; les exemples des Somali, des Yoruba, des Ibo, des Hausa, des Dinka, des Kikuyu, viennent instantanément à l'esprit. De même qu'à l'heure actuelle en Afrique du Sud une nationalité azanienne est en train de se forger, la perception que les Oromo ont d'eux-mêmes comme formant une seule nation est clairement en train de se développer en réaction à leur situation coloniale persistante. Ulrich Braukämper, auteur de l'étude la plus dense qui soit de l'évolution du sentiment ethnique chez les Oromo, a démontré justement qu'alors que les Oromo d'Éthiopie ont tous subi la même expérience de la domination amhara, cependant : « la prise de conscience de leur unité en tant que *Ilma Oromo* (peuple Oromo) ne fut d'abord systématiquement exprimée que par des intellectuels oromo, pour devenir rapidement populaire dans les années 60 » (1982-3 :3).

Ainsi n'est-il guère étonnant de constater que les frontières de l'ethnie oromo sont floues par places. Il est indéniable que nombre d'habitants amharisés du Wållo d'origine Oromo n'ont pas été touchés par les sentiments ou appels pan-Oromo. Dans les années 50 Haberland pouvait à juste titre décrire de nombreux Tulama comme des « Amhara de langue Galla » (1963 : 533). Dans ce qui est à mon avis l'un des articles les plus perspicaces à ce jour sur les finesses de la différenciation ethnique chez les Oromo, Blackhurst (1980) a su démontrer que leur passé culturel hybride ne suffisait pas à expliquer la « nature particulière de l'ethnicité tulama ». Nul doute qu'ils soient dans une certaine mesure culturellement amharisés, néanmoins « ils n'ont fait aucun effort pour s'assimiler complètement à la société amhara » (*o.c.* 57). A travers son analyse des relations particulièrement étroites entre les Arssi indigènes du Balé et les immigrés tulama du Choa d'une part, et entre ces deux groupes et les colonisateurs amhara, Blackhurst démontre très clairement que l'ethnicité joue divers rôles que « l'on ne peut comprendre sans tenir compte des conditions locales » (*ibid.*, 64). Son article fait ressortir des finesses que j'avais négligées dans mon article intitulé « Ethiopia's Unacknowledged Problem : The Oromo » (1978). Dans la mesure où dans cet article je me proposais de brosser la situation à grands traits, je ne pouvais éviter d'ôter un certain relief aux détails. Par exemple, je n'ai pas tenu compte des appartenances religieuses qui pouvaient devenir une menace pour la solidarité oromo : islam, christianisme orthodoxe, protestantisme sous ses diverses formes, catholicisme et religions traditionnelles.

Cependant, reconnaître que les frontières ethniques sont indistinctes et que groupe ethnique et groupe linguistique ne coïncident pas nécessairement ne signifie pas, comme l'affirment les nouveaux défenseurs du maintien de la domination des Amhara du Choa, que l'ethnicité est un facteur sans importance et dépassé. Pas plus, bien entendu, que le sentiment de sa propre identité nationale n'interdit un sentiment d'appartenance plus large. Les Bengalis peuvent être indiens sans cesser pour autant d'être des Bengalis. Cependant les vieux mythes qui légitiment une domination ont la vie dure, et des affirmations du genre : une population « répartie sur les quatorze régions du pays » peut tout entière « avec fierté s'appeler éthiopienne » puisque « il est difficile sinon impossible de retrouver le groupe ethnique particulier dont provient l'Éthiopien moderne », sont ni plus ni moins spécieuses. On a du mal à imaginer un quelconque pays de nationalité mixte dans lequel les origines ethniques seraient sans importance, à plus forte raison dans l'un des pays les moins industrialisés du monde (Sisay Asefa. 1984 : 99). Pourtant, quelle que soit la diversité des réactions locales, il est évident, comme l'ont écrit Chris Prouty et Eugene Rosenfeld, dans le style neutre convenant à un dictionnaire tel que leur *Historical Dictionary of Ethiopia* (1981 : 183) que : « L'émergence marquée du nationalisme oromo, pouvant aller du sentiment d'appartenance à une nation séparée jusqu'au simple désir d'accroissement de l'influence oromo dans l'administration d'Addis Abäba dénote un mouvement puissant ; sa force parmi les étudiants oromo est incontestable mais il est très difficile de l'évaluer à l'intérieur du pays. » Ils n'expliquent pas pourquoi cette évaluation est si difficile à faire ! Le seul test efficace des sentiments oromo en Éthiopie serait la tenue d'élections libres, ce qui ne semble guère probable.

Je commencerai par étudier une publication oromo pré-révolutionnaire et je m'efforcerai d'en extraire certains thèmes qui semblent toujours actuels. Je ne ferai qu'une brève allusion à l'agitation de la période révolutionnaire, qui a déjà été largement étudiée. De même je n'évoquerai les récits historiques des Oromo ou de l'Éthiopie que dans la mesure où ils permettent de mieux éclairer les textes étudiés. Pour terminer je voudrai analyser quelques-uns des thèmes revenant le plus souvent dans les publications oromo de 1974 à 1985, et dont, à mon avis, la présence constante est due au fait qu'ils continuent à dominer la sensibilité oromo. Malheureusement il est très difficile de se procurer certaines de ces publications et les collections de périodiques qui sont en ma possession sont loin d'être complètes.

Le F.L.O. commença en fait sa lutte dans le district du Chercher (*čärčär*), au *Harärgié* en 1974, bien qu'il fasse remonter ses origines à des mouvements oromo antérieurs. Ces origines historiques ont été largement traitées dans de nombreuses publications oromo et j'y reviendrai. Cependant tout d'abord je ferai quelques remarques sur un document d'importance historique intitulé *The Oromos : Voice against Tyranny* (« Les Oromo : une voix contre l'oppression »), que je citerai en abrégé comme *Voice*. C'est le premier essai pour jeter sur l'histoire de l'Éthiopie le regard de la périphérie plutôt que celui du centre. *Voice* fut édité clandestinement en mai 1971 à Addis Abäba (Finfine) par un groupe de révolutionnaires et d'étudiants oromo. Ce document, qui est par certains côtés historiquement simpliste, établit une relation abstraite entre les luttes et les victoires des Oromo dans le passé et leurs luttes actuelles. *Voice* parut en anglais et en amharique. On m'a dit, mais je ne l'ai jamais vue, qu'il parut aussi une version oromo en écriture amharique, qui proposait « les mêmes idées ». Son titre était *Kana Bekta* que l'on pourrait traduire avec un de ces calembours dont les Oromo sont friands : « Savez-vous cela ? » ou encore « Sachez (apprenez) cela ! ». Cela dut être plutôt un acte symbolique qu'une action efficace. A ma connaissance, seule la traduction anglaise a été réimprimée. L'oromo ne possédait pas d'orthographe établie dans l'alphabet latin. Car, tout comme nous, les personnes de langue oromo doivent apprendre à lire leur propre langue ; mais, pour apprendre à lire, on a besoin de documents écrits. Ces documents n'existaient pas dans l'Éthiopie impériale car l'édition de textes en oromo, et à plus forte raison écrits dans l'alphabet latin, était interdite. Il s'ensuit que même les nationalistes furent contraints d'utiliser des langues étrangères pour répandre leurs idées, étant peu nombreux en pratique à savoir lire ou écrire l'oromo. Cette situation est en train de s'améliorer rapidement. Mais même si des manuels scolaires en boran existaient au Kenya depuis les années quarante, aucun n'était disponible de l'autre côté de la frontière en Éthiopie. On m'a dit que quelques Oromo employaient l'écriture amharique lorsqu'ils s'écrivaient des lettres, mais chaque auteur devait inventer son orthographe. Ainsi donc, en 1971 l'oromo n'était pas une langue littéraire. Holcombe a relevé qu'en 1972, au Wållägga les contrats de mariage étaient rédigés en amharique, langue officielle et de toutes les « affaires d'importance » (1973 : 11) ; il n'est donc pas étonnant que l'oromo ait été peu utilisé pour des écrits politiques. Au début de la lutte anti-coloniale en Afrique occidentale, des chefs politiques comme Nkrumah, Azikiwe et Senghor n'ont-ils pas employé l'anglais ou le français pour la controverse politique ? En ces temps, même lorsque la langue oromo était reconnue comme langue littéraire, elle était souvent traitée de haut. Par exemple le recueil de proverbes (*Oromo Proverbs*, 1969 & 1972) d'Abdurahman Mohamed Korram est rédigé en anglais, les proverbes sont traduits en anglais, tandis que les proverbes oromo eux-mêmes sont transcrits en écriture amharique. Parce que « l'oromo n'a pas d'écriture propre, l'alphabet amharique a donc été utilisé ; quand un son n'existe pas en amharique » Korram crée des équivalents. De toute évidence Korram n'a pas saisi qu'il est tout à fait inhabituel qu'une langue possède « sa propre écriture » et donc que le fait de ne pas « avoir en propre une écriture » n'est pas une honte culturelle. A cause de cet ethnocentrisme le recueil, malgré son utilité à certains égards, n'est guère plus qu'une curiosité littéraire intéressant seulement les lecteurs de l'écriture amharique. Les remarques préliminaires du collecteur, en dépit de ses bonnes intentions, sont une illustration du dédaigneux snobisme culturel qui était de règle en Éthiopie dans les années 70. Le collecteur s'excuse de s'intéresser aux proverbes oromo, en expliquant que cela n'est qu'un « passe-temps » inoffensif et non pas une œuvre d'érudition. Puis il ajoute : « Peut-être aurait-il été plus facile de recueillir les proverbes oromo si les Oromo avaient possédé leur propre tradition littéraire. » Et voilà pour la littérature orale ! Comme dit l'un des proverbes du recueil : « le chien aboie au service de ceux qui le nourrissent » (107, n° 10).

Mais, pour revenir à mon propos, *Voice* a paru environ trois ans après l'interdiction de l'Association Mécha-Tulama, et environ un an après que les soulèvements du Balé aient été définitivement réprimés. Ces derniers événements avaient découragé et déprimé les Oromo doués d'une conscience politique. Je puis moi-même témoigner pour l'avoir vu à Chilalo (Arussi) en 1968-69, que les quelques étudiants et autres jeunes gens Arssi instruits exprimaient leur mécontentement au grand jour au sujet de ces événements et ne décoléraient pas contre ce qu'ils ressentaient comme le comportement carrément arrogant des fonctionnaires officiels (presque tous originaires du Choa) et contre l'abaissement de la langue et de la culture Arssi. Pour prendre un exemple le juge de *wårädä* (district) ne cessait de faire en public des plaisanteries (à vrai dire c'était toujours la même) sur mon projet de m'instruire dans la culture Arssi parce que, affirmait-il, les Arssi ignoraient la « civilisation » *(seltané)* ; il prouvait cette affirmation, pour sa plus grande satisfaction, en relevant que les Arssi portaient des bottes de caoutchouc pendant la saison sèche. Le chef de district *(wårädä gäzi)*, quoique bilingue en oromo et amharique, exigeait que toutes nos conversations aient lieu au moyen d'un interprète, dans « la langue du gouvernement », c'est-à-dire l'amharique. Ainsi donc, les jeunes hommes m'ont parlé avec tristesse de Taddäsä Berru et des autres membres de l'Association Mécha-Tulama, qui avaient été pendus ou emprisonnés. Ils parlaient également, mais avec plus de réserve, de Wako Gutu, et des *šefta* du Balé. Ces jeunes gens exprimaient leur ressentiment avec vigueur et amertume, par référence à leur ethnie ; ils avaient l'impression d'être l'objet de mesures discriminatoires tout simplement parce qu'ils étaient arssi. (Voir aussi Borana Tullu, 1980 ; P.T.W. Baxter, 1980 & 1983.)

Voice a certainement fait vibrer une corde sensible à travers le pays oromo et a joué le rôle d'un manifeste parce que exprimant un sentiment national largement répandu. *Voice* eut une nouvelle édition en 1974 et fut réimprimé dans *Horn of Africa* en 1980. *Voice* est cité dans le programme du F.L.O. (*Program of the Oromo Liberation Front*), 1974, révisé en 1976, qui le suit d'assez près tout en étant plus nuancé. C'est devenu un témoignage historique de la lutte oromo, car il a pu rassembler des sentiments épars et indiquer une voie qui, à l'heure actuelle, est toujours suivie, en gros : c'est pour toutes ces raisons que je vais y consacrer une importante discussion. Comme la plupart des manifestes dits « révolutionnaires » de cette époque, *Voice* a tendance à employer un ton un peu trop déclamatoire, mais il contient moins de jargon confus et violent que la plupart des écrits estudiantins de l'époque, qu'ils soient africains, européens ou américains. Non seulement *Voice* fit écho au climat intellectuel de l'époque, mais il présenta un bon nombre d'arguments fondamentaux sur la lutte oromo, qui sont restés parfaitement valables et ont des chances de le demeurer. L'évolution de la situation a modifié le sentiment qu'ont les Oromo de leur situation en Éthiopie et continuera à le modifier ; mais aussi longtemps que les Oromo se sentiront objets d'une discrimination dirigée contre eux-mêmes, leur culture et leur langue, il y a peu de chances pour que leur attitude évolue de façon significative. A mon avis *Voice*, quoique rédigé avant la Révolution, continue à refléter l'opinion d'un certain nombre, voire de la majorité, des Oromo pour qui la « révolution semble [...] masquer le maintien de la situation coloniale » (Greenfield et Mohamed Hassan, 1980 : 14).

Voice commence par un bref paragraphe d'introduction qui définit la lutte oromo de façon claire, sans aucun préalable théorique, comme une manifestation particulière de la lutte universelle des opprimés contre les oppresseurs. Ensuite quelques deux mille cinq cent mots, c'est-à-dire environ un tiers de la longueur, sont consacrés aux « Origines et histoire ancienne » (*Origins and Ancient History*), sous-titre qui a été supprimé sans raison apparente dans la réimpression de *Horn of Africa*. Cette partie est clairement destinée à cerner les affrontements historiques qui ont donné à la lutte des Oromo sa particularité, particularité qui semble provenir de la longue histoire des affrontements entre les Oromo et les royaumes chrétiens du Nord. Cette partie commence avec une réfutation des épisodes les plus scandaleusement mythiques de l'histoire de l'Éthiopie telle qu'elle était enseignée dans les écoles éthiopiennes, afin de donner un brillant de légitimité à la monarchie du Choa et de rabaisser les Oromo : par exemple, on prétendait que le premier Oromo était réellement sorti de l'eau, et donc n'avait pas atteint le même degré d'évolution humaine que les Amhara (en traitant un mythe d'origine comme un fait historique) ; ou, plus sérieusement, que les Oromo étaient arrivés récemment en Éthiopie, ce qui impliquait qu'ils étaient des étrangers et n'avaient donc pas les mêmes droits à y être que les Amhara. La revue s'en prend avec humour à la légende de Salomon et de la reine de Saba, que de nombreux enseignants présentaient comme un fait historique et qui était utilisée pour légitimer les prétentions à une origine sainte de la dynastie salomonide, puis suggère ensuite que, même si cette histoire n'est pas vraie, elle convient malgré tout fort bien d'une certaine façon, à cette dynastie, dont l'origine serait donc dans un serment non respecté et un acte de fornication. *Voice* poursuit avec des récits des agressions des chrétiens du Nord aux XIIIe et XIVe siècles. A l'opposé du point de vue généralement admis des Éthiopiens du Nord et du Centre, la revue affirme que « la soi-disant invasion galla du XVIe siècle ne fut ni une invasion, ni une migration. C'était plutôt un mouvement national des peuples oromo... dont le but précis était de se libérer et de libérer leurs territoires d'une occupation coloniale. C'était ni plus ni moins qu'une guerre de libération nationale ». Je pense que c'est dans *Voice* qu'une telle opinion, exprimée par ailleurs, fut imprimée pour la première fois.

La partie historique, un peu longue, s'efforce d'enraciner la lutte des Oromo dans une histoire commune de l'Éthiopie et des Oromo et, en démontrant que cette lutte dure depuis le XVIe siècle, de légitimer par un passé ancien la lutte contre l'oppression nordiste. A beaucoup d'égards ce n'est qu'une inversion plutôt simpliste de la version « classique » très répandue de l'histoire de l'Éthiopie. Les deux thèmes associés mis en avant, celui d'une nationalité oromo indépendante et celui d'une opposition sans relâche au joug colonial, demeurent des thèmes vedettes du mouvement oromo. Ensuite *Voice* affirme qu'au cours des siècles suivants (et surtout à l'époque où les Oromo dominèrent le royaume de Gondar et où l'oromo était même devenu la langue de la cour de Gondar), les « éléments abyssins » intriguèrent pour maintenir les Oromo dans des positions subalternes et pour les convertir au christianisme, c'est-à-dire pour les amhariser (voir Getahun Dilebo : 37-42). D'après *Voice*, ce processus a atteint son sommet avec la politique de « l'empereur Théodros, dont le projet déclaré était de convertir les Oromo au christianisme, sous domination abyssine, ou de les exterminer ». En passant il n'est peut-être pas déplacé de remarquer que (I) le maintien de la suprématie nordiste, tout en combattant le christianisme et l'Église, pose un dilemme au gouvernement post-révolutionnaire et que (II) curieusement, la réhabilitation de Théodros par le Därg[2] n'est pas ressentie par les Oromo comme une insulte et une menace. (Pourtant c'est un peu comme si les Polonais avaient été incités à faire l'éloge du Tsar Nicolas Ier.) Cette partie insiste sur le fait que l'expérience la plus largement partagée par divers peuples oromo a été celle de luttes interminables contre l'oppression extérieure. Cette expérience, *Voice* le laisse entendre ici mais le dit clairement dans la partie suivante, a également été celle des autres « groupes minoritaires en Éthiopie ». Il vaut la peine de remarquer qu'en 1971 encore, même les intellectuels oromo avaient le sentiment de n'être qu'une minorité politique en Éthiopie, alors qu'en réalité les Oromo étaient la nationalité la plus nombreuse d'Éthiopie.

La partie suivante, qui s'intitule « L'histoire politique moderne » *(Modern*

---

2. Dans certaines publications oromo récentes, ainsi que dans les publications éthiopiennes, le colonel Mängestu est parfois décrit comme le descendant spirituel de Théodros.

Political History) est moitié moins longue que la précédente. Il y est affirmé que l'expansion du Choa sous la conduite des Mänzé[3], est « à l'origine des problèmes actuels des Oromo et des autres groupes minoritaires de l'Éthiopie ». Puis il est affirmé que Sahlä Sellasié (1813-47), Ménélik et Haylä Sellasié utilisèrent de façon systématique le butin provenant de leurs conquêtes au Sud et « les conseils et le matériel fournis par les puissances étrangères » pour réaliser leur « grand dessein colonial et impérial de dominer l'Éthiopie au profit du Choa »[4]. Ménélik et Haylä Sellasié eux-mêmes, par des procédés identiques à ceux de tous les colonisateurs de l'Afrique, ont utilisé certains chefs locaux des groupes subjugués, dans le but de leur imposer le « joug colonial ». La partie suivante, qui s'intitule « La confiscation et l'appropriation des terres oromo » *(Confiscation and Appropriation of Oromo Lands)* décrit, à partir d'exemples Arssi et Limma, les méthodes employées pour transformer les Oromo vaincus en « *gäbbar* ou métayers sur leurs propres terres ». La dernière partie « La situation actuelle des Oromo » *(Present condition of the Oromos)* résume les moyens employés par Haylä Sellasié pour transformer un système administratif qui reposait sur des « garnisons incontrôlées et en désordre, fidèles à tel ou tel chef militaire » en un système bureaucratique centralisé, dont les fonctionnaires étaient maintenus dans une étroite dépendance par rapport au centre. *Voice* souligne également l'un des défauts majeurs du système, à savoir le fait que la masse des petits fonctionnaires était si mal payée et si peu contrôlée qu'ils étaient devenus de véritables extorqueurs au niveau local ; ainsi au lieu de fonctionner comme agents de l'assimilation aux valeurs amhariques, en pratique ils suscitaient l'hostilité des populations qu'ils administraient.

S'ensuit une liste des griefs permanents des intellectuels oromo : (I) qu'à tous les degrés l'enseignement était bien moins accessible aux Oromo qu'il ne l'était aux nordistes, et surtout aux Choans[5], (II) que l'enseignement offert « était conçu comme un moyen d'assimiler la jeune génération des Oromo et des autres nationalités, (III) que l'amharique était le seul langage employé dans l'administration et dans l'enseignement (IV) que « la culture oromo était ridiculisée ou au mieux passée sous silence », (V) que les noms de lieux oromo avaient été remplacés par des noms chrétiens guèzes ou amhariques, par exemple *Adama* par *Nazrét* ou *Bišoftu* par *Däbrä Zäyt*[6]. Pour terminer, le

---

3. Après la chute de Haylä Sellasié les Mänzé cessèrent d'être une cible historique valable pour les Oromo, et ils disparurent des publications oromo.

4. Entre 1865 et 1916 Ménélik réussit à s'emparer de toute la population oromo entre Somalie et Soudan et de ses biens, et à en prendre le contrôle » (Getahun Dilebo, 1974 : 136).

5. En raison de la présence des écoles des missions religieuses, qui étaient interdites dans les zones chrétiennes, il y avait sans doute plus de personnes d'un niveau supérieur d'instruction au Wällägga que dans le Choa, mais elles ne pouvaient guère bénéficier de cet avantage.

6. Respectivement « Nazareth » et « Mont des Oliviers », noms tirés des Évangiles. De tels changements de noms caractérisent de toute évidence aussi bien la colonisation que la décolonisation et font partie de l'effort pour affirmer une nouvelle hégémonie religieuse ou morale. D'ailleurs il doit se trouver peu de capitales africaines qui n'aient eu leur rue ou boulevard Haylä Sellasié ; je ne sais combien d'entre elles ont par la suite été rebaptisées rue Mängestu. Ces dernières années l'imposition de noms bibliques a décliné dans la plupart des régions du monde. Peter Worsley a constaté que les partisans papous du « *cargo cult* » ont souvent renommé leurs villages avec des noms tels que Galilée, Jéricho et Mont Carmel afin d'établir un « lien privilégié... avec le christianisme et la Bible » (1970 : 147).

gouvernement éthiopien est accusé d'avoir exproprié de vastes étendues de terres oromo dans le passé, et de continuer à le faire, pour soudoyer ou récompenser les nordistes. Le gouvernement est également accusé d'avoir confisqué des terres pour les vendre. Mais, qu'il s'agisse de corruption, de récompense ou de vente, l'objectif primordial était d'établir des nordistes dans le Sud. La politique du gouvernement éthiopien est comparée à celle des Israéliens dans « la patrie des Palestiniens » et à celle des gouvernements blancs de la Rhodésie du Sud et de l'Afrique du Sud. La politique gouvernementale « vis-à-vis des Oromo et des autres peuples opprimés est claire. Sa politique est de les réduire à une masse de gens dépossédés ». (Les diatribes contre les Israéliens et les Sionistes font bien sûr régulièrement partie des polémiques de toutes les factions éthiopiennes.) *Voice* termine par un appel à « la lutte armée » afin d'établir « un gouvernement pour tous les citoyens, contre toute forme d'exploitation ». Sa conclusion est que : « Un Oromo n'a pas d'empire à construire mais a la mission de briser le joug impérial. » Le renversement de Haylä Sellasié fut clairement considéré comme la première étape nécessaire ; donc à cette fin, tous les Oromo devaient former « un front commun [...] la main dans la main, dans un esprit de fraternité, d'égalité et de respect mutuel, avec les autres nationalités opprimées ».

Pour résumer, un certain nombre de thèmes sont présents dans *Voice* et dans la littérature oromo contemporaine. Ce sont les suivants :

(I) L'Éthiopie était et reste un empire colonial basé sur la conquête et les exactions.

(II) Le souci de rétablir la vérité historique. La moitié de *Voice* est consacrée à l'exposé du point de vue oromo.

(III) Le souci d'obtenir la reconnaissance de la langue et de la culture oromo.

(IV) Assurer aux Oromo l'égalité d'accès à l'enseignement et à la haute fonction publique. La discrimination dans l'enseignement et les emplois étaient particulièrement vexatoire pour la nouvelle sous-classe des Oromo scolarisés ; des récriminations de ce genre sont bien attestées : les membres des « nations périphériques », et pas seulement les Oromo, étaient « des citoyens de seconde zone à tous les égards... et avaient beaucoup de mal à atteindre les rangs intermédiaires ou supérieurs de la fonction publique » (Lefort. 1983 : 36).

(V) Arrêt de l'expropriation des terres oromo et restitution des terres volées (cela rappelle la lutte des Kikuyu qui venaient de triompher à l'époque au Kenya).

(VI) Arrêt de l'installation des nordistes.

(VII) Coopération des Oromo avec d'autres nationalités opprimées dans une lutte commune.

Aucune personne large d'idées n'avait de quoi s'offusquer à la lecture de *Voice*, sauf peut-être de l'appel à « la lutte armée » : c'était à l'époque une revendication universelle en Afrique. *Voice* n'appelait à la lutte armée que pour établir les droits et les dignités fondamentaux de l'homme pour *toutes* les nationalités de l'Éthiopie. Il ne va même pas jusqu'à suggérer l'autonomie pour les régions ou les nationalités, encore moins l'établissement d'une « Oromia » indépendante. Somme toute, ce sont des exigences tout à fait modestes. En tant que manifeste *Voice* ne dit rien qu'un partisan de la Révolution eut pu désavouer. En l'occurrence certains révolutionnaires pouvaient affirmer, et ils l'ont fait, que la lutte des classes étaient plus urgente que les luttes des nationalités, mais ce n'était qu'une question de priorité (en l'occurrence il semble que *Voice* avait bien choisi ses priorités). Pour parvenir à l'égalité des nationalités, et donc de tous les Éthiopiens, il fallait commencer par supprimer la domination choane. La déposition de Haylä Sellasié constituait un premier pas, mais n'était pas une solution en soi. Des étudiants oromo, que j'ai rencontrés en 1966 et à nouveau en 1968-69, me sermonnèrent en tenant les mêmes propos.

*
* *

Quand la révolution se mit en marche la plupart des Oromo semblent lui avoir fait bon accueil, ce qui, vu ce que l'on sait, n'était pas surprenant, parce que c'était le moyen, non seulement de recouvrer leurs terres, pour les paysans, mais aussi de retrouver leur dignité personnelle, culturelle et politique, pour tous les Oromo. L'élimination des propriétaires étrangers, surtout dans le Sud, a beaucoup soulagé les paysans oromo. On ne se trompera guère en pensant qu'aucun d'eux ne souhaite le retour des propriétaires étrangers. En réalité, d'après ce que les Oromo m'ont dit et d'après tous les rapports, la révolution semblait l'avènement d'un jour nouveau, du moins pour les Oromo les plus jeunes et les plus politisés. Les vers célèbres et si souvent cités du poète William Wordsworth, composés en 1804, sur la révolution française telle qu'elle apparaissait à ses débuts à ses chauds partisans, furent repris par de nombreux Oromo, jeunes et vieux, tout comme par de nombreux Éthiopiens :

> « Oh ! pleasant exercise of hope and joy !
> For mighty were the auxiliars which then stood
> Upon our side, we who were strong in love !
> Bliss was it in that dawn to be alive,
> But to be young was very heaven[7]. »

L'aube bénie de la Révolution a été bien décrite. Halliday et Molyneux ont écrit qu'aux yeux des Amhara et Tigréens, la révolution « parut comme une révolution oromo » (1981 : 196) et les Ottaway ont écrit :

> « L'un des grands thèmes de la propagande du Därg était que tous les groupes ethniques, religieux et linguistiques seraient désormais égaux... Radio Éthiopie se mit à diffuser des programmes dans toutes les langues

---

7. « O que l'espoir et la joie étaient agréables à vivre
Car puissantes étaient les forces qui se tenaient alors
A nos côtés, nous qui étions emplis d'amour !
C'était un vrai bonheur en cette aurore d'être en vie
Mais être jeune était le paradis même. »

principales, le ministère de l'Information encouragea la publication d'un hebdomadaire en langue galla dont le titre était *Bariisaa* (c'est-à-dire « *l'Aube* ») et même le ministère de l'Éducation se mit à examiner la possibilité d'enseigner le programme de l'école primaire dans les principales langues locales [...] Ces mesures ont fait beaucoup pour encourager la renaissance des sentiments ethniques dans tous les groupes, surtout les Galla [...] Il était indéniable que certains grands chefs du *Därg* encourageaient délibérément la résurgence du sentiment ethnique. A la tête du mouvement était le Major Mängestu en personne [...] (1978 : 90-1).

Je verrais dans cette expression de « sentiments ethniques » moins une « résurgence » que l'explosion de sentiments réprimés. Pendant une courte période, le Meison et le bureau politique furent perçus, au moins par les observateurs se trouvant à Addis Abäba, comme constituant la « faction Galla » (Ottaway : 120 et 137). D'ailleurs feu Haylé Fidda lui-même publia une grammaire oromo, *Hirmaatadubbii Afaan Oromoo*, en oromo, dans l'écriture latine, en 1973. J'ai des souvenirs très clairs de mes conversations passionnées avec Haylé Fidda au sujet de l'écriture de l'Oromo et des méthodes les plus efficaces pour le diffuser et l'utiliser dans l'enseignement lors du colloque sur « les langues couchitiques et les peuples qui les parlent » inspiré et organisé par Joseph Tubiana à Paris en 1975. Haylé Fidda était à la recherche d'exemplaires d'ouvrages scolaires dans le dialecte boran qui avaient été préparés au Kenya. A la suite du colloque nous avons échangé une correspondance à ce sujet, qui fut bien évidemment brève.

Jusqu'à la date de 1976 la politique déclarée du Därg était de reconnaître « le droit de toute nationalité habitant en Éthiopie à l'autodétermination » et que « le problème des nationalités ne pourra être résolu que lorsque les nationalités se verront garantir l'autonomie régionale. Par conséquent, chaque nationalité aura le droit de décision dans les affaires du domaine intérieur, qu'elles soient administratives, politiques, économiques, sociales ou linguistiques, ainsi que celui d'élire ses propres administrateurs » (*Ethiopian Herald*. April 21, 1976 ; cité par les Ottaway : 158). Certes la déclaration visait les Érythréens, mais comment se fait-il que les choses se soient dégradées ensuite ? Bien avant la publication de cette déclaration, des étudiants parlaient déjà du Därg comme du « rouleau-compresseur amhara » (Legum. 1975 : 53). A la date de février 1975 le F.L.E. (Front de Libération de l'Erythrée) avait appelé tous les opposants à Addis-Abäba à s'unir autour d'un programme d'indépendance : le F.L.O., les Afar, le F.P.L.T. (Front Populaire de Libération du Tigré) et le Front de Libération de la Somalie occidentale » (Lefort : 106). Je ne répéterai pas une nouvelle fois ce qui a été dit du retour à la vieille politique des nationalités, car cela est bien connu. Comme Keller l'a souligné : « L'aspect le plus significatif de la politique sociale impériale fut peut-être son indifférence presque complète à *la question nationale* » (1981-82 : 54)[8]. Et cette vieille « indifférence » semble

---

8. L'article de Keller est l'un des rares à prendre ses distances et à situer la révolution éthiopienne dans un contexte comparatif. Cas rare, sinon unique, il est impartial.

avoir été incorporée dans le projet de constitution de la République populaire et démocratique d'Éthiopie. Celui-ci déclare que la révolution « a libéré toutes les nationalités de l'exploitation et de l'oppression » (Article 32), par conséquent « le chauvinisme de grande nation et le nationalisme étroit seront combattus » (Article 34). Il s'ensuit naturellement que « les organisations qui ne sont pas en faveur de l'unité et de l'intégrité territoriale de l'Éthiopie, ainsi que de la révolution et du système socialiste, ne seront pas autorisées » (Article 52) (Anon. 1985). Pour résumer, tout comme avant la révolution, on admet les petits groupes de danses folkloriques, mais pas l'autonomie locale. Cependant malgré les faibles chances à l'heure actuelle d'aboutir à un accord inter-ethnique en Éthiopie, nous devons admettre, me semble-t-il, qu'un tel accord a semblé vraiment possible pendant un moment et pouvait être réalisé. Ah si seulement... !

*
* *

Alors que la nouvelle aurore s'obscurcissait et que les Oromo instruits étaient de plus en plus nombreux à s'enfuir d'Éthiopie, ou étaient emprisonnés ou tués, un faible nombre de publications oromo commençait à paraître à partir de 1976. La plupart de celles qui ont paru, soit en anglais, soit en anglais et en oromo, sont citées ci-dessous

Publications du F.L.O. :

- *Bakkalčća oromo*. « L'étoile du matin oromo », 1974-...
- *Sagalee Bosona*. « La voix de la terre ».
- *Warraaqa*. « Révolution ».
- *Oromia Speaks*. « L'Oromia parle ». 1979-...

Journaux clandestins :

- *Oromia*.
- *Gučća Dargagoo*. « Le flambeau de la jeunesse ».

Publications de l'émigration :

(a) Publications de l'Union des étudiants oromo aux États-Unis.
Wallanso. « La lutte ». 1977.
Sagalee Wallanso. « La voix de la lutte ». 1978-...

(b) Publications de l'Union des étudiants oromo en Europe.
■ *Oromtitti*. « Organe de l'Union des femmes oromo en Europe ». 1977.
Bakkalčča. « L'étoile du matin ».
Sagalee Oromo. « La voix des Oromo ». 1978-...
☐ *Karaa Walabumma*. « Le chemin de la liberté ». 1977-...
Saba Oromo. « La Nation oromo ». Journal des étudiants oromo en Grande-Bretagne.

(c) Les étudiants oromo en Scandinavie et aux Pays-Bas publient sporadiquement des bulletins d'information.

(d) En Angleterre paraît *Storm : Somali, Tigray and Oromo Resistance Monitor* (391 City Road, London EC1 ; abonnements pour l'Europe 2.50, autres pays 4.00). Cette revue trimestrielle paraît régulièrement et contient une importante quantité d'informations oromo.

Trois autres publications oromo ont également paru récemment :
Gadda Melba. *Oromia* 1980 (en anglais), 1981 (en oromo).
(Anonyme). *Madda Aadaa*. « La source de la coutume ». 1983.
Tamaanu Bitimaa. *Hamma Yoomitti Nu Hidduu*. Berlin Ouest. 1983.

Les deux publications marquées d'un ☐, *Oromia Speaks* et *Karaa Walabumma* paraissent régulièrement et normalement. Les publications marquées d'un ■ paraissent irrégulièrement. En effet elles sont confectionnées clandestinement en Éthiopie ou dans les camps de réfugiés, où il y a un sérieux manque de papier, de matériel, etc. Les journaux des étudiants ont une parution annuelle. *Storm* et *Karaa Walabumma* sont trimestriels.

Les premiers numéros des publications dont la liste vient d'être donnée ont manifestement été produits par de jeunes étudiants sans ressources ni savoir-faire. Du point de vue technique les numéros étaient de mauvaise qualité et de surcroît rédigés dans cette rhétorique bourrée de clichés pareille à celle des brochures et tracts produits à la même époque à Addis-Abäba. Les publications de l'Amérique du Nord étaient les moins cohérentes et les plus confuses. Car si la plupart de leurs rédacteurs de toute évidence étaient enflammés de sentiments nationalistes, ils défendaient leur cause en se référant à son caractère impeccablement révolutionnaire.

Cette phase confuse fut heureusement de courte durée et la tendance qui s'est manifestée au cours de la dernière décennie s'est traduite par une allure et une présentation de plus en plus professionnelles des publications, par une argumentation et une écriture moins simplistes. Reportages et discussions ont remplacé de plus en plus la rhétorique et les controverses « fumeuses ». Les étudiants oromo en exil semblent pour la plupart s'être guéris de cette maladie de l'esprit dont tant d'étudiants d'extrême gauche sont affligés, et qui leur fait croire que les masses se convertiront d'autant plus facilement à leur cause qu'elles seront haranguées avec des discours obscurs et répétitifs. Les conseils évidents mais très avisés d'Emmanuel Obiechina semblent avoir porté : « Toute littérature qui en appelle aux masses doit répondre à trois critères au moins : elle doit s'exprimer en employant une langue et une technique simples ; elle doit être brève ; et elle doit être bon marché. Simplicité et accessibilité vont de pair » (1973 : 10). En tant qu'observateur étranger, il me semble que cette évolution dans l'emploi de la langue a été le signe le plus évident de la maturité croissante des publications oromo. Dans chacun des premiers numéros on trouvait habituellement des nouvelles de la lutte, provenant directement d'Éthiopie, des nouvelles du pays oromo : persécutions par les fonctionnaires du gouvernement, et succès locaux du Front de Libération Oromo, avec des récits des luttes intestines entre les factions politiques à Addis Abäba. Ces comptes rendus ont augmenté en ampleur et en profondeur : comme partout ailleurs au monde il semble y avoir à Addis Abäba des « taupes » et des « fuites ».

Il était courant de trouver dans la plupart des premiers numéros des publications oromo un article sur quelques aspects des relations oromo-amhara, qui consistait en général en développements répétitifs et discutailleurs de la partie historique de *Voice*. Dans *Wallenso* 1 : 2, daté de mars 1977, par exemple, il y a un article intitulé « Développement progressif d'une nation Oromo » *(The Evolutionary Development of the Oromo as a Nation)* ; la première partie consiste en généralités habillées de jargon révolutionnaire sur « Le processus de formation de l'État » suivies d'une sorte de chronique de certains aspects de l'histoire ancienne des Oromo. Mais le plus souvent l'histoire relatée est plutôt celle de l'époque récente. Ainsi, même à la date de 1976, la version révisée du Programme du F.L.O. *(Revised program of the O.L.F.)*, tel qu'il paraît dans *Bakkalčča oromo*, comprime l'histoire antérieure au XIXe siècle en une page ou deux. Je pense que le recul du jargon et le moindre recours à l'histoire ancienne montrent tous deux que l'attitude politique oromo est de plus en plus à l'aise. Cinq incidents de l'histoire oromo sont cités dans le *Revised Program* de 1976 et se retrouvent en diverses autres publications des années 70. Ce sont : (I) le soulèvement des Raya de 1928, au cours duquel la *R.A.F. (Royal Air Force)* aida le gouvernement éthiopien à réprimer le soulèvement ; (II) la démarche de la « Confédération Occidentale Oromo », qui en 1935 demanda sans succès à la Société des Nations la reconnaissance de son indépendance ; (III) la pétition adressée au gouvernement britannique par les Oromo de Harar après la défaite des Italiens en vue de constituer un Etat indépendant ; (IV) la très populaire Association Mécha-Tulama, qui fut interdite en 1967 et dont les chefs furent tués ou emprisonnés ; (V) les soulèvements du Balé, que les pontonniers militaires britanniques et des experts israéliens et américains aidèrent à réprimer. On insistait moins sur le fait que les Oromo possédaient une histoire qui, par son antiquité et son intérêt, égalait celle des Amhara, et plus sur le rappel des révoltes oromo contre les gouvernements de l'Éthiopie. Les vieux fantômes semblent avoir été mis au placard pour mieux insister sur l'enracinement de la lutte dans des événements relativement récents et non pas dans les affrontements antiques. Cette tendance s'est affirmée et les publications récentes accordent de moins en moins de place au passé, tandis qu'une plus grande place est donnée à l'information sur les événements récents. Dans les années 80, c'est la lutte quotidienne et non pas ses origines qui concentre de plus en plus l'attention. J'imagine que ceci est dû en partie au fait que les arguments ont porté et en partie au fait qu'une nouvelle génération de nationalistes, plus jeune, est en train d'émerger, mais surtout évidemment au fait que dans les dernières années il y a eu effectivement une lutte livrée sur le terrain dont on devait rendre compte, quelque limitée qu'elle soit. Les Oromo de l'étranger, au minimum, comprennent qu'une lutte réelle est engagée, qu'ils peuvent faire connaître et soutenir. Mais cette lutte continue à être décrite, comme le faisait déjà *Voice*, comme faisant partie de la lutte générale des peuples opprimés et colonisés contre les oppresseurs et les colonisateurs. Pourtant cet argument n'est pas utilisé avec toute la force et les clameurs auxquelles pouvait s'attendre un étranger comme moi par exemple. Cependant la faible connaissance des luttes anti-colonialistes livrées par le reste de l'Afrique provient, au moins en partie, me semble-t-il, de l'isolement intellectuel prolongé de l'Éthiopie. Les écrivains oromo ont été scolarisés dans l'Éthiopie impériale, où la discussion d'ensemble du colonialisme en Afrique n'a eu, malgré la présence à Addis Abäba du siège de l'O.U.A., que très peu de retentissement. A l'isolement intellectuel s'ajoutant la ferme croyance de nombre d'Éthiopiens du Nord qu'ils ne sont pas des nègres, comme les autres Africains, à l'instar des *šanqella*, je verrais là une des raisons pour lesquelles l'Éthiopie, à la différence des autres États socialistes africains, a adopté un style stalinien et un parti de type stalinien.

Une importante publication de cette époque fut la brochure *Oromia : A Brief Introduction* (1980 et 1981, 75 p.) publiée sous le pseudonyme évocateur de Gada Melba. « *Gadaa* » est le nom générique donné habituellement au système remarquable des classes d'âge oromo et « *Melba* » est le nom de l'un des degrés de ce système. Cet assemblage de noms a une résonance culturelle profonde pour tout Oromo. Le livre lui-même reprend les arguments de *Voice*. Il consacre une large place à l'histoire oromo et aux relations des Oromo avec les Amhara, néanmoins il s'y trouve environ seize pages qui résument les aspects distinctifs de la culture et de la religion oromo, en particulier le système *gadaa* pour lequel il s'appuie fortement sur le livre d'Asmarom Legesse *(läggäsä)* intitulé *Gada* (1973). Le résumé souligne la nature démocratique et égalitaire des institutions traditionnelles oromo, politiques et sociales, l'opposant implicitement à la nature hiérarchique et compétitive de la société amhara.

Il est assez banal de faire appel à l'histoire et aux révisions de l'histoire pour expliquer et légitimer le présent ; au moment où ce Colloque se tient (le 12 mai 1985), la fin de la Deuxième Guerre mondiale est évoquée dans toute l'Europe et l'histoire de cette guerre et de ses effets immédiats est présentement ré-écrite, en différentes versions, sur les écrans de télévision, sous nos propres yeux. Mais de telles révisions sont une nécessité constante. La ré-écriture de l'histoire coloniale a été une tâche intellectuelle majeure en France et en Angleterre ainsi que dans leurs anciennes colonies d'Afrique depuis les années cinquante. A l'histoire coloniale a été substituée l'histoire africaine car les nouvelles nations avaient à se donner leurs propres racines, et les vieilles puissances coloniales avaient à repenser ce qu'elles avaient cru être leur destin. Le besoin d'une histoire nouvelle était particulièrement impérieux pour les

Oromo, simplement parce que l'essentiel des arguments en faveur de la domination Choane ou nordiste présentaient celle-ci comme la conséquence inéluctable du cours des événements historiques. Les fameuses chroniques royales ne sont pas innocentes ! L'histoire savante de l'Éthiopie du Nord est riche et fournie (toutefois il est curieux de constater qu'en dehors des travaux de Hoben et Levine, très peu a été écrit sur la culture et la société amhara). Cela n'est sûrement pas un simple hasard si la première grande étude universitaire rédigée par un Oromo à l'étranger est la thèse de Mohammed Hassan « Les Oromo d'Éthiopie. 1500-1850 : l'exemple de la région du Gibé » (1983). Ainsi depuis les années 80 les publications oromo sont devenues plus pragmatiques et davantage préoccupées par les activités du F.L.O., mettant sur pied une assistance aux réfugiés oromo par le moyen de l'Association de Secours Oromo, et rendant compte des actions du gouvernement éthiopien en pays oromo. Sur ce point, des thèmes comme ceux dont la liste est donnée ci-dessous rappellent les anciens griefs de *Voice* : (I) échecs de la production agricole en Éthiopie (signes avant-coureurs de la famine actuelle) ; (II) récits des dissensions internes au sein du Därg ; (III) informations sur la persécution de l'église (protestante) *mäkanä yäsus* et sur le martyre du pasteur Gudina Tumsa ; (IV) compte rendu du bombardement des Oromo au Harärgé ; (V) informations sur l'interdiction des fêtes traditionnelles oromo comme la cérémonie du *Butta* (qui avait également été interdite par le régime précédent) ; (VI) informations sur l'utilisation incorrecte de l'aide internationale et information constante et régulière, depuis des années, sur la pratique de la « réinstallation », sous couleur de développement ou de réhabilitation, pour implanter ou ré-implanter les *näftäñña* (colons armés) dans le Sud. Ce problème a pris une importance accrue et, selon toute vraisemblance, va accaparer les esprits oromo depuis que le gouvernement éthiopien a proclamé sont intention d'accélérer le rythme des installations dans le Sud, comme élément constitutif de ses projets d'aide et de réhabilitation. D'après une circulaire publiée par l'ambassade d'Éthiopie à Londres en janvier 1985, leur but est d'installer « 12 800 chefs de famille » par an par « installation spontanée (à faible coût) », 1 000 chefs de famille par an par « installation intégrée » et 6 000 chefs de famille par an par « installation classique », toutes ces installations prenant place dans des « régions étrangères ». De toute évidence les pauvres et les expropriés des régions d'accueil sont peu enthousiastes à l'idée d'accueillir un flot d'habitants d'autres nationalités venant du Nord.

On se souvient que *Voice* s'était plaint de la discrimination dont était victime la langue oromo. Les patriotes oromo avaient décidé très tôt de se servir de l'alphabet latin pour écrire la langue oromo afin de la tirer de « l'oubli que le colonialisme lui avait imposé ». En 1979 parut une petite brochure avec pour titre *Barnoota Afaan Oromo*, qui montrait comment l'on devait translittérer l'écriture amharique dans l'alphabet latin, et comment il fallait orthographier l'oromo, et qui contenait quelques textes en oromo. La brochure était destinée aux personnes sachant déjà lire et écrire l'amharique et l'anglais ou l'une des deux langues. L'année suivante, l'Association de Secours Oromo publiait une série attrayante de manuels et de livres d'exercices pour apprendre à lire aux enfants, à partir des histoires du Lièvre, et des livres du maître et un manuel pour apprendre à lire aux adultes. Un compte rendu de ces publications est paru dans *Karaa Walabumma*, 5, 1 déc. 1982 : 14-18. Il y a eu également toute une floraison d'œuvres littéraires. Il n'y a guère de livraison d'aucune publication oromo où l'on ne trouve de vieilles chansons populaires de révolte ou des poèmes modernes écrits en oromo. Au moins deux recueils de poèmes de révolte furent publiés en 1983, *Madda Aadaa* et *Hamma Yoomitti Nu Hiddu* un autre est sous presse.

Pour conclure, les Oromo qui ont fui à l'étranger ont eu, de toute évidence, des réactions peu favorables à l'égard de la révolution. A part quelques-unes des réformes foncières, ils n'ont rien trouvé qui puisse améliorer leur position, mais beaucoup de choses qui l'aggravaient. Beaucoup ont donc préféré se consumer en exil plutôt que de prendre le risque de rentrer chez eux. Comme le gouvernement éthiopien a durci sa politique, les Oromo ont fait de même. L'initiative du changement revient à Addis Abäba. Pour ma part je n'ai aucune solution à proposer, d'ailleurs cela serait inconvenant. Bien sûr je suis tout à fait conscient d'avoir présenté les choses d'un point de vue unilatéralement Oromo. Mais c'est ce qui m'était imparti. Je conclurai donc en rapportant deux remarques qu'on m'a faites tout récemment ; aucune ne m'a été faite par un Oromo mais toutes deux illustrent bien la situation critique des Oromo et de tous les peuples de la Corne de l'Afrique. Un pauvre étudiant venant du Tigray, accablé par la situation lamentable de son peuple, me dit : « Si les choses continuent comme cela, notre pays deviendra un désert dépeuplé et nous deviendrons une nation d'exilés dispersés. Devons-nous fatalement périr que ce soit chez nous, ou au-dehors ? Que pouvons-nous faire ? » La semaine dernière un diplomate de haut rang et respecté de la Corne de l'Afrique me dit : « Il nous faudra un jour en venir à considérer les points de vue des autres et trouver quelque part un terrain d'entente. Sinon nous allons tous vers un avenir de désertification croissante et de famine. Dans l'état actuel des choses tout développement est impossible ». En effet, il y a peu de chances pour que la question des nationalités puisse être réglée par un simple décret.

(Original anglais.
Traduction française de Philip O'Prey
et Joseph Tubiana)

BIBLIOGRAPHIE DES OUVRAGES ET ARTICLES CITÉS

ABDURAHMAN MOHAMED KORRAM, 1969 et 1972, « Oromo Proverbs ». *Journal of Ethiopian Studies*, 7 (1) : 65-80 et 10 (2) : 105-26.

ANON. 1971 et 1974, *The Oromos : Voice against Tyranny*. Finefine (Addis Abäba). Réimprimé dans *Horn of Africa*, 1980, 3 (3) : 15-23.

ANON. 1974 et 1976, *Program of the Oromo Libération Front*. Fine fine (Addis Abäba).
ANON. 1979, *Barnoota Afaan Oromo*.
ANON. 1982, « Review of Oromo Relief Association Literacy Campaign Materials ». *Karaa Walabumma* 5 (1) : 14-18.
ANON. 1983, *Madda Aadaa*.
ANON. 1985, « (Notes for Cadres on the) Constitution of the People's Democratic Republic of Ethiopia ». *Storm : Somali, Tigray and Oromo Resistance Monitor*, 5 (2) April.
ASMAROM LEGESSE, 1973, *Gaada : Three Approaches to the Study of African Society*. New York, Free Press.
BAXTER P.T.W., 1978, « Ethiopia's Unacknowledged Problem : The Oromo ». *African Affairs*, 77 (308) : 283-296.
BAXTER P.T.W., 1980, « Always on the outside looking in : A view of the 1969 Ethiopian elections from a rural constituency ». *Ethnos* 1 et 2 : 39-59.
BAXTER P.T.W., 1983, « The Problem of the Oromo or the Problem for the Oromo » in *Nationalism and Self Determination in the Horn of Africa* (ed.) I.M. Lewis. Ithaca Press, Londres.
BLACKHURST T. Hector, 1980, « Ethnicity in Southern Ethiopia : The General and the Particular ». *Africa*, 50 (1) : 55-65.
BORANA TULLU, 1980, « The Bale Oromo's armed struggle 1963-70 ». *Saba Oromo* 1 (1).
BRAUKÄMPER Ulrich, 1982-3, « Ethnic Identity and Social Change among Oromo Refugees in the Horn of Africa ». *Northeast African Studies*, 4 (3) : 1-15.
GAADA MELBA (pseud.), 1980, *Oromia*.
Traduction en oromo : *Oromiyaa*, 1981.
GETAHUN DILEBO, 1974, « Emperor Menelik's Ethiopia, 1915-1916 : National unification or Amhara Communal Domination ». Thèse Ph. D. Howard University.
GREENFIELD R. et MOHAMMED HASSAN, 1980, « Interpretation of Oromo Nationality ». *Horn of Africa*, 3 (3) : 3-14.
HABERLAND Eike, 1983, *Galla Sud-äthiopiens*. W. Kohlhammer, Stuttgart.
[HAILE FIDDA], 1973, *Hirmaatadubbii Afaan Oromoo*, imprimé à compte d'auteur (je n'en ai pas vu d'exemplaire).
HALLIDAY Fred et MOLYNEUX Maxine, 1981, *The Ethiopian Revolution*. Verso, Londres.
HOLCOMBE Bonnie K, 1973, « Oromo Marriage in Wallaga province, Ethiopia », *Journal of Ethiopian Studies*, XI (1) : 105-138.
KELLER Edward J, 1980 et 1981, « Revolution, Class and the National Question : The Case of Ethiopia ». *Northeast African Studies* 2 (3) et 3 (1) : 43-67.
KNUTTSON E.E., 1969, « Dichotomization and Integration » dans *Ethnic Groups and Boundaries* (ed.) F. Barth. Allen and Unwin, Londres.
LEFORT René, 1983, *Ethiopia : the Heretical Revolution* (Traduction anglaise) Zed Press. Edition originale en français : *Ethiopie : la révolution hérétique*. Maspero, Paris, 1981.
LEGESSE : v. ASMAROM
LEGUM Colin, 1975, *Ethiopia : The Fall of Haile Selassie's Empire*. Collings, Londres.
MOHAMMED HASSAN, 1983, « The Oromo of Ethiopia, 1500-1850 : with special reference to the Gibe region ». Thèse Ph. D. SOAS, Université de Londres, non publiée.
OBIECHINA Emmanuel, 1973, *An African Popular Litterature : A Study of Onitsha Market Pamphlets*. Cambridge University Press.
OTTAWAY Marina et David, 1978, *Ethiopia : Empire in Revolution*. Africana Publishing Co., New York.
PROUTY Chris et ROSENFELD Eugene, 1981, *Historical Dictionary of Ethiopia*. Scarecrow Press, New York.
RUBENSON Sven, 1976, *The survival of Ethiopian Independence*. Heinemann, Londres.
SISAY ASEFA, 1984, « Socioeconomic Studies of Ethiopia, 1974-1982 : A critical interpretation and evaluation ». *Northeast African Studies*, 6 (1-2) : 95-104.
TAAMANAA BITIMA, 1983, *Hamma Yoomitti Nu Hiddu ?* Berlin Ouest.
WORSLEY Peter, 1970, *The Trumpet Shall Sound*. Paladin Press, Londres.

LA RÉVOLUTION ÉTHIOPIENNE ET LE PROBLÈME DES NATIONALITÉS DANS LA CORNE DE L'AFRIQUE : SOMALIE OCCIDENTALE ET ÉRYTHRÉE

Omar Osman Rabeh

Depuis longtemps, la Corne de l'Afrique est connue pour être une « région troublée ». Cette situation conflictuelle résulte de trois facteurs principaux :
  a) l'expansion éthiopienne ;
  b) le pansomalisme et les luttes de libération nationale ;
  c) l'intervention des blocs en raison de la nature stratégique de la Corne.

Tel est le cliché politique, descriptif et général de la région, antérieur à la Révolution éthiopienne.

Les problèmes posés à l'Éthiopie, au moment de la prise du pouvoir par les militaires sont nombreux. Nous n'avons pas la prétention de les aborder tous dans le cadre de cet exposé. Nous nous limiterons seulement à la question de savoir quel a été l'impact de cette Révolution sur les luttes de libération nationale. Chacun a naturellement le droit de se former une opinion personnelle. Les Somalis, pour ce qui les concerne, sont plutôt enclins à percevoir la Révolution éthiopienne principalement à travers les deux prismes que constituent les questions de la Somalie occidentale et de la lutte érythréenne. En effet, la manière dont le nouveau Pouvoir a négocié avec des problèmes cruciaux hérités de l'empire et entrant dans les composantes géo-politiques de la région peut être révélatrice de la distance (s'il y a distance) marquée à cet égard par rapport à l'Ancien régime. Bien entendu, il n'est pas question de réduire tous les changements intervenus depuis la chute de Haylä Sellasié à ce seul aspect de la réalité éthiopienne. Le Därg a opéré des modifications économiques et sociales profondes et sans précédent, dont la portée demeure encore à définir dans l'avenir. Ce qui est certain, c'est que la *question des nationalités a été déterminante* tant en ce qui concerne les origines de la Révolution[1] et l'émergence du groupe qui s'est finalement imposé avec Mängestu à sa tête, que l'élaboration de la politique intérieure et extérieure de l'Éthiopie.

Nous nous limiterons ici à l'analyse de l'orientation du gouvernement

---

1. La rébellion armée est partie de l'Érythréee et de l'Ogaden avec la révolte des 2e et 3e divisions. *Le Monde* du 1.02.1975 : « Carnet de route en Éthiopie socialiste » par J.C. Guillebaud.

d'Addis Abäba vis-à-vis de ces deux luttes de libération de la *Somalie occidentale* et de l'*Érythrée*.

1. LES POSITIONS ÉTHIOPIENNES

Il n'est peut-être pas inutile de commencer par un rappel succinct des prises de position des différents régimes sur la question.

Le régime impérial

a) Nous savons que de 1867 à 1897 Ménélik a transformé l'Abyssinie, limitée jusque-là à quelques provinces au nord-est de l'actuelle Éthiopie, en un vaste empire représentant cinq fois la surface de départ ! (voir carte n° 7). La quintessence de sa politique consistait à étendre au maximum ses frontières en y englobant le plus possible de territoires.

b) Haylä Sellasié se situait dans la pure lignée de cette étonnante expansion. Il apporte, pour ainsi dire, sa pierre (et quelle pierre !) à la construction de l'édifice impérial : il parvient à ramener sous sa domination l'Érythrée « fédérée » (1952), puis étouffée et purement intégrée (1962), meublant ainsi l'empire d'une façade maritime. N'avait-il pas aussi cherché à la même époque à mettre la main sur l'ex-Somalia, se posant comme l'héritier naturel des dépouilles fascistes[2] ? Et n'avait-il pas, en outre, en septembre 1966, ouvertement revendiqué, comme lui revenant de droit, ce qui était alors la *Somalie Française*[3], l'actuelle république de Djibouti, qu'on avait découverte comme une « province perdue » de l'Éthiopie ?

S'il avait réussi dans ses desseins, le Negus aurait réalisé ce vieux rêve de Ménélik : atteindre la mer Rouge et l'océan Indien comme frontières dernières... D'ailleurs Haylä Sellasié faisait-il mystère de ses intentions ? Le Premier ministre de Sa Majesté, Endalkačäw ne déclarait-il pas alors que l'Éthiopie, à l'instar de l'Italie fasciste déchue, se devait de construire un empire éthiopien de la corne de l'Afrique[4] ?

Le régime révolutionnaire

L'on est bien obligé de constater que Mängestu, à son tour, se bat pour les *mêmes objectifs* : maintenir en l'état ce qui a été accaparé par la force et,

---

2. A la session des Nations-Unies du 20 septembre 1949 « Hailé Selassié proposed that the UN turn over the former Italian colonies of Erythrea and Somaliland to Ethiopia ». P. Schwab : *Ethiopia and Haile Selassié*, Facts on file, Inc. New York, 1972, p. 52.
3. Conférence de Presse de l'Empereur à Addis Abäba.
4. Raoul Monmarson, *Chez les clients de la mer Rouge*. Collection « Les Yeux du Monde », Paris, Francex, 1948, p. 137.

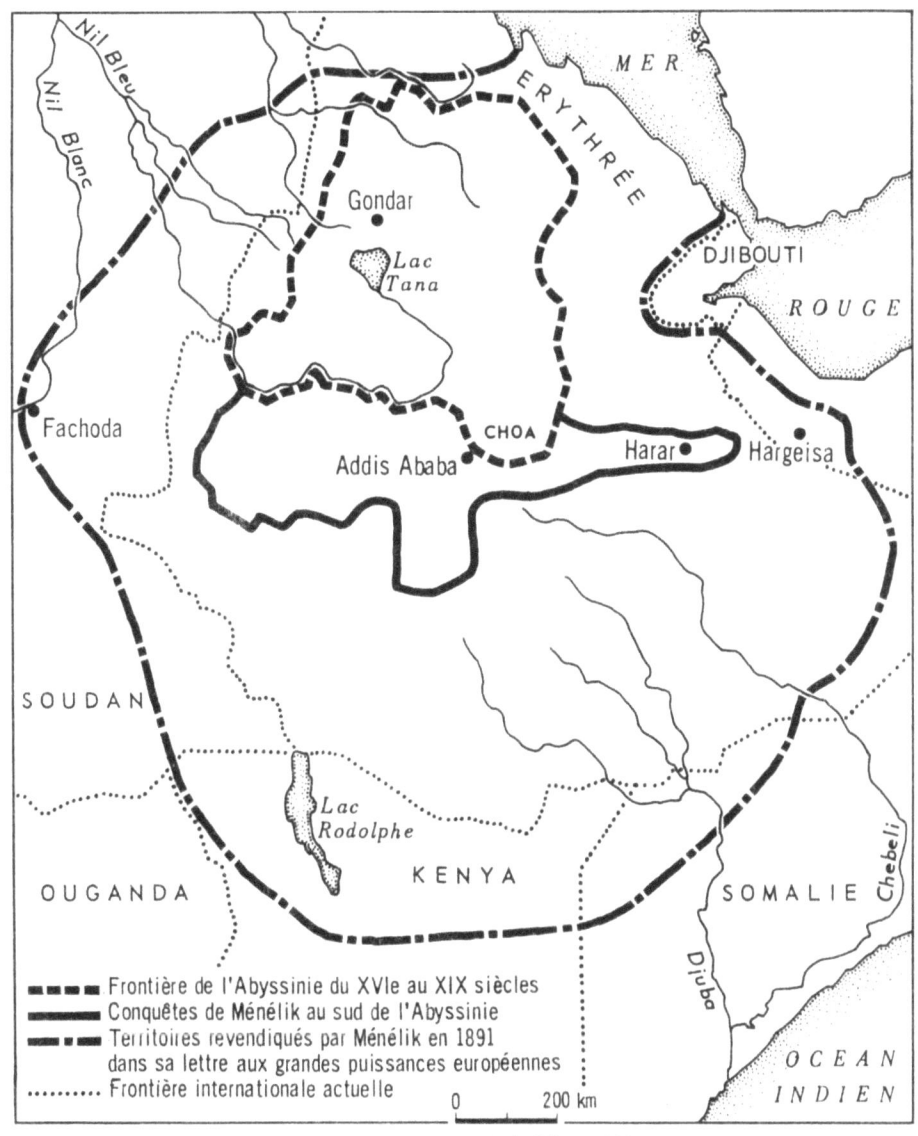

6. Les prétentions de Ménélik en 1891

d'autre part, poursuivre le travail de lente et longue digestion « externe » vis-à-vis de Djibouti.

Parallèlement à ce processus d'expansion et de domination des différentes nationalités, il faut relever la production simultanée et progressive d'une terminologie conceptuelle et juridique tendant à légitimer la pratique politique du Pouvoir. Schématiquement :

Royaume	→	Empire	→	*Peuple* éthiopien	→	Nation
(Choa)		(Ménélik, Haylä Sellasié)		(constitutions de 1931 et 1955)		(Därg 1976)

2. L'ÉRYTHRÉE

Le mouvement érythréen constitue la plus ancienne lutte de libération en Afrique. Trois dates sont à retenir :

a) le 2 décembre 1952, sous la pression des États-Unis, dont les intérêts stratégiques étaient en jeu, l'O.N.U. décide de fédérer l'Érythrée à l'Éthiopie ;

b) le 14 novembre 1962 Haylä Sellasié met fin à la fédération. L'Érythrée *annexée*, dépouillée de ses droits, devient la quatorzième province de l'empire ;

c) 1962, commencement de la rébellion, les patriotes érythréens prennent les armes pour reconquérir leur liberté. Le mouvement de libération devait aller en se renforçant, en s'enracinant toujours plus profondément sur le terrain et dans l'opinion tant internationale qu'éthiopienne.

Sous la Révolution, il y eut trois positions à l'égard du problème érythréen.

1° Au début de la Révolution le *Meison* (parti socialiste marxiste-léniniste) adopte une attitude originale. Dans son Programme, il reconnaissait explicitement « le droit de toutes les nationalités à l'autodétermination, jusqu'à et y compris le droit à la séparation »[5]. Telle était également le point de vue du P.R.P.E. (Parti Révolutionnaire du Peuple Ethiopien). L'un et l'autre mouvements ont été éliminés par le Därg.

2° *Aman Andom et Aṭnafu.* Le 9 septembre 1974, après une tournée en Érythrée, Aman Andom propose au Därg un Programme en 9 points incluant notamment :

> « la réforme du système administratif, la suppression des entraves au progrès social... l'amnistie des prisonniers politiques en Érythrée, le retour des exilés et leur établissement, l'encouragement des investissements étrangers, la levée de l'état d'urgence, la punition des officiels responsables du mécontentement en Érythrée », le tout dans la « sauvegarde de l'unité éthiopienne » [6].

Andom fut « liquidé » par Mängestu comme un « traître ».

Aṭnafu qui, comme Andom, recherchait lui aussi un règlement politique au problème érythréen, connut le même sort.

3° *La « solution Mängestu ».* Telle qu'elle est illustrée par la déclaration du Därg du 20 décembre 1974, elle se résume en deux mots : « Ityopya

---

5. *Le Monde* 24-25 avril 1977, « Le soulèvement marque des points en Érythrée », J.C. Guillebaud.
6. Haggai Erlich, *The struggle over Eritrea, 1962-1978. War and revolution in the Horn of Africa*, Hoover, Standford University (California), 1983, p. 155.

Teqdäm ». Conséquemment les militants érythréens sont traités de hors-la-loi (« šefta ») et le gouvernement militaire se promet « d'éliminer ceux qui se battent contre l'unité du pays. Malheur à ces bandits », dit-il, « et à leurs dirigeants qui essaient de troubler l'ordre public et de saboter la Révolution »[7].

Le Därg, placé sous le contrôle absolu de Mängestu, ne reconnaît aucune légitimité, aucun droit à l'autodétermination au peuple érythréen. Le colonel Mängestu, pour qui les choses sont bien claires, fait usage de trois recettes pour résoudre le problème érythréen :

 a) refus de toute négociation véritable ;

 b) tentative de division de la résistance en dressant les unes contre les autres les différentes nationalités ;

 c) volonté d'extermination du mouvement de libération.

L'on connaît le nombre élevé, les moyens gigantesques mis en œuvre, l'intensité, l'agressivité inouïe des grandes offensives lancées par Addis Abäba, depuis 1974, sur le peuple érythréen, pour le mettre à genoux et annihiler sa volonté de liberté. En vain. On sait aussi le caractère irréversible du processus en cours, l'impossibilité de revenir en arrière et le fait que les solutions résident désormais dans l'avenir et ne sont plus à rechercher dans un passé révolu. L'indépendance de l'Érythrée n'est plus qu'une question de temps ; le dénouement du drame actuel ne fait plus de doute pour personne.

3. LA SOMALIE OCCIDENTALE

Cette région, qui fait l'objet d'un long litige entre la Somalie et l'Éthiopie, se compose de deux tranches territoriales livrées à des moments différents à l'Éthiopie dans un laps de temps relativement court et bien récent :

a) l'Ogadén cédé par les Italiens en 1897 ; *b)* le Haud dont le transfert, par les Anglais, eut lieu à la même époque lors de la mission Rodd en Abyssinie [8] ; le tout constituant la « reserved area » restituée par les Britanniques en deux fois (1948 et 1954), soit au total un tiers de l'Éthiopie, à peu près.

Les Somalis se dressèrent très tôt contre la domination coloniale et le démembrement de leur sol national entre les différentes puissances comme le prouve la longue lutte (1899-1920) soutenue par le Sayyid Mohamed Abdillé Hassan et ses derviches contre tout à la fois les Italiens, les Britanniques et les Éthiopiens. Une certaine littérature coloniale place le Plan Bevin de 1948 à l'origine du pansomalisme. Mais l'aspiration à l'unité et à l'indépendance date, pour les Somalis, du Mouvement de libération nationale conduit par le Sayyid

---

7. *Le Monde* du 30 janvier 1975.
8. Leo Silberman, « Why the Haud was ceded. » : *Cahiers d'Études Africaines*, II (1), n° 5, 1961, pp. 37-83.

contre *tous* les envahisseurs européens ou africains, et qui ne fut vaincu que lorsqu'on eut eu recours, pour la première fois en Afrique, aux bombardements aériens.

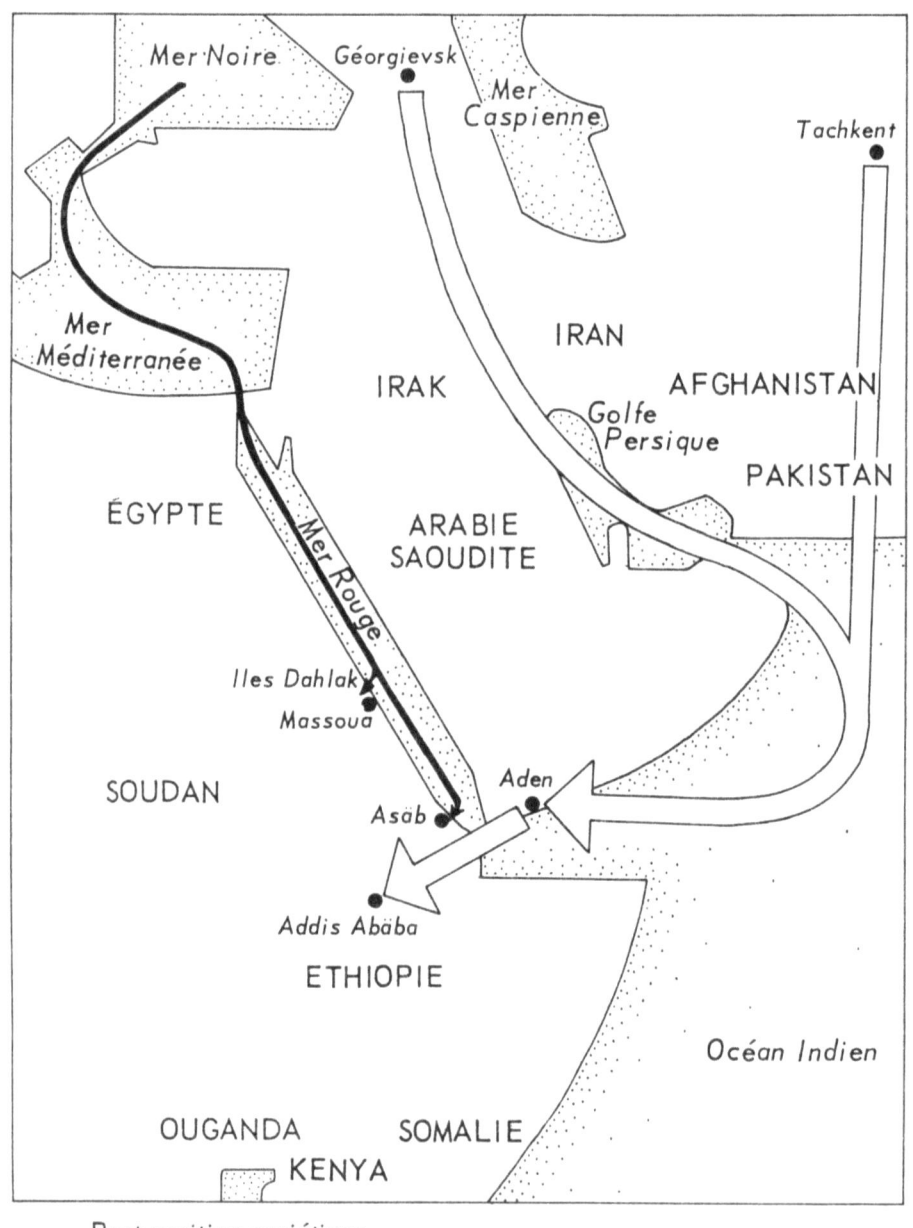

7. L'aide soviétique

Malgré les recommandations réitérées de l'O.N.U., la frontière entre l'Empire éthiopien et l'ex-Somalia devait demeurer sans démarcation légale définie (en raison de l'obstruction de l'Éthiopie) jusqu'à la naissance de la république de Somalie en 1960. En 1963, la nouvelle Organisation de l'Unité africaine (O.U.A.) devait adopter le principe de l'*intangibilité* des frontières coloniales, tout en précisant, dans ses débats, que cette clause ne concernait pas les litiges en cours, comme celui, spécifique, des territoires somalis, objet de discussions entre Addis Abäba et Mogadiscio. L'Éthiopie ne fut que trop heureuse de s'abriter derrière ce dogme (au reste dû, en grande partie, à un zèle compréhensible de sa part...) pour repousser toute solution du problème. Cette dispute territoriale devait déjà mener à un conflit ouvert, en 1964, entre les deux États.

La politique de Ménélik a été de pousser le plus loin possible la frontière sud de l'empire : pour se ménager une « cour », une zone de protection et se rapprocher d'autant de la mer. Mais, comme l'écrit René Lefort :

> « la présence éthiopienne n'a jamais franchi le stade de la seule occupation militaire, et encore limitée à quelques villes et au contrôle — incomplet — des grands axes routiers » [9].

Depuis le début de l'occupation les Somalis menèrent une lutte continue à travers le Front de Libération de la Somalie occidentale. La libération de celle-ci devint effective entre 1977-1978 avant l'intervention massive, en matériel et en hommes, de l'Union soviétique et de ses alliés, cubains surtout. Le conflit qui s'est déroulé à cette occasion entre la Somalie et l'Éthiopie est connu comme étant le plus important en Afrique depuis la Deuxième Guerre mondiale [10].

La « Solution Mängestu » du problème de la Somalie occidentale se compose de deux volets, bien simples : réoccupation militaire et si possible, à long terme, démembrement de la république de Somalie...

CONCLUSION

La Révolution éthiopienne apparaît comme la « plus sanglante de l'Afrique » [11]. Son extrême rigueur dans la répression manifeste la volonté de noyer tous les problèmes dans un bain de sang.

Sur des questions fondamentales, comme celle des nationalités, le gouvernement militaire révolutionnaire s'est finalement aligné exactement sur les mêmes positions que le régime féodal impérial de Haylä Sellasié. La situation accuse même un sérieux recul à cet égard dans la mesure où, après la chute

---

9. René Lefort, *Éthiopie : La révolution hérétique*. Maspero, Paris, 1981, p. 263.
10. *Contemporary Review*, n° 1343, vol. 231 : « Conflict in the Horn of Africa ».
11. *Le Monde*, 24-25 avril 1977.

du Negus, l'escalade résistance-répression a vu son intensité s'accroître de part et d'autre d'une manière sans précédent.

Seule la reconnaissance du droit à l'auto-détermination des différentes nationalités opprimées peut fournir des bases solides à une solution véritable et pacifique des conflits qui déchirent la Corne de l'Afrique, que ces nationalités optent pour l'indépendance et la sécession, ou pour une nouvelle union éthiopienne où toutes les provinces et tous les peuples jouiraient des mêmes droits à la liberté et à la gestion des affaires du pays.

Plus que partout ailleurs en Afrique, c'est la Corne qui a pâti du poids de l'héritage colonial. Vingt ans après, l'Afrique commence à réaliser la nécessité de revoir le fameux dogme de l'*intangibilité* des frontières coloniales adopté en 1963 à Addis-Abäba dans une atmosphère politique et psychologique particulière, par les représentants, fraîchement affranchis, d'une Afrique traumatisée, agitée encore de tous les complexes du passé et pleine d'appréhension pour l'avenir.

Il faut bien constater que la volonté de « geler les conflits », qui a présidé au principe de l'intangibilité des frontières a conduit l'O.U.A. et l'Afrique à la paralysie et à l'impuissance. Il n'y aura ni paix, ni stabilité, ni progrès, ni indépendance réelle tant que le grillage colonial, arbitraire et brûlant, qui a été posé sur le continent, divisera et enfermera comme par le passé les différentes parties de l'Afrique, brisant l'unité des peuples, détruisant les ensembles économiques et culturels, créant pour les besoins de la domination étrangère des États artificiels.

Seuls une rectification rationnelle de ces « frontières absurdes », un réaménagement de l'espace économique et politique dans le sens de l'élargissement des fédérations régionales et une politique étrangère et de défense commune sur ces bases nouvelles sauveront l'Afrique en affermissant sa personnalité, sa souveraineté et son rôle dans le monde [12]. Espérons que la sagesse et l'audace l'emporteront sur les vieilles hantises et que cette douloureuse expérience introduira une optique différente et plus riche dans l'approche des problèmes du continent, de la Corne en particulier.

---

12. Edem Kodjo, *Et demain l'Afrique*. Stock, Paris, 1985.

LE LANGAGE DE LA RÉVOLUTION

Joseph Tubiana

De tous les phénomènes de société générés par la Révolution éthiopienne, il en est un qui a touché toutes les couches de la société : c'est l'usage des nouveaux modèles de l'expression parlée ou écrite, qui s'est propagé à partir de la classe dirigeante — autrement dit le langage de la Révolution, qui allait retrouver chaque Éthiopien partout où il se trouvait et qui, accepté ou rejeté, n'a laissé personne indifférent.

L'unique langue nationale officielle de l'Éthiopie, au moment où s'écroule le pouvoir impérial, est l'amharique, langue sémitique en expansion, qui s'est répandue depuis des siècles sur un substrat couchitique essentiellement *agäw*. L'usage des autres langues de l'empire n'est pas encouragé, c'est le moins qu'on puisse dire. De l'autonomie sabotée de l'Érythrée subsiste une tolérance très limitée de l'usage écrit du tigrigna, naguère langue officielle de l'Érythrée fédérée à côté de l'amharique, langue de l'Empire éthiopien. Langue sémitique, le tigrigna est parlé par les chrétiens d'Érythrée et par les habitants de la province éthiopienne limitrophe du Tigré *(tegray)*. Quant aux autres langues de l'Éthiopie, le pouvoir impérial les traite comme des sortes de patois anachroniques voués à disparaître — et il s'y emploie sans répit, car il voit dans leur usage une menace pour l'unité nationale. Il supporte cependant que des savants étrangers en fassent des objets d'études ésotériques et prestigieuses, mais s'oppose fermement à leur usage écrit, en particulier par les missionnaires de toutes dénominations. C'était notamment le cas de l'oromo et du somali, mais aussi de l'afar et du gouragué[1].

L'amharique, au cours de son histoire, n'a cessé, comme il est naturel, d'évoluer, que ce soit dans sa phonologie, sa morphologie, et surtout sa syntaxe et son lexique. C'est avec l'avènement de Ménélik II (1889) que débute en Éthiopie l'ère de la modernité. La politique impériale se donne pour objectif d'amener l'Éthiopie à parité de développement avec les pays européens. Cela

---

1. L'attitude du pouvoir central, au cours des phases successives de la révolution, sera souvent plus tolérante vis-à-vis des langues vivantes autres que l'amharique, mais toujours la prééminence de l'amharique, langue du centre, sur les langues de la périphérie, sera maintenue. C'est de cette langue nationale qu'il sera exclusivement question ici. Mais naturellement le langage de la révolution peut, en cas de besoin, se faire entendre dans toutes les langues de l'Éthiopie. Comme le pouvoir utilise exclusivement l'amharique pour s'adresser à l'ensemble des Éthiopiens, la plus grande fréquence d'emploi de l'amharique en fait le vecteur privilégié du discours révolutionnaire.

se fera sentir très vite dans le domaine du vocabulaire, surtout de l'élite cultivée et active, domaine où les hommes de l'empereur sont contraints de créer en fonction des circonstances et sans projet préconçu une terminologie de la modernité, souvent en adoptant purement et simplement les termes du langage de l'interlocuteur étranger du moment.

Ce pragmatisme en matière d'innovation lexicale continuera, avec des temps forts et des périodes presque creuses, jusqu'à la fin du règne de Haylä Sellasié, faisant la part belle au hasard et à l'initiative individuelle. Dans la période qui suivit la fin de l'occupation italienne, cette initiative individuelle se manifestera non seulement dans le domaine de la création mais aussi dans le sens répressif. Cependant cette censure du langage en général et du vocabulaire en particulier, très hargneuse, méprisante et autoritaire, qui était le fait de quelques individus plus ou moins bornés qui s'en étaient arrogé le privilège, et qui s'apparentait par son caractère excessif aux anathèmes ecclésiastiques et aux formulations dogmatiques des articles de foi, ne fut pas encouragée par un pouvoir qui se bornait à caresser de loin en loin l'idée de créer une Académie, sur le modèle de la Française, pour mettre de l'ordre dans le vocabulaire[2]. L'empereur Haylä Sellasié et ses fidèles avaient une certaine idée de la modernité nécessaire à l'Éthiopie, et ils ne voulaient pas voir leurs projets entravés par ces censeurs bénévoles, chez qui ils devaient subodorer quelque fibre conservatrice, et même rétrograde.

Si le pouvoir politique sous Haylä Sellasié ne se montre pas vraiment répressif en matière de vocabulaire (il faudrait pour en être sûr disposer des archives de la censure impériale, si on les a conservées), la classe politique qui soutient les desseins de l'empereur et les met en œuvre est parvenue nonobstant à élaborer, probablement sans projet ni plan préalables, simplement par la force de l'usage, un véritable « langage de l'empire », qui paraît surtout dans la presse et dans les harangues, proclamations et autres écrits officiels, véritable « langue de bois » du despotisme éclairé.

Dans le même temps que le discours officiel de la fin de l'empire devenait de plus en plus fermé, pompeux, insipide, obscur et fallacieux, tout en affrontant la nécessité d'embrasser un champ de l'innovation qui ne cessait de s'agrandir, on voyait naître divers discours contestataires (très discrètement au parlement et même, paraît-il, au Conseil de la Couronne, et comme un défi public chez les étudiants revenus de l'étranger ou à l'étranger). Des groupements informels et semi-clandestins s'ébauchent, qui se donnent pour tâche de répandre les arguments de la contestation du régime. Ils forgent un vocabulaire nouveau capable de porter leur message. On traduit, on adapte, on emprunte, chacun selon ses lumières, la terminologie du « socialisme scientifique » ; pour le reste, on improvise sans doctrine linguistique particulière, mais en recourant, comme les novateurs du langage impérial, à la tradition nationale ou supposée telle.

---

2. Les premières tentatives d'établir une Académie éthiopienne remontent à 1950 ou 1951. Il serait utile de faire l'histoire de cette institution et de son œuvre. Rappelons que l'Académie française n'a été officiellement fondée, en 1637, qu'après au moins huit ans de préliminaires.

Les jeunes pères de la révolution ne répugnent pas au nationalisme linguistique, au contraire. Le langage de l'agitation et de la contestation ainsi forgé par des individus ou de petits groupes d'individus réunis par affinités, sans aucune coordination autre que fortuite, va former le terreau sur lequel se développera le langage officiel de la révolution.

Avant d'obtenir la consécration officielle, ce nouveau langage, né dans la spontanéité et l'improvisation, parfois dans la confusion, devra se transformer, se couler dans des normes. Plus « scientifique », plus « marxiste », plus « international », et donc moins éthiopien, moins individuel, moins jaillissant, il sera plus contrôlé, plus orthodoxe, mais guère moins violent dans la polémique. C'est de lui qu'il va être question dans ces pages.

Mais nous y prendrons en compte également un autre langage, qui nous donne du premier une image en quelque sorte retournée : c'est le langage de la contestation révolutionnaire de la Révolution. Car la Révolution aussi a eu ses contestataires et les actes du pouvoir « révolutionnaire » ont souvent suscité des réactions de rejet de la part des militants des premiers jours. Cette contestation de la Révolution par ceux qui formaient son aile marchante a dû créer son propre langage, dont l'analyse en dit long sur les conditions dans lesquelles il a été élaboré et employé. On verra que c'est le langage de la dérision, de l'amertume, de l'humiliation d'avoir à subir la trahison d'un idéal pour le triomphe duquel on avait tant donné et enduré. Ce langage révolutionnaire contestataire est, tout autant que le langage officiel, le langage de la Révolution.

Il est enfin un autre langage contestataire, qui présente de l'intérêt pour notre étude, c'est celui de la contestation populaire, qui lui aussi utilise la dérision et exprime un sentiment d'humiliation devant l'irréalité grossière du discours révolutionnaire officiel.

D'une manière générale le langage, en tant que signe de reconnaissance des membres d'une même nation, doit leur permettre d'exprimer tous les éléments dans lesquels se fonde leur identité nationale. Dans une situation révolutionnaire, l'adhésion au langage révolutionnaire est l'expression de l'unité et de l'identité. Les circonstances de l'exercice du pouvoir sont telles que ce langage s'impose à tous *de facto*. Mais ceux qui ne se reconnaissent pas ou plus dans la révolution rejettent ce langage autant que faire se peut. Car, à l'évidence, le langage de la Révolution est un fait de culture de la Révolution. En effet, la culture révolutionnaire apparaît tout entière dans le langage. Mais, cela dit, le langage est aussi un instrument, et pas seulement le reflet de la culture ; c'est l'instrument de la révolution, instrument au moyen duquel on peut mettre en pratique la révolution et aussi au moyen duquel on peut faire comprendre les buts de la révolution.

Cela étant, l'Éthiopien d'aujourd'hui constate par lui-même, s'il n'est pas trop jeune, que la culture révolutionnaire était en germe dans la culture « bourgeoise » ou « féodale », comme on voudra. Si l'on considère les éléments culturels, littéraires, linguistiques, de la dernière période du règne de Haylä Sellasié (en gros du coup d'État manqué de 1960 jusqu'à 1974), on est frappé de voir que beaucoup d'éléments de la culture révolutionnaire étaient inclus dans la culture de cette période ; la littérature était de plus en plus critique, parfois utopiste, en tout cas « avant-gardiste ». Il n'y a pas eu de rupture flagrante de ce côté-là : beaucoup des célébrités de l'intelligentsia révolutionnaire, notamment de la littérature, du théâtre, de l'art, de la presse et des autres media, s'étaient déjà fait un nom sous l'empereur, comme beaucoup d'acteurs de la période révolutionnaire étaient déjà actifs à des postes-clés du régime impérial.

Dès lors, on ne peut mettre en doute que la culture révolutionnaire d'aujourd'hui a des racines dans la critique sociale et politique « bourgeoise », qu'elle a un substratum « bourgeois », en plus de ce qu'elle tire des enseignements du marxisme-léninisme traditionnel.

Le langage aussi avait connu de grands changements, non pas de ces changements lents qui sont la marque permanente de la vie du langage et qui ne font que traduire un assentiment collectif face à de nouvelles manières de vivre, mais des changements délibérément mis en œuvre, réfléchis, qui étaient imposés par un groupe ou par une idéologie. Ajoutons que si l'on prenait en compte les journaux d'étudiants[3] et aussi certaines publications politiques vigoureuses, mais marginales par rapport à l'ensemble de la société éthiopienne, société essentiellement rurale, l'image du changement dans le langage serait encore plus marquée.

Indiscutablement, les courants modernistes ont commencé à transformer l'amharique sous Haylä Sellasié et le processus a continué dans la période révolutionnaire avec une volonté, un rythme, une pression, une vigueur encore plus considérables, car la révolution ne pouvait interrompre le développement de ce puissant courant moderniste, simple prise en compte du monde actuel, sans cesser d'être elle-même, la Révolution, sans se contredire elle-même. Toutefois, pendant la période post-révolutionnaire, qu'on pourrait appeler « de consolidation », où le contrôle d'État s'est introduit partout, on a vu le pouvoir « révolutionnaire » s'efforcer de contrôler l'évolution du langage (donc de l'expression, de la pensée) par les procédés les plus archaïques, les plus oligarchiques qui soient, principalement par l'octroi du pouvoir de régir le langage commun à un corps académique dépendant strictement du pouvoir politique.

A l'heure actuelle, dans le domaine du concret, de la technique, les changements se poursuivent sans interruption dans le lexique. La recherche de la meilleure expression, qui a toujours existé, continue à se manifester, avec le pédantisme, l'inconséquence, les impropriétés qui sont souvent le prix de l'ignorance, comme nous l'avons déjà observé, côté insuffisances ; mais avec le bonheur dans l'innovation que donne une certaine sensibilité, une connaissance du monde éthiopien et aussi une culture plus modeste mais plus réelle, comme

---

3. Entre autres la petite revue *taṭiq* (litt. « ceins-toi ! » — pour partir en voyage ou aller au combat) dont le titre veut évoquer l'exclamation de la femme du futur empereur Théodore après que son beau-père lui a fait affront. Ce cri est pris depuis comme un appel à la rébellion. L'étude des textes parus dans cette revue serait du plus grand intérêt.

nous l'avons constaté dans nos études de l'innovation lexicale [4], pour l'aspect positif.

Dans le domaine des concepts, on constate une invasion considérable de la terminologie marxiste dans le langage quotidien, qu'il s'agisse des institutions sociales, des relations économiques ou de l'épanouissement culturel. Signalons rapidement, car nous y reviendrons, des vocables tels que *täramaǧ*, « progressiste » ; *abyot*, « révolution » ; *tegänawinnät*, « réformisme » ; *adhari*, « réactionnaire » ; *bozänié*, « lumpen proletariat » ; *teteqawi tegel*, « lutte armée » ; *dergit*, « activité », etc. Cependant il est important de remarquer que ces innovations de vocabulaire sont venues s'ajouter à un certain nombre de termes nouveaux, qui étaient déjà dans l'usage durant la période impériale ; ces termes, plus ou moins souvent usités alors, sont beaucoup plus fréquents aujourd'hui, dans le langage courant, devenu langage révolutionnaire. C'est le cas du substantif *polätika*, « politique ». Ce terme emprunté à l'italien (il eut d'abord la forme *politika*) était rare dans la conversation courante, même des classes dirigeantes, sous le régime impérial. Il revient maintenant constamment, non seulement dans les milieux révolutionnaires, mais partout, aussi bien dans les campagnes que dans les villes, chez les militaires, dans les écoles, en famille, dans la rue, dans les sermons. Il y a bien d'autres mots du même genre qui font désormais partie du langage du quotidien, car, comme celui-là, ils sont porteurs de l'explication des difficultés vécues, des espoirs qu'on fait briller à l'horizon.

De ce qui précède on retiendra que la progression du langage de la révolution, au moins au plan du lexique, peut et doit être appréciée quantitativement, et en particulier en termes de fréquence d'usage, et pas seulement qualitativement, en termes d'apparition de signifiants et signifiés nouveaux.

Il ne faut pas non plus négliger de relever les changements ou infléchissements de sens ; des mots sont devenus partie du langage révolutionnaire en se chargeant de significations nouvelles. C'est par exemple le cas de *täramaǧ*, déjà cité ; du substantif *gembar* « front », qui désigne à l'origine simplement le haut du visage ; puis, sans doute à l'imitation des langues européennes, il entrera sous l'ancien régime dans le vocabulaire militaire sous une double forme, l'une, longue, explicite : *yä-tor gembar*, « front de guerre », l'autre, courte, telle que l'originale, soit *gembar*, « front », « (ligne de) front » ; toujours à l'imitation de l'usage européen, il prendra, dans le langage révolutionnaire le sens de « front » (rassemblement de forces politiques). De même les substantifs *zämäča* et *zämač* ont quitté le vocabulaire militaire pour entrer dans le langage de la révolution avec un infléchissement de sens imité des langues européennes. Le premier désigne une « expédition militaire » ayant pour but le pillage, une « razzia », une « campagne » militaire à but précis et le second désigne le soldat qui prend part à une telle expédition. Dans le langage de la révolution, le premier désigne la grande « campagne » d'alphabétisation des ruraux, qui était

---

4. V. la bibliographie en fin d'article.

en même temps une campagne d'éducation politique, et le second les éducateurs, garçons et filles, étudiants et professeurs, mobilisés pour cette campagne[5].

Le cas de *fettäša*, « inspection », « fouille », « perquisition », est différent de tous les précédents, que ce soit *polätika*, qui n'a pas changé de sens ni de connotation, ou *gembar* et *zämäča*, qui présentent de notables infléchissements. Le substantif *fättäša* (avec variante *fettäša*) est un emprunt arabe qui peut remonter au XIXᵉ siècle (arabe *fattaša*) d'un type classique : vocabulaire du commerce[6] ; il désigne la formalité douanière de l'inspection des marchandises ou des bagages ; dans les dernières années du régime impérial, la modernisation de la police ayant entraîné la mise en œuvre de la perquisition, action policière inconnue jusque-là, c'est ce mot qui, par un glissement naturel de sens est passé de la douane à la police, et de l'inspection à la « perquisition ». Avec les détournements d'avions de la compagnie *Ethiopian Air Lines*, le contrôle des bagages de cabine est devenu très minutieux et la fouille au corps des passagers s'est généralisée en Éthiopie. Tous les passagers ordinaires (mais cette catégorie sociale n'était pas numériquement considérable) étaient soumis à cette formalité avant leur embarquement, et c'est ainsi que le vocable est sorti du langage technique de la douane et de la police pour entrer dans le vocabulaire de tout un chacun : passagers, parents, amis et connaissances. Aujourd'hui ce terme est d'une rigoureuse banalité. Aucun Éthiopien n'ignore qu'il n'est pas nécessaire de prendre l'avion pour passer à la « fouille ». En effet, les mesures de sécurité du pouvoir révolutionnaire prescrivent qu'avant de pénétrer dans la plupart des bâtiments publics et même des grands magasins, on doit se soumettre à une « fouille au corps » qui est effectuée par un policier placé à la porte. A l'entrée des plus grands hôtels des panneaux en amharique enjoignent aux conducteurs d'arrêter leur véhicule pour permettre aux policiers, qui sont là en permanence, de procéder à la fouille réglementaire du véhicule et de ses passagers[7].

---

5. Qui survint à point nommé pour vider l'université et les lycées qui commençaient à s'agiter.
6. V. Tubiana, 1984, pp. 353-6. L'amharique a emprunté tel quel le verbe arabe *fattaša* « inspecter », « contrôler ». La gémination de l'avant-dernière consonne radicale a été conservée ; le verbe amharique est donc du type B. Le verbe arabe est toujours très vivant dans la région, en particulier au Soudan. Il a supplanté en amharique le verbe *gʷäräggʷärä*. Nous avons là une illustration de la facilité de l'emprunt de vocabulaire d'une langue sémitique à une autre. En amharique, le verbe emprunté a été normalement productif de formes dérivées, ce qui est une preuve d'assimilation. Enregistré pour la première fois par Baeteman (1929) on retrouve *fättäša* dans tous les dictionnaires postérieurs. Il a produit un réfléchi-passif et un causatif-factitif, et plusieurs substantifs. Le premier de ceux-ci est celui qui nous occupe ; il a été relevé par Cerulli (1940) sous une forme *fettäša* (ou *fetäša* ? Il n'indique pas de gémination) « inspection », « contrôle ». En collationnant divers ouvrages on découvre qu'il existe sûrement deux formes avec gémination : *fättäša* et *fettäša* (il n'y a pas de certitude quant à l'existence de formes sans gémination). Un seul auteur donne les deux formes (celle avec *-ä-* et celle avec *-e-*). Ces divergences apparentes nous aident à découvrir l'existence d'une double série lexicale de noms d'action (non paradigmatiques) dérivés d'un radical verbal : l'une avec un schème $c_1äc_2(c_2)äc_3$-a et l'autre avec un schème $c_1ec_2(c_2)äc_3$-a. L'existence de cette double série avait échappé à la perspicacité de Marcel Cohen. Dans la série à *-ä-* on peut ranger *fätäna*, « examen », « épreuve » ; dans la série à *-e-* on peut ranger *felläga*, « recherche ». Il y a de plus une série quadrilitère à *-e-* : *berbära*, de *bäräbbära* « bouleverser », « saccager » et *mermära*, de *märämmära* « enquêter ». Il y a aussi une série à *-u-* : *mukara* (sans gémination) dérivé du verbe *mokkära* « essayer ». Il faudrait continuer cette recherche.
7. Les étrangers ne sont pas soumis à ce contrôle, et la plupart d'entre eux ignorent même son existence. Le signal d'arrêt n'est pas rédigé en anglais, mais seulement en amharique. Pour l'accès aux locaux administratifs et aux magasins, il semble que l'administration s'en remette au tact du factionnaire, lorsqu'il s'agit d'étrangers.

Un autre type d'extension de sens est fourni par le substantif *näfṭäñña*, qui à l'origine désignait simplement une catégorie de soldats armés de mousquets (*näfṭ*). L'usage des souverains éthiopiens était d'établir certains de leurs soldats ou vétérans sur des terres de conquête, autant pour les récompenser de leurs services que pour coloniser et surveiller les populations vaincues. Ce colonat militaire bénéficia essentiellement au *gaššäñña* (porteur du bouclier rond et de lances), puis, avec la diffusion et les progrès des armes à feu, au corps des fusiliers, qui avaient succédé aux mousquetaires tout en gardant leur nom. Avec les vastes conquêtes de Ménélik II vers le sud, les terres confiées aux *näfṭäñña* occupèrent des superficies considérables, dont avaient été spoliés les indigènes[8]. Les descendants de ces colons militaires constituèrent une nouvelle catégorie sociale, dont il n'était pas de bon ton de parler sous Haylä Sellasié. Leurs manières étaient aussi rudes que celles de tous les propriétaires fonciers d'Éthiopie[9] ; ces descendants des colons amhara étaient extrêmement impopulaires dans les régions où ils possédaient des terres et ils étaient désignés globalement sous le nom de *näfṭäñña*.

Avec la révolution, ces colons amhara ou ralliés à la suprématie amhara (car les empereurs avaient restitué des terres à quelques notables parmi les vaincus) ont été au moins partiellement expropriés par la réforme agraire appliquée dans le sud et dans le centre de l'Éthiopie. Ce qui s'est produit en conséquence de l'abandon forcé de leurs exploitations agricoles en tout ou partie (ne parlons pas de *latifundia*, mais tout de même !) c'est que beaucoup se sont trouvés libres pour servir le gouvernement et qu'ils ont en quelque sorte colonisé l'administration, à ce qu'on dit. Le fait est qu'aujourd'hui, dans le langage courant à Addis Abäba le terme de *näfṭäñña* a une connotation péjorative et équivaut à peu près au terme russe « koulak » : fils de grand propriétaire, rallié au nouveau régime et parfaitement orthodoxe, toujours « dans la ligne », occupant un poste important dans l'administration[10]. Pour quelle raison cela s'est-il produit ? Parce que la masse des paysans sont illettrés et ne savent rien ou presque en politique active tandis que lui, il possède une culture qui lui permet de toujours correspondre au moment, il connaît les rouages de la bureaucratie, il sait les maîtriser (éventuellement pour son avantage personnel), ce qui lui permet d'occuper à la satisfaction de la hiérarchie une fonction administrative qui recèle une parcelle de pouvoir non négligeable. Ainsi donc un mot bien connu a perdu son sens ancien, devenu une relique historique, et il a acquis

---
8. V. M. de Coppet, « La propriété foncière au Choa », p. 613, dans Guebre Sellassié, *Chronique du règne de Ménélik II, Roi des rois d'Éthiopie* (t. II), Paris, 1932.
9. V. le film de Haylä Gärima : « La récolte de trois mille ans », et presque tous les romans postérieurs à la libération de l'Éthiopie.
10. Dans un système étatique très autoritaire, mais où le contrôle de l'administration ne peut être qu'intermittent, le poste le plus humble, surtout dans les organisations de masse, donne un pouvoir réel à son détenteur.

une nouvelle vie en exprimant une réalité contemporaine, en passant de la conquête coloniale à la Révolution[11].

On peut compter un certain nombre de termes dont le signifié a subi un développement comparable, soit par enrichissement du sens premier par simple contiguïté, soit par adjonction d'un sens nouveau à la suite d'une mutation du concept d'origine. On découvrira sans aucun doute des faits intéressants pour la compréhension du processus actuel lorsqu'on s'efforcera d'en dresser la liste.

Dans un tout autre registre, la devise officielle « *Ityopya teqdäm !* » mérite de retenir l'attention[12]. Elle peut se comprendre avec une connotation révolutionnaire (ou « progressiste » : *täramağ*, litt. « qui avance d'un pas décidé ») comme : « L'Éthiopie en avant ! » ou « l'Éthiopie à l'avant-garde ! » (litt. « que l'Éthiopie précède ! »). Ainsi compris, l'Éthiopie révolutionnaire doit montrer le chemin aux autres nations africaines, elle doit être leur guide (comme l'ancien régime a toujours prétendu qu'elle l'était) — mais cette fois sur la voie de la révolution.

Cependant cette devise peut se comprendre aussi comme « l'Éthiopie d'abord ! », « l'Éthiopie avant tout ! », ce qui signifie que l'Éthiopie doit être la première préoccupation des révolutionnaires. Or c'est ce sens là qui est popularisé. Cette devise ainsi comprise est plus patriotique que progressiste et ne peut que renforcer le nationalisme éthiopien, mobiliser le peuple amhara contre les revendications des Érythréens, des Tigréens, des Oromo, des Somalis de l'Ogaden et du Haud, etc. Mais vouloir faire de l'Éthiopie le guide de l'Afrique, son « pilote » comme l'avait écrit un homme de l'ancien régime, n'est pas non plus exempt d'arrière-pensées nationalistes et même hégémonistes. L'appel ambigu au nationalisme prompt à s'émouvoir des Éthiopiens présente l'avantage de rallier à la révolution des Éthiopiens patriotes, attachés aux structures et à la grandeur de l'empire, malgré leur opposition au régime actuel.

En effet, ce mot d'ordre ne peut pas ne pas éveiller en eux certaines résonances. Déjà, sous le régime impérial, ce slogan avait cours ; l'Empereur lui-même l'aurait employé dans des discours ; il est possible que d'autres personnalités politiques l'aient également utilisé[13]. En anglais, le mot d'ordre était devenu « Ethiopia First ! » et on peut se demander si l'amharique ne se bornait pas à traduire la formule anglaise, car il semble bien que ce slogan ait été rapporté des États-Unis, dont les conservateurs avaient pris pour devise « America First ! » Ce calque linguistique est donc aussi un emprunt politique. Mais autant il est normal que le gouvernement impérial emprunte une idée et son expression à des conservateurs, autant il peut être surprenant qu'un

---

11. Pour ce concept purement éthiopien nous ne disposons pas d'un équivalent convenable. On remarquera que le « Dictionnaire du marxisme-léninisme » (en amharique), paru à Addis Abäba en 1978 *a.m.* (1985/86) a une entrée *kulak* pp. 361-2 (où il n'est question que de Russie) mais pas d'entrée *näftäñña*, et il ne donne pas de traduction amharique pour *kulak* (mais c'est le cas pratiquement dans toutes les langues européennes). Le « Dictionnaire progressiste », plus ancien, ne contient aucun des deux substantifs. V. Tubiana, 1986, p. 506.

12. *teqdäm* est la 3e personne du féminin du jussif du verbe *qäddämä*, « précéder », « avoir la priorité », etc. ; noter qu'ici *ityopya* est féminin.

13. Une recherche historique est à faire.

gouvernement révolutionnaire reprenne avec une grande vigueur (on la trouve partout répétée) une devise strictement nationaliste. C'est peut-être négliger l'aspect profondément anti-américain et généralement xénophobe des débuts de la révolution. En effet, lorsque l'empereur et ses hommes appliquent à l'Éthiopie le slogan nationaliste américain, cette volonté exprimée de tout faire passer après l'intérêt national n'est pas en opposition avec la collaboration avec les États-Unis, mais marque les limites de cette collaboration, comme de toute collaboration avec toute autre puissance amie. Les événements ont voulu que l'Éthiopie révolutionnaire ait eu sans cesse besoin d'affirmer à son tour son indépendance. Cet ancien slogan renferme un critère indiscutable de jugement sur les problèmes de politique intérieure aussi bien qu'extérieure.

Selon le colonel Asrat Boggalä, l'emploi de ce mot d'ordre par la révolution était compris dès l'origine comme un appel à l'unité nationale. Il était perçu comme recelant dans ses arrière-plans le refus de permettre à une puissance étrangère, quelle qu'elle soit, de faire passer ses intérêts avant ceux de l'Éthiopie.

Pour caractériser le calque éthiopien de la formule américaine on peut noter que l'emprunt a été accompagné d'une sorte de phénomène de résonance qui a abouti avec la révolution à une réelle transformation. A l'évidence le slogan « *Ityopya teqdäm !* » ne signifie pas la même chose pour un Éthiopien que l'anglais « Ethiopia First ! », qui, nous y insistons, s'opposait à « America First ! » Le pouvoir impérial, aussi loin que l'on remonte dans l'histoire de l'Éthiopie, a toujours jalousement affirmé son indépendance, malgré l'aide qu'il sollicitait pour progresser, ou plutôt en raison de ce recours à une aide extérieure. La révolution ne pouvait faire moins. En empruntant un concept nationaliste et même égoïste, tel quel, signifiant et signifié, elle reste dans le droit fil de la politique nationale de l'empire.

Mais le changement de régime a changé non seulement les règles de l'exercice du pouvoir mais aussi le contexte général de la communication : contexte politique, contexte linguistique. Dans le mot d'ordre répandu dans le pays « *Ityopya* » c'est l'Éthiopie révolutionnaire[14]. C'est ainsi que le concept exprimé par le slogan a changé sans que ce dernier ait été modifié. C'est cela que nous appelons le langage de la révolution, dans sa complexité.

Entre le langage de la contestation progressiste de la fin du règne et celui de la révolution, il n'y a pas de solution de continuité. Il s'agit d'exprimer avec fidélité les concepts et la praxis de la gauche marxiste-léniniste. Les différences sont plus quantitatives que qualitatives. Le langage de la contestation était confiné à de petits groupes d'intellectuels instruits à l'étranger ; peu nombreux étaient les gens qui l'utilisaient — et non sans peine. Le langage de la révolution est connu de tous, il a envahi les *media* : ceux qui l'emploient sont très nombreux, ceux qui le reçoivent sont la totalité des Éthiopiens. Mais les difficultés d'intelligibilité subsistent, d'où les efforts pour expliquer le sens des termes nouveaux. Pour l'observateur, s'il n'a pas toujours la possibilité d'observer

---

14. Dans la bouche de l'empereur et des siens, il ne pouvait s'agir que de l'empire d'Éthiopie.

directement l'usage parlé, il lui reste les écrits, relativement abondants pour la période de la contestation, en nombre considérable pour la période de la révolution. En fait, le langage de la révolution n'est qu'un développement naturel du langage de la contestation, développement qui répond à une recherche de précision, de respectabilité, dans le respect de l'identité nationale. Purisme et même pédantisme, et nationalisme linguistique marquaient déjà l'innovation non contestataire sous Haylä Sellasié. La contestation avait également adopté ces valeurs, et la révolution ne les rejettera pas ; les intellectuels révolutionnaires auront le champ libre pour se livrer à l'innovation linguistique, le pouvoir partageant leur idéologie. Les emprunts faits hâtivement à la langue anglaise avant la révolution seront autant que possible remplacés, soit par des termes empruntés à la langue savante conservée par l'Église, le guèze, soit par des créations tirées de l'amharique.

La révolution fut d'abord désignée par l'emprunt à l'anglais *révolušen* (le *v* noté par la lettre *b* surmontée de deux points). Il existait pourtant un terme commun à l'amharique et au guèze : *hukät* qui pouvait servir à désigner la révolution (concept étranger à la culture éthiopienne). Le terme désigne l'agitation, la turbulence, les troubles, les perturbations, la sédition, le tumulte, l'émeute, l'opposition. Ce nom d'action traduit essentiellement le concret. Il a permis de former un substantif dérivé *hukätäñña*, « fauteur de troubles », « agitateur ». Il n'est pas ambigu ; bien que peu fréquent, il est parfaitement intelligible par un Éthiopien. Il a cependant été laissé de côté ; les révolutionnaires ignoraient-ils son existence, ou bien l'ont-ils rejeté parce que connotant un certain désordre, entaché d'une certaine vulgarité ? Leur révolution devait être respectable et ordonnée, sans doute. Le terme *révolušen* renvoyait essentiellement à un ensemble de concepts politico-économiques. Mais ce substantif emprunté à l'anglais était, dans la forme, inacceptable dans une langue sémitique comme l'amharique, et choquait l'amour-propre national. De plus, il était totalement inintelligible pour les masses populaires et donc, si je puis m'exprimer ainsi, impropre à la communication révolutionnaire. Il fut remplacé très tôt (la date précise est à rechercher) par le substantif *abyot*, nom d'action guèze du verbe *abaya*, signifiant originellement « opposition », « refus » (d'obéir, notamment). Le terme, peu fréquent dans l'usage des lettrés actuels, se prêtait à ce développement vers un concept moderne ; dans la forme, il était parfaitement admissible, national et respectable. Il fallut néanmoins l'expliquer au peuple, peu familier avec la langue ancienne. En amharique, *abyot* a rejoint une petite série un peu hétéroclite de noms abstraits à suffixe -*ot*[15]. On était resté au plan des idées. Transplanté en amharique, *abyot* tend à y désigner très précisément la révolution éthiopienne et on en a tiré deux dérivés : l'adjectif *abyotawi* (à suffixe guèze -*awi*) et le substantif *abyotäñña* (à suffixe amharique -*äñña*), « révolutionnaire ». Dans le discours du pouvoir le révolutionnaire ne

---

15. *Nafqot*, « nostalgie », de *naffäqä* ; *serqot* « vol », « adultère », de *särräqä* ; *fellagot* « désir », « volonté », de *fällägä* ; *čelot* « puissance », « capacité » d'où « tribunal d'appel », de *čalä* ; *meññot* « désir », « convoitise », d'après la racine du verbe passif *tämäññä* ; etc.

pouvait qu'être « ardent », *tekkus*, d'où la fréquence du syntagme (au pluriel) *tekkus abyotäññoč*.

Les révolutionnaires ont pour alliés les progressistes. Pour ce terme on a eu recours à l'amharique : le nom d'agent du verbe *tärammädä*, « marcher à grands pas, d'une allure décidée », « progresser vivement », qui était jusqu'alors usité pour qualifier les mules et aussi les messagers rapides, fut agréé par tous sans difficulté : « progressiste » se dit donc *taramağ*. L'emploi est métaphorique. On est passé d'un signifié concret à un signifié abstrait nouveau. C'est ce dernier qui est constitutif du néologisme.

L'Éthiopien qui s'oppose au progrès est un « réactionnaire » : *adhari* ; ce terme est emprunté au guèze ; c'est le nom d'agent du causatif *'adhara*, verbe qui signifie « retarder (les choses) », « différer (les choses) », « rester en arrière » et qui a une connotation péjorative. L'idée de régression, qu'on trouve dans « réactionnaire » est absente. Le terme *adhari* désigne une personne qui ne peut ou ne veut progresser avec les autres, qui empêche la révolution de progresser. La forme du signifiant est parfaitement admise, bien que non canonique en amharique : la consonne *h* aurait dû disparaître. Cependant il est nécessaire qu'elle se maintienne dans l'écriture comme dans la prononciation, pour éviter la confusion avec un nom d'agent *adari* qui existe déjà et signifie autre chose. Il faudra observer l'évolution de l'usage également au pluriel : amharique, soit *adharioč*, ou guèze : *adhariyan*. Le terme a eu besoin d'être expliqué, mais il semble être entré très facilement dans l'usage. Nul ne l'ignore[16].

Le « conservateur » est *wäg aṭbaqi* ; le signifiant amharique est parfaitement régulier ; le sens est clair : il s'agit d'une personne qui veut maintenir l'usage (donc qui est réfractaire au changement) ; *wäg*, « coutume », « loi » ; *aṭbaqi*, nom d'agent du causatif *aṭäbbäqä*, « faire respecter », « maintenir ». Mais l'adversaire de classe c'est le « bourgeois » ; les contestataires progressistes avaient trouvé dans les ouvrages en langue anglaise les mots français « bourgeois » et « bourgeoisie » tels quels. Ils les ont repris en amharique sans changement : *buržwa*, *buržwazi*. Ces deux emprunts sont proprement inacceptables et inintelligibles en amharique. Bien que consacrés par l'usage international, ils sont remplacés dans certains cas par le substantif amharique *käbbärté* qui signifie proprement « nanti ». Défini par l'adjectif guèze *ne'us*, « petit », il désigne le « petit bourgeois » : *ne'us käbbärté*. L'adjectif guèze était déjà usité dans plusieurs syntagmes de l'amharique pédant.

On ne comprend pas pourquoi le « Dictionnaire progressiste » traduit « riche » par *käbbärté*, alors que l'amharique dispose du terme *habtam*, qui convient parfaitement, et dont l'usage consacrerait la nuance entre les « riches » et les « possédants », les « nantis ».

La liste serait longue des termes empruntés à l'anglais et remplacés par des mots ou des locutions fabriqués à partir de l'amharique ou du guèze, donc

---

16. Il existe en amharique un verbe *zägäyyä*, « s'attarder », « flâner », dont la racine aurait pu servir ; mais il était plus judicieux de recourir à quelque chose de très ancien et tout à fait nouveau.

plus acceptables. Mais beaucoup de ces emprunts n'ont pas été remplacés, faute de temps ou par manque d'ingéniosité (pourtant elle ne semble pas faire défaut). En général ce sont des termes qui font partie du vocabulaire « international » : *komunist, fašist, fiwdal* (anglais « feudal »), *kapital, dimokrasi* ou *dëmokrasi, sošalizem, birokrasi, kadri* ou *kadré* (c'est le français « cadre ») etc. Pour désigner les « larges masses » on a forgé le syntagme amharique *säffi hezb*, le « vaste peuple ». Le concept de « masses » est apparemment intraduisible.

« Prolétaire » se dit *wäzaddär*, nom composé formé sur *wättadär*, « soldat », de *wäz*, « transpiration » et d'une forme verbale abrégée *addär*. C'est littéralement celui qui vit de sa transpiration. Formé sur le même modèle, *labaddär*, « qui vit de sa sueur », a été éliminé comme moins noble, péjoratif ; ses partisans ne le trouvaient pas vulgaire, mais plus proche du langage populaire. Dans la même série sont apparus deux autres néologismes : *särto-addär* « travailleur », littéralement « celui qui vit en travaillant » et *dämmaddär* « vampire, buveur de sang », littéralement « celui qui vit du sang (d'autrui) ».

L'amharique possède deux substantifs dérivés : g^u*addäñña* (suffixe -*äñña*), « compagnon », « camarade » (de jeux, qui est dans le même camp) et g^u*addennät* (suffixe -*ennät*), « compagnonnage », « camaraderie ». On en a déduit par soustraction une base g^u*add* (inusitée) à qui on a donné le sens de « camarade » (membre du parti).

On a eu recours au verbe amharique *bozzänä*, « être oisif », « être fainéant », « vivre sans rien faire », pour former le substantif *bozänié*, avec le suffixe dépréciatif -*ié*, pour désigner un membre du « lumpen proletariat ». Ce néologisme, non dénué d'expressivité, est très bien accepté.

La traduction du concept de « réformisme » part d'un terme très concret (procédé habituel) qui désigne la réduction d'une fracture et plus généralement la réparation d'un objet défectueux. Le nom d'agent du verbe amharique *täggänä* a reçu le suffixe -*ennät* de formation d'abstrait pour produire *täggañennät* ; il devrait s'ensuivre que *täggañ* signifie « réformiste ». Le « Dictionnaire Progressiste » donnait une forme plus lourde, moins élégante : *tegänawinnät* formée à partir du substantif *tegäna* « réduction d'une fracture », « réparation », au moyen du suffixe adjectival guèze -*awi* et du suffixe -*ennät* que nous venons de voir.

L'expression « lutte armée » est traduite de manière très intelligible par le substantif amharique *tegel*, « lutte » déterminé par l'adjectif *tetqawi* formé sur le substantif *tetq* « ceinturon », au moyen du suffixe -*awi*. Le guerrier éthiopien se ceignait pour partir au combat.

J'ai traité ailleurs (Tubiana, 1985 et 1986) de *behërä säb*, « nationalité » (par opposition à « peuple »), *wärära*, « agression », *täqawmo*, « protestation », etc.

Dans « Brave New Words » (1985, p. 91) j'ai traité du néologisme *därg* (presque un nom propre, puisqu'il ne renvoyait qu'à un référent unique), « junte »[17] ; le néologisme *därgit*, tiré d'une autre racine, pour traduire

---

17. Le sens est proche du substantif français « collectif » dans le jargon révolutionnaire ; en russe, c'est à peu près « soviet ».

« activité » ne peut qu'ajouter à la confusion que je signalais. Notons qu'aujourd'hui le *därg* n'existe plus. La révolution s'est dotée d'une constitution.

Pour conclure, car notre propos n'est pas ici d'épuiser l'information contenue dans les normes diffusées, l'usage parlé et l'usage écrit — il y faudrait un assez gros volume — nous allons essayer de résumer le fonctionnement de l'innovation dans le langage de la révolution. Disons que la méthode ne s'écarte pas notablement de celle en usage pour les innovations en tous genres à partir des années 60, mais qu'il s'agit d'un apport beaucoup plus massif, sans doute un peu plus concerté, puisque élaboré en groupe et sous contrôle des instances politiques, et qu'il s'agissait d'inculquer au peuple éthiopien des notions et des concepts en général étrangers à sa culture, quitte à lui faire intellectuellement quelque violence.

Les procédés utilisés sont au nombre de deux : ou bien le langage de la révolution se borne à reproduire purement et simplement des vocables appartenant à une langue étrangère ; la prononciation risque de les changer un peu ; ou bien il se sert de formes guèzes, ou amhariques, ou mixtes, qui sont des formes très largement acceptables, puisque l'on reste à l'intérieur du sémitique, à la différence des emprunts aux langues européennes, qui ne répondent pas aux règles d'admissibilité de l'amharique.

Nous pouvons symboliser le recours au guèze par les formes suivantes : *därg*, forme attestée mais rare, sens inchangé mais s'appliquant à un objet moderne — *abyot*, forme paradigmatique (nom d'action), rare (apparemment non attestée), avec extension de sens acceptable, passant de « désobéissance », « résistance » à « révolution » (changement total de l'ordre social) — *adhari*, forme paradigmatique (nom d'agent), avec extension de sens difficile à introduire en amharique, passant de l'idée de « retarder » à celle de « revenir en arrière » — *hasawi mäsih*, bien attestée au sens de « faux messie », mais dont on se demande si elle pourra acquérir en amharique le sens souhaité de « démagogue » sans déviation.

A chacun de ces types correspond une petite série.

Il en est de même pour les formes suivantes de l'amharique : *zämača*, forme bien attestée, dont l'extension de sens n'a fait aucun problème — *wäzuddär*, création totalement acceptée et bien comprise — *säffi hezb*, création parfaitement admise dans la forme, mais dont le signifié n'est pas vraiment perçu — *gʷadd*, création sur un mode original, bien reçue — *andäbätäññannät*, création à partir du substantif un peu familier *andäbät*, « bagout » (bien attesté) d'un substantif dérivé *andäbätäñña*, « qui a du bagout », « qui a la langue bien pendue », duquel on tire un abstrait *andäbätäññannät*, « qualité d'avoir du bagout » ; mais s'il n'y a aucune difficulté à accepter l'actualisation de deux formes virtuelles, on ne voit pas bien comment l'Éthiopien qui n'a pas été prévenu pourra deviner qu'il s'agit d'un terme signifiant « sophisme ».

Les formes mixtes sont toutes des créations, puisque elles allient l'amharique et le guèze de manière insolite ; elles sont moins fréquentes que les autres. On les symbolisera par : *golläsäbäññennät*, « individualisme » formé avec un substantif guèze, deux morphèmes amhariques et un déterminant également amharique ; le terme se déchiffre, malgré sa lourdeur, et sa fréquence est faible — *ne 'us käbbärtié*, « petit(e) bourgeois(ie) », formé avec un adjectif guèze et un substantif amharique, l'ordre des mots est celui de l'amharique ; c'est un peu bizarre, et pas très clair quant au sens — *mahbäräsäbawi gečet* « conflit social », duquel on peut rapprocher *lebbunawi gečet*, « conflit psychologique », tous deux formés du substantif amharique *gečet*, « conflit », dont le signifié a été étendu comme d'habitude du concret à l'abstrait, déterminé dans un cas par l'adjectif guèze *lebbunawi* (avec extension de sens), et dans l'autre par un adjectif guèze en -*awi* dérivé du néologisme guèze, nom composé des substantifs *mahbär* et *säb*.

Tout cela n'est ni léger ni simple, et prouve qu'on ne peut pas faire tout ce qu'on veut, même avec son propre langage.

La langue de bois du pouvoir, sous ses diverses formes, a suscité deux sortes de réactions, une réaction populaire[18] et une réaction militante savante. Les révolutionnaires contestataires, en bons militants, sont à l'écoute de la contestation populaire[19] dont ils apprécient le langage pittoresque et savoureux, qu'ils reprennent parfois.

La contestation populaire est presque uniquement orale. Elle exprime un rejet direct du régime. Par exemple, la période actuelle, où les Éthiopiens sont soumis au pouvoir révolutionnaire (la « dictature du prolétariat »), c'est simplement *yä-ǧeb gizié*, « le temps des hyènes »[20]. Le langage qu'emploie le pouvoir n'est pas de l'amharique, c'en est une déformation plutôt indigeste, qu'on appelle de manière sarcastique *abyotawi amareñña*, « l'amharique révolutionnaire » ; sur un ton plus résigné on dira, moins péjorativement, *zämänawi amareñña*, « l'amharique moderne » (l'amharique de ce temps).

La contestation populaire aime à s'exprimer allusivement par le biais de proverbes anciens, qui s'appliquent à la situation. Cela permet d'opposer aux larges masses *(säffi hezb)* les démunis, les humbles, les pauvres *(deha)*, sans se référer à la classe sociale, mais au niveau de vie. Ainsi : *yä deha assab-enna yä-feyyäl čera and näw*, « Les idées des pauvres et un chasse-mouche en queue de chèvre, c'est du pareil au même »[21]. Malgré tous ses discours tournés vers les masses, le pouvoir ne tient pas compte de ce que pense l'homme du peuple.

Mais la fin approche, « un jour viendra... » : *deha biqotta mängäd yafätnal*, « si le pauvre se met en colère il fait la route plus vite »[22].

Ainsi s'exprime à la fois le mécontentement et l'espoir du changement.

Un terme du langage révolutionnaire est chargé de crainte, c'est le mot *kadri*

---

18. La contestation populaire existait aussi sous l'empereur ; elle ne pouvait s'exprimer qu'oralement.
19. Il existe une contestation militante de droite, mais je ne l'ai pas observée ; la contestation populaire est politiquement indifférente, plutôt conservatrice, mais sans nostalgie de l'ancien régime.
20. Allusion aux excès sanglants des deux « terreurs rouges » opposées ? et aux excès de la répression exercée par l'armée ?
21. Autrement dit ça n'a aucun effet ; un chasse-mouche en queue de chèvre n'est pas efficace pour chasser les mouches.
22. Le pauvre irrité allonge le pas sous l'effet de la colère, il va plus vite, il accélère et raccourcit le trajet.

(pluriel *kadrioč*) ou *kadré*, qui désigne les responsables des organisations officielles, chargés d'orienter et de contrôler la population[23]. Il n'est jamais employé sur un ton neutre, et à ce titre il occupe une place à part dans le langage de la contestation.

On m'a dit qu'un slogan publicitaire affiché à Addis Abäba avait été en quelque sorte ironiquement détourné par l'humour populaire pour stigmatiser les collaborateurs de l'empereur qui s'étaient mis au service du *därg*. Les passants lisaient : *yä-filips batri dängay, lä-hullum agälgay*, « la pile Philips sert à tout » (littéralement : serviteur de tout le monde). Ce slogan rimé a la structure des noms d'esclaves bien connus qui se divisent en deux parties. Le maître utilisait la première partie pour appeler, et l'esclave lui répondait en prononçant la seconde. Les contestataires utilisaient n'importe laquelle des deux parties pour l'appliquer aux collaborateurs du régime, transfuges du palais[24].

Ce procédé, comme celui illustré par l'exemple suivant, est proche du *säm-enna wärq* usité en poésie[25]. Cette fois, la contestation populaire va emprunter à la langue de bois les moyens d'exprimer son mécontentement, par utilisation abusive et familière d'une auguste formule toute faite.

Bien des voyageurs, de toutes origines et de toutes professions, ont souvent reproché à l'Église éthiopienne de multiplier abusivement les jours chômés, ce qui empêchait les Éthiopiens de travailler autant qu'il le fallait. Le régime de la dictature du prolétariat a donc aboli un certain nombre de jours fériés, mais non les fêtes religieuses elles-mêmes. Il était prévu que ces fêtes seraient « rappelées » par les travailleurs, mais célébrées seulement par le clergé (et éventuellement les gens âgés). On disait : *tassebo ywulal*, « on le rappelle » (le saint du jour) sans le célébrer. Ironiquement, les gens qui, faute de ravitaillement ou pour une autre raison avaient dû sauter leur déjeuner disaient : *mesayén assebbé ewulallähu*, « j'ai rappelé mon déjeuner », sans le célébrer.

Le néologisme *wuyeyyit* ou *wuyiyyit* (écrit le plus souvent *weyeyyet*) est apparu dès la contestation étudiante. C'est un substantif amharique très régulier, qui se rattache à une petite série de noms dérivés de radicaux verbaux amplifiés au réfléchi-passif tels que *wudedder*, « pari (pour soutenir un défi) », « compétition », d'un verbe *täwädaddärä*, « défier », « être en rivalité » etc. ; ou encore *beyeyyet*, « plaisanterie », d'un verbe *täbäyayyätä*, « blaguer avec ironie » (signalé par Marcel Cohen, *Nouvelles Études*, p. 79) ; *wererred*, « pari », de *täwärarrädä*, etc. C'est du verbe *täwäyayyä* (provenant d'un radical trilitère

---

23. Bien que ce mot d'origine française n'évoque rien pour un Éthiopien ne connaissant que son amharique, il est partout connu et parfaitement compris. Les petits cadres ne sont pas moins redoutés que les cadres supérieurs.

24. On dira « un Tel est une pile Philips », ou « un Tel, au service de tous ». La carrière du substantif *agälgay* mériterait d'être retracée ; dans la terminologie en usage au palais il pouvait désigner de grands personnages « serviteurs » de leur empereur ; mais il a été aussi un euphémisme pour *barya*, « esclave » (après l'abolition de l'esclavage ?)

Il peut donc avoir une connotation dépréciative, comme notre « serviteur ».

25. *säm-enna wärq* : « cire et or ». La cire est jaune comme l'or, mais elle n'en a pas les qualités ni la valeur. Dans le procédé poétique de ce nom la cire symbolise le sens obvie, littéral ; mais il faut avoir assez de finesse pour trouver l'or, le sens mystérieux, qui contient le message.

abrégé), qui signifie « discuter », « dialoguer », « s'entretenir », qu'a été tiré le substantif *wuyeyyit*, au sens de « discussion », « débat », puis « réunion de discussion ». Les étudiants de gauche qui avaient donné ce titre à une revue le traduisaient en anglais « dialogue ».

Avec la révolution, le terme signifiant « débat » en est tout naturellement venu à désigner les réunions officielles de libre discussion, auxquelles l'assistance est obligatoire sous peine d'amende ou de prison, m'a-t-on dit. Ce sont des réunions où les gens sont rassemblés par quartier, par lieu de travail, par profession, etc. Il y a des réunions spéciales pour les femmes. Le but de la réunion est de discuter, échanger des idées, des opinions, mais en fait ce sont des réunions d'endoctrinement où les porte-parole du pouvoir (les « cadres ») font passer le message du jour et recueillent l'approbation enthousiaste des masses populaires. Les assistants se gardent bien en général de donner leur avis. C'est un peu risqué[26].

Dans le langage de la contestation populaire, à Addis Abäba, le mot *wuyeyyit* a acquis un sens concret ; c'est le sobriquet qui désigne de petits autobus très sommaires, où huit personnes sont assises face à face sur des bancs, quatre de chaque côté, et voyagent sans ouvrir la bouche, sans s'adresser la parole[27]. Cela représente pour les Éthiopiens la réalité de la réunion de discussion. Il y a là détournement du langage révolutionnaire. C'est le langage de la dérision, qu'emploient également les contestataires de gauche.

Les militants révolutionnaires qui ne reconnaissent pas leur idéal dans ce qui se passe, et qui ont souvent connu la prison et la torture, manient volontiers le sarcasme vis-à-vis d'eux-mêmes, ce qui est une manière de faire face à leur déception. Ils diront volontiers, parodiant le discours officiel, *eñña tekkus abyotäññoč*, « nous autres ardents révolutionnaires », par antiphrase, et avec quelque amertume, car si c'est cela, ils ne l'ont jamais été ; mais si ce n'est pas cela, il se pourrait qu'ils le soient encore (l'ardeur en moins ?) mais instruits par l'amère expérience.

Ils se réunissent quelquefois, en privé, pour parler librement de ce qui tient une si grande place pour eux (toute leur jeunesse) ; ils désignent ces réunions, dans lesquelles le pouvoir est l'objet d'une critique révolutionnaire, du nom de *zegg čelot* emprunté au langage des tribunaux. Cette expression désigne une audience à huis-clos d'un tribunal supérieur, et elle convient très bien. A ces huis-clos participent parfois des chansonniers professionnels *(azmari)*. On essaie d'empêcher les mouchards de s'y infiltrer.

Ils se moquent des Éthiopiens qui se sont ralliés au régime militaire en disant d'eux *gra gäbba*. Cette expression courante signifie usuellement « aller de travers », « errer », « se fourvoyer » « se dévoyer », « s'égarer », etc. Littéralement elle signifie « entrer à gauche », car le côté gauche pour les Éthiopiens

---

26. Un universitaire me disait qu'il s'y reposait en dormant sur sa chaise des fatigues de la journée (les réunions ont lieu le soir), tout comme par exemple le personnel d'entretien...

27. J'ai voyagé une fois dans ce genre d'autobus, qui en principe sont interdits aux étrangers ; je suppose que le chauffeur a pris le risque de ne pas me faire descendre.

est de mauvais augure, alors que la droite est « sainte » ; aller à gauche, c'est donc prendre le mauvais côté. Mais, dans le langage de la politique le mot *gra* traduit aussi l'anglais « left » et le français « gauche » ; il désigne donc en amharique la gauche politique, et cela est resté dans le langage des Éthiopiens qui s'étaient engagés à gauche. Cela facilite le double sens du genre du *säm-enna wärq*, et on interprétera l'expression classique comme « se rallier à la gauche », « tomber à gauche », « devenir collabo du *därg* », tout en conservant le sens sous-jacent de « faire une bêtise », « comprendre de travers », etc. Comme d'autre part le verbe *gäbba* dans l'amharique classique signifie aussi « faire sa soumission », « se rallier », on voit les nombreux échos suggérés. Seuls les gens de gauche emploient ce genre de sarcasme.

Ce sont eux qui utilisent *dämmaddär* « vampire » pour qualifier les militaires du *därg*.

Une anecdote peut-être apocryphe circule dans les milieux de gauche, qui tourne en dérision les excès de zèle de certains partisans du *därg* lorsqu'ils sacrifient au « culte de la personnalité » du « camarade-président ». On dit qu'un jour dans une réunion, un des orateurs s'adressa au « Camarade-Président » en lui disant *g^waddennätewo*, « Votre Camaraderie », à l'instar de la formule par laquelle on s'adressait à l'empereur : *germawinnätewo* « Votre Majesté » ; cela aurait jeté un certain froid. Cela dit, les textes de certains discours prononcés par le Camarade-Président utilisent parfois le « Nous » de majesté qu'employait l'empereur.

Comme on le voit, le langage de la révolution et ceux de la contestation sont des langages d'initiés. On ne peut les appréhender sans préparation. Mais le langage de la révolution est sérieux, il ne se prête pas à la plaisanterie (tout au plus aux injures)[28]. Les sens des néologismes, qu'il s'agisse d'emprunts, calques ou formes tirées de l'amharique ou du guèze, ne se déchiffrent pas à première audition ou première lecture. Ces innovations ont besoin d'être expliquées, glosées, jusqu'à ce que l'acquisition de ce nouveau langage à plusieurs niveaux de signification soit effective. Car c'est un langage qui doit être inculqué aux larges masses, au moins en partie : en effet il existe séparément un langage des cercles intérieurs dirigeants, au moyen duquel ils se reconnaissent entre eux.

Tout ce codage hypersophistiqué aboutit forcément à la langue de bois, langage consacré, qui a en quelque sorte un caractère ritualiste et finit forcément par ne plus véhiculer beaucoup d'information. Il a surtout un caractère de protection, puisque son usage exprime avant tout une adhésion (peut-être feinte) au pouvoir en place. Quand on s'exprime dans la langue de bois, en privé ou dans un discours public, on ne risque rien ; on parle « comme il faut », même si ça ne veut rien dire, même si personne ne comprend. Tout au plus, si l'on parle à des amis, cela peut signifier ou bien que l'on est devenu un militant

---

28. Simple exemple, en anglais : « The ideological cover for this programme of national self-hatred of these nihilistic groups is the alleged claim that Ethiopia is full of dozens of full-fledged nations, *not* nationalities. Starting from this false assertion, they proclaim their anarchist position according to which the so-called full-fledged nations must separate. This politics of separatism is then dressed up as the principle of self-determination ».

parfaitement discipliné et orthodoxe, ou qu'il y a quelqu'un devant qui on ne veut pas exprimer ses pensées les plus intimes (peut-être aussi craint-on, si l'on parle normalement, de ne plus pouvoir contrôler sa propre expression). On dit en proverbe que « le silence est d'or ». Parler la langue de bois est une forme de silence[29].

Autre élément dissuasif — mais cela, qui existait déjà sous l'ancien régime, et avait reculé avec les premiers mois de la révolution, est revenu en force avec la reprise en mains par les militaires et leurs associés — il y a une manière de ne rien exprimer qui touche à la rhétorique du message : interminable et confus. On voit couramment des textes (par exemple dans la presse) comportant des phrases d'une vingtaine de lignes. Comment la culture révolutionnaire peut-elle atteindre les larges masses, en particulier rurales, lorsque ses porte-paroles s'expriment d'une façon aussi compliquée ? On se demande où le journaliste a appris à écrire ainsi ; écrit-il des phrases de cette longueur dans ses lettres personnelles ? S'exprime-t-il ainsi pour acheter du lait ou des tomates, commander une bière au café ou bavarder avec un chauffeur de taxi ?

Or cette manière pédante de s'exprimer, totalement dissuasive pour le destinataire du message, avait déjà cours sous Haylä Sellasié. C'est un héritage de l'ancien régime : on peut même dire que c'est la culture du régime dit « féodal », maintenue et consolidée, sans changement, sans aucun pas vers le peuple. Cette rhétorique infernale qui a largement fleuri sous l'empire, interdisait à la fraction non analphabète des « larges masses » de comprendre quoi que ce soit à la politique, d'accéder à la moindre parcelle d'information qui pourrait lui être utile pour se faire une opinion sur ses propres problèmes : langue de bois impériale !

Cette tradition récente du labyrinthe verbal est, au fond, originairement un langage ecclésiastique : l'orateur (ou l'écrivain) s'exprime longuement et abondamment, et finalement c'est un ronron plus ou moins orné, plus ou moins habilement ordonné au plan de la syntaxe, mais dont l'énorme complexité, l'afflux de mots et expressions toutes faites, recouvre une grande indigence de pensée, un message relativement limité. Mais cela n'apparaît que lorsqu'après bien des efforts on est arrivé à décrypter la phrase pour en percevoir plus que des bribes.

En vérité, il n'est pas incorrect de considérer le processus révolutionnaire sous l'angle de l'usage qui est fait du langage. Car la question qui restera toujours posée est bien : comment faire comprendre la révolution aux masses ? Comment faire en sorte que le langage révolutionnaire ne soit pas parodique de la révolution ? Ne soit pas le langage aristocratique d'un milieu : *establishment*, bureaucratie, *nomenklatura*, fermé au peuple et qui se méfie du peuple.

---

29. Le discours véhiculé par la « langue de bois » est tellement insipide et fallacieux, vide de toute information, qu'on est excusable de ne pas trouver d'attrait à l'étude de ce phénomène. Comme l'a très bien dit Orwell : « As soon as certain topics are raised, the concrete melts into the abstract and no one seems able to think of turns of speech that are not hackneyed : prose consists less and less of *words* chosen for the sake of their meaning, and more and more of phrases tacked together like the sections of a prefabricated hen-house. » (Orwell, 1946, p. 145).

Comment faire en sorte que les militants utilisateurs volontaires ou consentants du langage révolutionnaire n'en soient pas aussi les victimes ?

BIBLIOGRAPHIE

ORWELL G., 1946, « Politics and the English Language », dans *Horizon*, 76, april 1946. Réimpression dans *Inside the Whale and Other Essays*. Penguin Books, 1981, pp. 143-157.

Täramag mäzgäbä-qalat (1976) (« Dictionnaire progressiste »). Addis Abäba, numéro spécial de la revue *täyyeq, sänié* 1968 a.m.

KAPELIUK, 1979, O. « Marxist-Leninist Terminology in Amharic and in Tigrinya », dans *Northeast African Studies*, 1 (2), pp. 23-30.

RICCI L., 1979, « Il Dizionario progressista amarico », dans *Rassegna di Studi Etiopici*, 27, pp. 13-61.

TUBIANA J., 1984, « Aperçus sur l'enrichissement du vocabulaire amharique », dans I. FODOR et C. HAGEGE (eds.) *Language Reform : History and Future*, III, Hamburg, Buske, pp. 331-365. (Bibliographie détaillée).

TUBIANA J., 1985, « Brave New Words : Linguistic innovation in the social and economic vocabulary of Amharic since 1960, dans *Journal of Semitic Studies*, XXX/1, pp. 85-93.

Yä-Marksizem Léninizem mäzgäbä qalat (1986) (« Dictionnaire du marxisme-léninisme »). Addis Abäba, Kurraz, 1978 a.m. (Dictionnaire de type encyclopédique, rédigé par une commission *ad hoc*, s'inspirant de travaux existants, surtout soviétiques).

TUBIANA J., 1986, « Modernisation et emprunts lexicaux en amharique », dans G. Goldenberg (ed.) *Ethiopian Studies, Proceedings of the sixth international conference*, Tel-Aviv, 14-17 April 1980. Rotterdam, Balkema, pp. 501-508.

TÉMOIGNAGES

FACTS ABOUT THE ETHIOPIAN REVOLUTION

Colonel Asrat Boggalä

First of all I wish to thank the group which organized this conference and so permit me to say something about my country, Ethiopia. As many of you know Ethiopia is one of the oldest countries of Africa and is situated in the north-eastern part which, throughout history, has been one of the sensitive places of the world. Ethiopia was the only African country never to have been colonized or to have surrendered to any foreign ideology, religion or faith, unless the people accepted it voluntarily. Although Ethiopia has been surrounded by different kinds of enemies and suffered a lot from religious, colonial and civil wars, victory has always been at her hand. Ethiopia was the only black power that repeatedly repelled European and other colonizers ; the most famous occasion was in 1896, when Ethiopia defeated the well equipped and organized Italian army at the battle of Adwa. In 1936 the warning bell of the 2nd world war was first heard in Ethiopia when Italy invaded the country. Although the then League of Nations betrayed Ethiopia by denying it legal assistance, the Ethiopian people fought bravely and drove back the enemy within five years and restored their liberty. In June 1936, when the League of Nations failed to give assistance to Ethiopia, Emperor Haylä Sellasié warned the League of Nations saying : « The fire that has started in Ethiopia will soon burn the whole world, God and History will remember your judgment ». Four years after his speech the League of Nations ended its own existence when the 2nd World War broke out. No one could deny that Ethiopia was the only bearer of the torch of freedom for the rest of Africa and that there was a time when Ethiopia struggled alone at international conferences for African independence with no other free African nation to support her. Once it was a great pride to say « I'm an Ethiopian ». During the 2nd World War, when the world was distressed by lack of food, Ethiopia was supplying foodstuffs to the countries of the Middle East. Some 22 years ago and again 18 years ago I travelled in different foreign countries, and then it was very easy for me to gain friends, and to be respected as a guest from a respected country. On those days I never met an Ethiopian refugee seeking for help, nor heard sad news about my country. Though of course, I could not deny that there were many critics of the previous government in whose discussions I myself frequently participated.

What if you say today, « I am an Ethiopian » ? You are a symbol of hunger, terror and tradegy. Last year I went to a shop and bought a suit which fitted me, and I added a shirt and a neck-tie : as you know, when you buy goods some shopkeepers will appreciate you and sometimes they will keep on questioning you about your feelings, etc. This time the *vendeuse* asked me where I was from ; and I replied that I came from Ethiopia, and she was shocked and started to look at me curiously. I asked her what was wrong ? and she said « *Non, non, rien* ». I understood why she was shocked ; it was because I was from a country where millions of people were dying of hunger. The same year I met an Ethiopian whom I knew a long time ago and who is still working in Ethiopia, he asked me to go shopping with him. He bought a television set and a video and payed in cash. The seller started to ask the same question ; I could not dare to warn my Ethiopian friend not to answer the question, and he proudly replied « I am an Ethiopian ». The seller looked at him in suprise and said : « We hear much sad news about your country these days. » The Ethiopian replied : « No it is not true, it is an exaggeration of the imperialist countries. People are happier now than ever. » The seller said : « *Ah ! Bon ! c'est vrai ?* » and he left us. This is how we are today. What is the reason why we are getting poorer and poorer and exposed to the world as an example of world tragedy ?

A revolution

What kind of revolution ? And to whose advantage ? Or to ask another question : when was the Ethiopian revolution started ? In the years 1958 and 1959, there was a sort of famine in some parts of Ethiopia and the cost of living rose so high that people on the minimum salary such as the armed forces, the police force and the lower paid workers could not afford to live on it. These events and other auxiliary things brought dissatisfaction among the police and the armed forces and some intellectuals. A year later, in 1960, a general called Mängestu Neway, a commander of the Imperial Bodyguard and his brother, Gärmamé Neway, a well known leftist intellectual, attempted a coup-d'état and killed most of the ministers and some generals. But three days later the coup-d'état failed and some days later Gärmamé killed himself and his dead body was hanged, and his brother the general was wounded and caught and also hanged. Many officers were imprisoned and myself, then a freshly commissioned officer, was exiled to a remote area. That year 1960 was the starting point of the Ethiopian revolution. Before 1960 I can say that almost all the people were worshipping Emperor Haylä Sellasié and his government as if they were a supernatural power. Certainly history will not allow us to deny that Emperor Haylä Sellasié performed many good things for Ethiopia as well as for the whole African continent. One can say that Emperor Haylä Sellasié brought Ethiopia from the 16th century civilization to that of the 19th. But from 1960 onwards the students became restless and the police, the armed forces and the workers did not hide their dissatisfactions : as a result the cart began to pull the horse rather than the horse pulling the cart.

In 1964 and 65 revolutionary groups from the same source which had attempted the coup-d'état started an underground movement against Haylä Sellasié's government which was widely organized throughout the country among the workers, teachers, the police and the armed forces. Unfortunately, some of the ring-leaders became very ambitious and over-hasty and neglected the cell system of organization, so that the underground movement was exposed before taking the proper actions that had been planned. On September 9th, 1965 Emperor Haylä Sellasié immediately raised the salaries of the police and the armed forces, and on the next day 24 army and police officers and one civilian were arrested as ring-leaders of an attempt to overthrow the government. Even though the centre corps of the movement had not been that much exposed, it became hard to continue the underground movement. Among those who were arrested the civilian called Bäqqälä Seyum, a close friend of mine, was cited as accused N° 1 and was sentenced to a term of 15 years imprisonment, while the others got from 5 to 10 years. But 5 years later, when almost all political prisoners were pardoned, Bäqqälä and his friends were released from prison.

When African states broke their relations with Israel in 1972, Ethiopia, then a close friend of Israel, was obliged to close the Israeli embassy and expel all Israeli personel. The Ambassador, who had been used to having close relations with the palace repeatedly requested an interview with Emperor Haylä Sellasié before leaving the country, but he was refused. Israeli personel who worked as advisers and instructors to the army and police were very dissatisfied by the sudden action taken against them. I personally heard some of them saying that Haylä Sellasié and his government would suffer a lot.

I cannot say why, but all at once Haylä Sellasié's government became as if paralysed.

1973 and 74 brought many events which encouraged a revolution. The drought in Wållo province, the very great difference in the standards of living among the people, the raising of the oil (fuel-oil, petrol, kerosene) price, Haylä Sellasié's old age and the weakness of his ministers and their outdated policies, the vacuum created by the conflicts among the ministers and the dignitaries, the war in Eritrea ; all these and other events invited the revolution. To add fuel to the fire the same year the Ministry of Education introduced a new curriculum, which was opposed both by students and parents. But the problem was that there was no organized political body able to take over the government. In December 1973 some individuals with a political background started to move, in order to use the situation to overthrow Haylä Sellasié's government. I myself was approached by different sections but refused to join any of them.

Here you might raise questions such as who started the revolution ? And when ?

In January 1974 a friend of mine who was working in His Majesty's private cabinet (but was at the same time a member of the underground movement against Haylä Sellasié's regime) came to brief me about a plan to overthrow Haylä Sellasié. He cited Nasser's revolution in Egypt as an example for us, and said that things were all arranged, the University and the students abroad had passed a resolution and what was remaining was the action. He added that the army and the police should take that action. He showed me a list of army and police officers whom, he thought, could take the lead. He also quoted me the names of an army officer and a police officer who were supposed to play the roles of General Nagib and Colonel Nasser. Although I had become tired of these kinds of theories and suggestions, this time I judged their action rather seriously planned. I appreciated his plan but, as there was not any organized political group which could control the situation I simply told him to be patient until we could organize ourselves. A week later Bäqqälä (who was accused N° 1 at the time of the 1965 attempted coup-d'état) and Colonel Yiggäzu Yimäné (then Commander of the army aviation) came together to my office to tell me that they were going to do something very soon ; if not, they said, then the government's Security people would have the advantage. I knew it was Bäqqälä's haste that had exposed the 1965 movement, but on the other hand it was he who saved me from emprisonment or perhaps from death, in 1965 so it was hard for me to disappoint him. But fortunately a friend of both of us, the well known writer Abbé Gubäñña, arrived and opposed Bäqqälä's proposal on the ground of lack of preparation and organization. I supported him. Bäqqälä was a man who could easily communicate both with angel and devil at the same time and he left us in his disappointment. Bäqqälä contacted different groups and on the 23rd of February 1974, students, taxi-drivers, and all the street boys made a demonstration throughout Addis Abäba City, throwing stones and breaking buses, private and government vehicles, and so on. The same day colonel Yiggäzu Yimäné ordered two helicopters of the army aviation to scatter leaflets at the university campus and other places. Four days later the Prime Minister Aklilu and his cabinet resigned and, I think, it was on February 28th 1974 that Endalkačäw Mäkʷånnen was nominated as Prime Minister and a new government was established, mostly from the same class of people as the previous regime.

Although that had not been the intention of the underground group they decided not to oppose Endalkačäw for the time being and, instead, preferred to use time for further preparation. Freedom of speech, freedom of press, freedom of assembly were permitted and the people became free to express their ideas and prepared themselves for a democratic election. Three months later Prime Minister Endalkačäw realised that the underground mouvement was working to organize the people for a free election, which he did not like. To stop the moves towards a free election Endalkačäw urged some army officers, such as major Atnafu Abatä, and some sergeants to oppose the underground movement and to assist him to remain in power.

On the 29th of June 1974 a group of junior officers and sergeants went to the palace to confirm their loyalty to the Emperor and, at the same time, they requested permission to clear up the groups which opposed the Endalkačåw's new government ; the Emperor blessed them for their request. The same afternoon they communicated by means of radio with the army and the police throughout the country and gave orders for each unit to send delegations to the 4th Division at Addis Abäba.

On June 30th, 1974, the committee of the armed forces, the police and the territorial army was formed, at the beginning with some 90 persons which grew later to 120 members. I was elected unanimously by the Imperial police force of 40 000 men as chairman of the Police Revolutionary Committee, even though their policy did not allow officers above the rank of major to be members. But my case was considered as exceptional and was appoved by all members. But, later on, when I saw the people on the committee my conscience didn't allow me to work with them, and I prefered to send an officer named Major Däbäla Dinsa, who is still active in the Därg's regime, to represent me at the Revolutionary Committee. With the permission of the police force I established a National Police Force Revolutionary Committee to keep a balance with the other revolutionary committees. The joint efforts of the underground movement and the National Police Revolutionary Committee forced the Armed Forces, Police and Territorial Army Committee, which later called itself the « Dergue » *(därg)* to accept General Aman Andom as head of the revolutionary body. The ideas of « Ethiopia first without any bloodshed » — « no revenge for the past deeds » — « the military do not want to take the power », were at that time put forward jointly by the underground group and the Police Committee and were approved by the Därg as their guidelines. Of course, the motto « Ethiopia first » had first been introduced by Emperor Haylä Sellasié 20 years earlier, long before the revolution, and repeated by him on November 16th 1962 in another speech. This slogan was chosen precisely to attract the Emperor's favour to the revolution (see page 472, *Selected Speeches of Emperor Haylä Sellasié I*).

At the beginning of August 1974 the name of the Armed Forces, Police and Territorial Force Committee was changed to Därg. 90 % of the members of the Därg were semi-literate soldiers who hardly knew what they were talking about. For example : — There was a member of the Därg who said : « to solve the Somali-Ethiopia border problem it will be sufficient if all Ethiopians go the border and urinate there, then the flood will wipe Somalia away to the Indian ocean. » — Another member added : « to solve the drought problem all Ethiopians have to go to the river Nile and cut trees and throw them into the river, we can dam it and change its route to irrigate the whole country. » Both members were admired by the other members for their heroic speeches. But in the reality it was Somalia which urinated on the forehead of Ethiopia and invaded 1/5 part of the country, and not a single river was used for irrigation. Foreign agents realised the weakness of the Därg and used the opportunity to approach the Därg through power hungry intellectuals, mostly those who had returned from Europe. Nationalists and officers with academic and political experience were considered as reactionaries, whereas empty-minded people with loud voices were considered to be revolutionaries as well as heroes. A large amount of money was payed by one Arab country to strengthen the Därg ; all this worried me because of what would happen to my country as a result from such practice so, on the 15th of August 1974 I explained the danger that would occur in a written statement and resigned from the National Police Force Committee.

On September 12th 1974 the Därg deposed Emperor Haylä Sellasié and proclaimed a Provisional Military Government, neglecting the promises it had given to the people. On November 1974 they excuted 62 former ministers, generals and dignitaries who were awaiting trial[1]. This was a destruction of evidence. If they had been given a proper trial many of them would have been sentenced for crimes of corruption, and even for planning political assassinations (of which I know some). Some of them, found innocent, would have been acquitted which would have been a good example and a precedent for the enforcement of Law and Justice. General Aman Andom, then chairman of the Provisional Military Government, opposed the execution of prisoners without proper trial. He also sought for a political solution of the Eritrean problem and refused to give orders for total war in Eritrea and therefore was falsely accused of treason[2]. Colonel Yiggäzu Yimäné (who was one of the first men to start the revolution by scattering leaflets from helicopters)[3] and Captain Shifärraw (who was in the underground movement before the revolution and then a member of the revolutionary committee)[4] were executed, together with other former dignitaries. Total war was declared in Eritrea. That was the starting day for the destruction of the Ethiopian revolution.

Since the day General Aman Andom, Colonel Yiggäzu Yimäné and Captain Shifärraw were executed I severed all my connections with the Därg and had myself assigned as Commander of the National Police Training School. It was not difficult for me at that time to take any post in the police force. As commander of the Training School I hoped I was in a better place to prepare for the defense of the people's revolution. But, unfortunately, at the beginning of February 1975, I was transferred to work in Shoa as an Assistant Commissioner of the provincial police force, under the orders of the Därg, with a verbal promise that, if I agreed, I would be promoted to one of the most important ministerial posts of the Därg's government. My conscience did not permit me to participate in the destruction of my country and on March 7th, 1975 I left

---

1. A list of 60 names was published in *Addis Zämän* (Tuesday, 17 *hedar* 1967/26 November 1974). The date of the executions was given as Saturday, 14 *hedar* (23 November).
2. Lieutenant-General Aman Mikaël Andom is N° 58 in the list. He is said to have been killed at 06 h in the morning.
3. Yiggäzu Yimäné is N° 50 in the list. According to information that reached the author he was killed in his jail at approximately 16 h.
4. Dämässié Shifärraw was a *šambäl* in the Imperial Body Guard.

my country by using the minimum necessary force[5]. The same day that I left Ethiopia Bäqqäla Seyum, one of the first men to ignite the revolution, and some of his friends were killed in a gun battle with the Därg's soldiers : Bäqqäla's brother Wårqu Seyum and other revolutionaries were captured and executed.

From the beginning, the most important issues of the revolution were :
— the famine, disease and poverty,
— land reform,
— solution to the Eritrean problem,
— solution to the Somalia border-conflict,
— enforcement of Law and Social Justice,
— ending corruption as a means of government,
— establishment of Freedom and Liberty.

But, in practice, the revolution aggravated all the problems. Just as it is certainly true that a thief does not mind how much stolen money he spends, the Därg did not care about the revolution after it had snatched if from the hands of the experienced revolutionaries.

Let us consider each of the seven issues listed above :

— The previous government was accused and condemned for not taking the proper steps while hundreds of thousands of people were dying of hunger in Wållo province. The Därg's empty slogan about controlling nature proved so inept, after they had taken power, when the famine was provoked and aggravated by their misdeeds, and millions of people in different parts of Ethiopia died of hunger. Nobody should ever forget that while those millions of our people were dying from lack of food and water, the Därg at the same time bought half a million bottles of whisky to celebrate their tenth anniversary in power, as well as a castle in Switzerland.

— Land reform : theoretically there are no landlords and tenants these days, which is good. Under the previous government the tenant had to give from 25 % to 50 % of his products to the landlord. But today the visible landlords are replaced by an invisible landlord and the tenants have to give from 75 % to 80 % of their products to the so called Därg government in the name of collective farming and, moreover, they have to give their children's and their own lives in deliberately provoked wars, in order to help the marketing of fire arms and for the continuation of the existence of the present regime.

— The Eritrean problem has become much more aggravated and is leading to an endless war which will never be terminated as long as this regime is in power.

— In 1977 the weakness of the Därg exposed the 1/5 part of Ethiopia to an invasion by Somalia. To regain this part the Därg has mortgaged Ethiopia

---

5. Colonel Asrat « borrowed » a military aircraft to Jibuti, at the consequent cost of 15 months imprisonment near Paris (Editor's note).

to a foreign power, and has invited foreign troops to stay in our country, which is a most shameful chapter in the history of Ethiopia.

— Law and social Justice have given place to terror, torture, arbitrary imprisonment and execution.

— These days one cannot do anything in government offices or other places unless he has confidence in his pocket (affording to offer a *gubbo*), or has a friend or relative who is a member of the government, or has a beautiful sister. I could give hundreds of examples about present day corruption in Ethiopia.

— The words freedom and liberty have vanished from Ethiopia, which is why over three million Ethiopians are out of their country in order to breathe the air of freedom : but unfortunately they are homeless refugees.

The present regime started in power under the name of Därg, which it changed to Provisional Military Government and now, for the third time, has changed to Ethiopian Republic. One cannot change the taste of a drink by pouring it in different glasses. Likewise, if the Därg even changes its name ten times, as long as the leading class or group members are the same, it is always the same criminals and the same system. They also say that they have promulgated a constitution which will force their unique party on the nation. They do not feel ashamed to announce elections in which five nominated persons will be brought to each election district and the people ordered to elect 3 out of those 5 nominees. This reminds me of some colonel's rule which I read years ago, « A law is a rule of action promulgated by some superiors which the inferior people has to obey. » This is the so called election and those nominees will form the so called people's congress ! They will unanimously elect the present gang leader Mängestu as a president of the country, as you will see in the near future.

I know that even Hitler, the most notorious criminal of the world, has had his admirers and likewise I am not going to be suprised if this notorious Ethiopian regime has some supporters inside and outside Ethiopia, just for the sake of personal or group interest. There is an old saying in Ethiopia : « *bä såw qusel enčät sedädebbät* » literally meaning « inserting a wooden stick in somebody's wound. » We Ethiopian and Eritrean brothers are bleeding from serious wounds and nobody cares for us. The Eastern block countries are supplying firearms and all sorts of killing weapons to the terrorist regime that is massacring the young, the old and indeed everybody that does not please it. The western countries are feeding the Därg with the so called humanitarian aid which has so strengthened the Därg's muscle that it is destroying the nation. Before the Därg came to power the only known resistance movements were the liberation fronts in Eritrea. But today there are over 15 different resistance fronts, most of them created to fight the misdeeds of the Därg. Will there be any body or international organization, or humanitarian country which will recognize and help the Ethiopian people's struggle ? But, all the world is not blinded to the realities in Ethiopia today. Some trustworthy individuals concerned with human rights have expressed their feelings and witnessed the facts in their speeches and writings. For example : the English writer who entitled his book « Breakfast in Hell », explained a lot about the mysterious situation of the Ethiopians ; the French writers Glucksman and Wolton wrote a book « Silence on tue », whose title is self explanatory. Our great humanitarian Frenchman Monsieur Malhuret officially exposed the mysterious deeds of the present Ethiopian regime and is pleading for the oppressed people of Ethiopia, all these are good signs that the people of Ethiopia are not totally forgotten. At last what I am begging the brothers and sisters who are in this hall today is to look at, and hear, the tragedy of the millions of homeless Ethiopian Refugees and listen to the cry of the Ethiopian masses.

22 June 1987

VU DE MASSAOUA : 1973-1974

Alain Rouaud
Chargé de recherche au C.N.R.S.

Lorsque la révolution a éclaté, j'étais lecteur de français à l'École navale de Massaoua. Je n'ai alors rien noté. Les souvenirs que je rapporte ici manquent donc de consistance chronologique.

Dans les mois qui ont précédé la chute du gouvernement impérial, à l'été 1973, j'ai traversé le Tigré et le Wållo en autocar, pour aller à Addis Abäba et en revenir. La sécheresse et la famine étaient manifestes. Dans les champs, les tiges avaient jauni sur pied et des groupes de paysans affamés guettaient les cars pour mendier, le long des routes ou aux haltes des villages. La réaction des passagers ainsi sollicités était unanime : l'indifférence gênée. Si quelque hurluberlu distribuait par la fenêtre de dérisoires poignées de grain ou de *dabbo qolo* (biscuits), il se faisait sévèrement rabrouer par le reste du groupe.

Dans le dernier trimestre de l'année 1973, l'atmosphère en Érythrée s'était dégradée. Il était devenu impossible de quitter librement Massaoua pour monter à Asmara. Les attentats commis par les différents fronts de libération de l'Érythrée s'étaient multipliés. Les personnes circulant entre Asmara et son port étaient souvent interceptées par des hommes en armes dont il était toujours difficile de savoir s'ils étaient des militaires ou des rebelles, et rançonnées. Quelques enlèvements avaient eu lieu, notamment à Ghinda, sans dommage pour les victimes à ma connaissance. L'armée avait imposé que toute personne désirant se déplacer devait se joindre à un convoi escorté, formé par elle-même. De l'avis de tous, cette pratique augmentait les risques encourus par le voyageur. Ce dernier pouvait en effet craindre d'être pris dans une embuscade et non plus seulement délesté de quelques dollars. L'impossibilité d'échapper à ce dangereux encadrement militaire et l'ambiance générale donnaient à Massaoua l'aspect d'une ville encerclée, assiégée.

Début 1974, je suis monté à Asmara pour des congés. Leur terme venu, j'ai pris la route un matin tôt pour rentrer à Massaoua afin de reprendre mes fonctions. Au contrôle de police, à la sortie de la ville, j'ai été contraint à rebrousser chemin comme tous les autres automobilistes. Notre étonnement était total. En revenant vers le centre, j'ai constaté que tous les carrefours étaient gardés par l'armée.

Nul ne savait ce qui se passait mais l'évidence s'imposait que cette présence militaire en pleine ville était liée à la répression de la rébellion. « L'armée s'est soulevée, entendait-on dire, pour obtenir de meilleurs moyens de lutte. » Mais peu à peu il est apparu qu'il s'agissait d'autre chose...

Ce mouvement de l'armée qui, avec d'autres semblables, a conduit à la formation du Därg, s'est produit dans les premiers jours de janvier, vers le 5, ou en février, époques de congés universitaires. Comme dans ma mémoire il est largement antérieur à la rébellion de la base militaire de Däbrä Zäyt du 10 février, j'inclinerai pour janvier. Peut-être serait-il antérieur même à ce soulèvement militaire dans le Sidamo, du 12 janvier, par lequel les auteurs font parfois débuter la révolution.

Un dernier souvenir. La nomination pour la première fois d'un gouverneur érythréen en Érythrée et la visite à Asmara en août 1974 du général Mikaél Andom, porte-parole du comité militaire administratif provisoire, et érythréen de naissance, sont deux événements qui ont déclenché un véritable enthousiasme populaire.

Le peuple tenait le général pour le nouveau maître du pays. « *Negusu yäňňa nåw* » (« Le roi est à nous, est des nôtres ») entendait-on dire à Asmara. L'exécution expéditive de Mikaél Andom, peu de temps plus tard, mit un terme brutal à cette exaltation. L'impression de la rue fut alors qu'une revanche légitime venait d'échapper à l'Érythrée.

L'ÉTAT D'ESPRIT EN ÉTHIOPIE AU DÉBUT DE 1974*

Jean-Maurice Le Gal

Au cours d'un séjour en Éthiopie, du début d'octobre 1973 aux premiers jours d'avril 1974, ce n'est qu'après deux mois à *Addis Abäba* que je pouvais, une fois obtenues les autorisations nécessaires qu'exigeait l'enquête linguistique sur le terrain, quitter la capitale et atteindre enfin, après un mois au *Wållo* et deux petites étapes au Tigré, la ville d'*Asmära* dans le courant de la deuxième semaine de janvier 1974. C'est dans la capitale de l'Érythrée que j'obtenais alors du gouverneur militaire de la province, le général *Seyum*, les recommandations indispensables pour visiter le pays *saho* s'étendant, au sud de Massaoua *(mesÌ£wa)*, sur la côte au-delà d'Arkiko *(herqiqo)* où j'espérais pouvoir me rendre assez rapidement ; je mettais également à profit ce premier séjour à *Asmära* pour entrer en relation avec certains membres représentatifs de la communauté *saho* d'Érythrée qui devaient me ménager un meilleur accueil dans la population

---

* Il s'agit là d'un témoignage extérieur, à savoir de ce que pouvait entendre et percevoir un voyageur étranger au contact des militaires et de la population civile.

locale. A Massaoua, après plusieurs démarches auprès du gouverneur civil et aussi du colonel chef de la Sécurité, je décrochais enfin le feu vert des autorités pour me rendre par un autocar de service, où la présence d'un étranger devait d'ailleurs faire sensation sur le parcours, jusqu'au poste de Foro, sur le golfe de *Zula*, site de l'ancienne Adoulis, lieu qui certes avait été l'objet de plusieurs campagnes de fouilles, menées entre autres par des missions archéologiques françaises, mais n'en demeurait pas moins quasi inaccessible aux voyageurs, dans la mesure où toute cette contrée, officiellement sous contrôle militaire, était pratiquement zone interdite et donc, en principe, fermée aux étrangers. J'avais bénéficié d'autorisations émanant de personnages haut placés, néanmoins il avait fallu faire de nombreuses démarches et patienter longtemps pour obtenir ne fût-ce que l'accord verbal du gouverneur et un engagement tout aussi verbal pris par le chef de la police d'avertir les responsables militaires locaux de mon arrivée et de pourvoir sur place à mon hébergement. Ce colonel, commandant les forces de police de Massaoua et lui-même érythréen, a en effet, après m'avoir reçu dans son bureau, accepté, vu qu'il ne me restait pour cette mission que peu de jours, de me laisser partir en avance, m'assurant qu'il téléphonerait aux divers postes militaires échelonnés tout au long de la route pour qu'on me laisse passer et qu'il enverrait également un télégramme au poste de Foro pour annoncer ma venue. En fait ce n'est que deux jours après mon arrivée que l'officier des transmissions du poste militaire a pu joindre son supérieur et avoir confirmation de l'autorisation de séjour qui m'avait été accordée et dont jusqu'ici l'unique preuve consistait dans mon apparente bonne foi ou plutôt peut-être dans la candeur et l'aplomb de mes affirmations. Toujours est-il que le commandant de la place m'a fort bien reçu, moyen éprouvé aussi de s'assurer de ma personne, car il a tenu à me piloter lui-même sur le terrain, me véhiculant en jeep pour me faire visiter les lieux, m'accompagnant ou me faisant accompagner chez divers notables où j'étais dès lors accueilli comme un hôte de marque, mais en revanche toujours bien entouré. Je résidais néanmoins dans le village, au milieu de la population *asáurta*, importante fraction de l'ethnie *saho* qui peuple la région ; il m'avait en effet été alloué une petite baraque en planches et chaque soir — et souvent également à midi — j'étais reçu à la table du commandant du poste pour y dîner avec lui et ses officiers. C'est alors que j'ai eu la surprise — je n'avais à ce jour encore rien entendu touchant les événements du 12 janvier précédent dont on devait tant parler — d'avoir affaire chez cet homme, d'un abord aimable et au demeurant plein de prévenances à mon égard, à de vives manifestations d'admiration pour la République Française et la Révolution qui l'avait engendrée. Mettant obligeamment la France au centre de la conversation et sous le prétexte tout naturel de donner à son invité l'occasion de lui parler de sa patrie et l'en instruire d'autant, il se lançait alors dans de vibrantes déclarations sur la Révolution française, affirmant que l'Éthiopie à son tour ne devait pas tolérer plus longtemps de vivre sous le joug de l'aristocratie et de la monarchie, qu'elle devait, pour être un jour prochain un pays moderne, devenir, à l'instar de la nation française, une république, tout pas décisif vers le progrès imposant de passer au plus tôt du gouvernement monarchique au régime républicain ; en somme, s'il y avait une voie royale pour aboutir à la modernisation, elle passait avant tout par le renversement du Roi des Rois. « N'est-ce pas ainsi que cela s'est passé en France ? », demandait-il, sollicitant l'approbation de cet hôte français, garant de la réalité républicaine et destinataire notoire de ces envolées oratoires. Les jeunes officiers écoutaient en silence et avec un respect attentif ces propos qui ne semblaient pas trop les surprendre ; ce discours paraissait destiné, dans une sorte d'accord tacite, à informer d'abord l'étranger de passage de l'existence au sein de l'armée de ce courant d'opinion et, partant, des projets politiques qu'il impliquait, en second lieu à permettre à notre commandant de faire une profession de foi publique dans les idéaux démocratiques, de tenir évidemment un rôle didactique qui lui revenait de droit dans l'exposé politique, enfin de faire ainsi, par ce langage tenu devant ses jeunes officiers mais aussi devant un ressortissant français, témoin privilégié des bienfaits de la République, la preuve de ses connaissances historiques et de sa culture politique.

Quand je quittais le soir la table du commandant et donc le fort de Foro, qui était de nuit parfaitement clos, deux ou plus des jeunes officiers m'accompagnaient jusqu'à une certaine limite, peu éloignée de l'entrée du poste militaire, et j'entrais alors dans une zone que les soldats éthiopiens ne contrôlaient plus à la tombée du jour. En effet, ils ne s'aventuraient pas au-delà de ce point où nous nous séparions, se gardant de franchir de nuit le glacis qui s'étendait entre le poste militaire et le village où dans la journée ils circulaient en toute tranquillité ; ils me laissaient donc m'éloigner seul vers le village, m'éclairant de loin avec obligeance de leur torche électrique, tandis que je regagnais ma baraque pour y retrouver mon guide *saho*, originaire de la région, et les voisins avec lesquels j'avais pu entrer dans des relations plus directes et surtout moins officielles.

Il se développait en fait, à l'époque, une importante agitation au sein de l'armée tant en raison des tensions internes, hostilité croissante des cadres et des hommes du rang à l'encontre du haut commandement, que sur le plan externe des rapports de l'armée avec les populations qu'elle avait la charge de contrôler, du fait que le rôle d'appareil répressif du pouvoir impérial qui lui était dévolu à l'égard de ces populations lui nuisait au dernier degré sur un point où l'affrontement politique avec les militants des Fronts de Libération aurait exigé d'offrir, au niveau national, une image susceptible de compenser les effets d'une propagande avec laquelle celle des jeunes officiers se voyait en rivalité : l'orientation démocratique et les références révolutionnaires dont se réclamait, entre autres, le Front de Libération de l'Érythrée répondaient sur bien des points aux options propres aux jeunes cadres de l'armée, mais, devancés sur le terrain par la large et facile diffusion de ces idéaux par leurs rivaux, ils se faisaient l'effet d'être les victimes d'une concurrence, pour le moins, déloyale.

D'où, sans doute aussi, l'absence remarquable de toute allusion à la présence du Front dans ces déclarations politiques inattendues, alors que tout dans le quotidien de ces hommes révélait sa présence occulte ainsi que celle d'un certain *modus vivendi* passé avec les rebelles dans la région ; à noter, à ce propos, qu'il ne paraissait nullement inconvenant d'évoquer avec ces militaires l'insécurité caractérisant, notamment la nuit et hors des limites du poste, le territoire dont la surveillance et le contrôle leur incombait, sans toutefois qu'une quelconque menace digne d'être mentionnée parût pour autant planer sur la vie ou la sécurité de l'hôte français qui passait la nuit au village indigène.

De retour à *Asmära*[1], je m'y suis presqu'aussitôt trouvé bloqué : les officiers et soldats de la 5ᵉ division cantonnés en ville, étant entrés en rébellion contre le gouverneur militaire de l'Érythrée et l'état major des armées, avaient mis la ville en état de siège et en interdisaient les accès. Ce blocus de quatre jours apportait alors une flagrante confirmation aux rumeurs qui avaient couru sur certains actes de rebellion dans les garnisons du sud du pays où les chefs de l'état major général en inspection avaient été sequestrés plusieurs jours. La population d'Asmära suivait avec passion les divers développements de cette situation d'exception : on était à l'affût des dernières nouvelles, suspendu à la radio, tout le monde en parlait, partout la curiosité et la surprise semblaient l'emporter nettement sur la méfiance ordinaire. J'ai entendu alors plusieurs personnes appartenant à des familles en vue, — comme telle famille de notables bien connue à *Asmära* ainsi que dans la région d'Arkiko —, dont certains des membres sont depuis notoirement passés dans l'un des Fronts de Libération de l'Érythrée dont ils étaient probablement déjà à cette époque d'actifs soutiens, faire avec emphase des déclarations sur la valeur de la liberté, le privilège qu'il y avait à mourir le premier pour elle, la grandeur des idéaux révolutionnaires, etc. : toutes manifestations d'opinion qui revenaient à approuver les initiatives des militaires en révolte, à soutenir les actions des mutins, fondant à l'évidence de grands espoirs sur le mouvement qui s'amorçait et dont on attendait la démocratisation, la liberté pour l'Érythrée et pour tous les sujets de l'empire. Ces déclarations enflammées correspondaient à une certaine effervescence jusque chez les petites gens et dans les campagnes ; cet état d'esprit fournissait un appui, sinon une caution populaire au mouvement des soldats qui semblait ainsi perçu par tous ces gens comme une avant-garde qui, en se ralliant à des idéaux révolutionnaires qu'ils pressentaient plus ou moins ou encore professaient eux-mêmes, aurait été le porte-parole de leurs revendications et de leurs espoirs. Il y avait donc dans ces quelques soirées, passées en invité chez ces habitants d'*Asmära* et d'autant prolongées qu'on ne pouvait pas circuler en ville après le couvre-feu, une ambiance d'exaltation, marquée par les déclarations emphatiques et l'enthousiasme des débuts dont a parlé M. le Professeur Baxter. A signaler encore que, si le couvre-feu entrait officiellement en vigueur dès la tombée de la nuit, je n'en suis pas moins, les deux premiers soirs, allé aux nouvelles dans l'un des grands cafés de l'avenue principale, parcourant à pied de mon hôtel au café, où je me retrouvais de fait seul client, les rues désertes et passant avec l'assurance de la belle inconscience devant le factionnaire du poste de garde tout proche qui, quant à lui, ne faisait pas le moindre geste pour arrêter, ou ne fût-ce qu'interpeller, le contrevenant, étranger et noctambule, qu'il se contentait de fusiller du regard.

---

1. Le 24 février 1974.

Lors de mon retour à *Addis Abäba*, près de trois semaines plus tard, je constatais que l'opinion la plus répandue était que quelque chose avait commencé à *Asmära*, d'aussi frappant par son côté spectaculaire que devait le rester la grève des chauffeurs de taxis qui venait de perturber notablement la capitale. Dans les taxis justement, engins de transports collectifs où l'exiguïté impose le contact, les conversations sur les événements du jour, auxquelles d'une manière surprenante chacun prenait part, allaient bon train, comme la propagation des nouvelles d'ailleurs. Alors que deux mois et demi auparavant, au moment de quitter la ville, j'étais bien toujours et avant tout, dans un taxi où ailleurs, l'Européen, le *färäng* en visite, à qui on n'adressait la parole que pour les salutations d'usage, à présent en revanche j'étais accueilli dans ces discussions comme quelqu'un qui, revenant d'un voyage dans le nord du pays, effectué au cours même des événements, pouvait avoir un lot d'informations à apporter, un avis à donner, auquel enfin on transmettait les dernières nouvelles en passant au besoin par le truchement de son occasionnel compagnon amhara afin de s'assurer de la bonne compréhension. « Ah ! vous étiez à *Asmära* au moment où tout a commencé » disaient les gens d'*Addis Abäba*, dans ces taxis devenus des lieux de conversation où, chose étonnante, tout le monde parlait à tout le monde, et il s'ensuivait alors tout naturellement un échange d'informations sur tous les sujets d'actualité. C'est ainsi que j'ai entendu parler d'Endalkačäw, des intrigues des puissants, de l'agitation chez les militaires, des péripéties de la grève des chauffeurs de taxis et de son rôle décisif dans le nouveau cours qu'avaient pris les événements, des espoirs qui naissaient. Il y avait là, sinon de l'enthousiasme, au moins un bouillonnement qui y ressemblait fort.

Je voudrais encore dire que, sur tout le chemin du retour vers *Addis Abäba* par la route nationale n° 1, j'ai vu, dans les diverses agglomérations traversées, se tenir des sortes de meetings à ciel ouvert donnant lieu à des discussions très animées (ces assemblées de paysans dont on a tant parlé depuis, dira-t-on, mais je préfère pour ma part m'en tenir à un simple constat, à savoir que le phénomène en question pouvait s'observer un peu partout et qu'il paraissait régner un climat de discussion ouverte).

J'ajouterai pour finir qu'après mon départ d'Asmära j'ai pu séjourner en pays *irob*, vieille zone refuge où une population de dialecte *saho* vit à l'écart des grandes voies de communication, mais consciente, et de plus en plus, confrontée comme elle l'est à la désertification de la terre qu'accélèrent la persistance de la sécheresse et les effets d'un redoutable déboisement, que l'enclavement de la région grève son avenir ; là aussi, j'ai eu l'occasion de constater combien l'espoir d'une vie nouvelle orientée vers le « social » se faisait sentir et comment, au sein même d'une population rurale particulièrement isolée et tragiquement démunie, les revendications se donnaient libre cours en vue d'aboutir à une concertation, dans la mise en œuvre des moyens, entre les secours publics et l'entr'aide traditionnelle propre aux solidarités locales. C'était, semblait-il, dans cette communauté paysanne, tout entière assemblée pour recevoir le gouverneur de district venu, accompagné de son interprète, entendre les doléances de ses administrés, un jour de dialogue avec le pouvoir où l'on trouvait l'audace d'exprimer soi-même ses espoirs.

L'ÉTÉ 74

Michel Perret

J'ai séjourné en Éthiopie du début juillet à la mi-octobre 1974 ; un mois à Addis Abäba et le reste au Tigré (à Mäqälié et dans la province du Tämbién). C'est peu et mon témoignage sera limité car je n'enquêtais pas sur les événements ni sur l'histoire récente. Cependant un observateur attentif à l'air du temps (je l'étais) peut percevoir beaucoup de choses, même d'une manière impressionniste. Je peux ainsi faire deux observations qui sont de nature à éclairer quelque peu les événements.

La première, c'est l'extraordinaire esprit de liberté qui régnait alors à Addis, contrastant avec l'atmosphère conformiste et surveillée qui pesait sur l'Éthiopie impériale (que j'avais connue en 1968-69). On avait le sentiment d'une explosion de la parole, après des années de silence : liberté de ton toute nouvelle dans la presse, multiplication des publications, surtout brochures, pamphlets, caricatures, tracts, éminemment provisoires et volatiles, mais témoignant de l'effervescence intellectuelle et politique. Il ne s'agissait pas seulement du milieu étroit des intellectuels et des classes aisées qui avaient l'habitude de la discussion, car ces publications circulaient très largement. Je me souviens d'une petite boutique de photographe, proche d'Arat Kilo, où, au milieu de cadres poussiéreux et de bobines de pellicule, le marchand avait exposé des photographies, un peu floues, avec les bords dentelés comme de vieux clichés d'amateur, de quelques-unes de ces caricatures assez féroces qui circulaient alors et qu'il contribuait ainsi à diffuser tout en pratiquant son petit commerce. Cette curiosité devant l'événement, cette soif de nouvelles et de révélations expliquent le succès de la très habile campagne de propagande menée à la radio et à la télévision par le *därg* pendant tout l'été. Il ne se passait pas un jour sans qu'on révélât, à petites touches et sans jamais attaquer de front l'empereur, les malversations et les exactions des maîtres de l'ancien régime. Et l'on s'aperçut, un beau jour, que le roi était nu. Sa déposition, début septembre, ne suscita aucun trouble, à la grande stupeur des Occidentaux.

La situation était très différente en province, tout au moins dans le Nord, et c'est là ma deuxième observation. Séjournant au Tämbién, petite province, il est vrai, difficilement accessible, j'avais le sentiment que cette révolution, si bruyante dans la capitale, ne concernait plus personne ici, ou si peu. On s'intéressait aux séquelles de la sècheresse, au prix des céréales, à la construction d'un silo pour pallier de futures disettes. Quelques étudiants, rentrés au pays le temps des vacances, s'interrogeaient sur la proche rentrée universitaire qui paraissait compromise, mais l'on était encore loin de la *zämäča*. Le meeting tenu, à la mi-août, sur la place du marché à Abbiy Addi, par quelques jeunes officiers en tournée de propagande, n'avait attiré qu'une poignée de curieux. Partout, de haut en bas de la hiérarchie administrative, le même personnel restait en place et les habitudes demeuraient. A Mäqälié, la capitale du Tigré, le palais restait le centre incontesté du pouvoir : le ras Mängäša y donnait audience avec faste comme aux plus beaux jours et une lettre d'introduction pour sa femme la Princesse Ayda (petite-fille de l'empereur Haylä Sellasié) avait plus de poids qu'un ordre de mission de la capitale. Le seul signe des temps était le renforcement de la garde aux portes du palais, qui montrait la méfiance pour les nouveaux pouvoirs. Mais on évoquait à mots couverts l'éventuelle candidature au trône du prince (arrière-petit-fils de l'empereur Jean IV, héritier de la légitimité tigréenne) dans une monarchie rénovée. Le ras aimait à se faire passer pour un moderniste et attendait son heure. La destitution de l'empereur passa presque inaperçue, en tout cas fut accueillie avec indifférence. Par contre la disparition du ras et de sa famille, quelques jours plus tard, alerta l'opinion. Se cachait-il au Tämbién (berceau de sa famille) ? Ou s'était-il réfugié au Soudan ? Allait-il réapparaître pour rallier ses partisans et revendiquer le trône ? faire alliance avec les Érythréens, opposer le Nord au Sud ? La dissidence du Tigré, aujourd'hui totale (avec d'autres dirigeants, marxistes-léninistes purs et durs, à l'extrême opposé de cette résistance monarchiste et de cette loyauté traditionnelle) était déjà virtuellement consommée. Mais rien ne laissait alors présager les affrontements sanglants qui se préparaient. La révolution éthiopienne, qui n'avait pas fait couler une seule goutte de sang, était encore porteuse d'espoir.

UN ÉTABLISSEMENT SCOLAIRE ÉTHIOPIEN PENDANT LA RÉVOLUTION

Michel Fontroubade

Cette modeste contribution représente un simple témoignage, celui d'un coopérant français détaché dans un lycée d'Addis Abäba, d'octobre 1975 à juin 1977. Période cruciale sur le plan politique, puisque ces deux dates correspondent, pour la première à la mort du syndicalisme éthiopien, et pour la seconde à l'anéantissement du Parti Révolutionnaire du Peuple Éthiopien (E.P.R.P.), principale force d'opposition au nouveau régime. Après avoir brièvement rappelé les raisons de la présence de professeurs français dans les établissements secondaires éthiopiens, nous décrirons quelques scènes qui mettent en évidence le rôle actif que voulait jouer toute une jeunesse scolarisée dans le processus révolutionnaire. Nous examinerons ensuite en quoi ces événements sont à verser au dossier du divorce entre les étudiants et le Conseil Militaire Administratif Provisoire (P.M.A.C.), en un mot le *Därg*.

Pour mémoire, rappelons qu'en 1966 le général de Gaulle et l'empereur Haylä Sellasié signaient un accord culturel sur l'enseignement du français, peu répandu jusqu'alors en Éthiopie[1]. Il s'agissait de développer son apprentissage comme langue étrangère, dans les écoles secondaires *(secondary schools)*, c'est-à-dire l'équivalent de nos lycées, et ce, dans tout l'empire. Pour ce faire, étaient détachés des professeurs volontaires du service national, tandis qu'était créée parallèlement une école normale supérieure de français, qui devait former des enseignants éthiopiens, capables, après cinq années d'études, de relever, à terme, les coopérants. En 1974, surgirent avec la Révolution quelques difficultés sur l'application de l'accord ; mais finalement les deux parties ne le remettaient pas en cause. C'est pourquoi, en octobre 1975, après une année d'interruption, la France détachait de nouveaux coopérants, qu'elle regroupait sur la capitale.

A la fin du mois de septembre 1975, les sanglants incidents de l'aéroport d'Addis Abäba, où sept syndiqués ont trouvé la mort, lors d'affrontements avec l'armée, ont entraîné une rupture définitive entre la C.E.L.U. *(Confederation of Ethiopian Labour Unions)* et le *Därg*. Des arrestations massives ont suivi, et le syndicalisme éthiopien a été décapité. Les militaires craignant, non sans raison, quelques débordements de la part de la jeunesse repoussent la date de la rentrée des classes, tandis que l'état d'urgence est proclamé.

C'est finalement à la mi-novembre que notre établissement ouvre ses portes : *Prince Makonnen School* se trouve au nord-ouest de la capitale, au cœur d'un quartier populaire, ce qui lui vaut la réputation d'être un foyer d'agitation, à deux pas du *Märkato*, vaste ensemble d'activités commerçantes en tous genres. En cette rentrée, nous n'accueillons que les étudiants[2] des deux premiers niveaux : ceux des neuvième et dixième grades. Leurs aînés accomplissent, depuis décembre 1974, leur « devoir civique », ils sont mobilisés avec les étudiants du supérieur dans le cadre de la *Zämäča*, la « campagne nationale du travail ». Selon les directives officielles, ils doivent entre autres tâches, « alphabétiser les masses laborieuses de l'arrière-pays », leur « inculquer l'éveil politique » et propager « *Ityopya Teqdäm* » (l'Éthiopie d'abord). Prévue pour durer un an, cette campagne, sur le point de s'achever, est finalement prolongée de six mois, tandis qu'un décret du 18 décembre amnistie les *zämačoč*[3] déserteurs. De nombreux étudiants ont en effet quitté leur affectation et se cachent dans Addis Abäba : des divergences politiques avec les militaires chargés de l'encadrement, des relations parfois difficiles avec les « masses

---

1. Il existait trois Alliances Françaises et un lycée franco-éthiopien.
2. En Éthiopie *student* englobe les lycéens et les étudiants. Nous utiliserons « étudiant » dans cette acception.
3. *Zämačoč*, pluriel de *zämač* : « participants à la *zämäča* ».

rurales », quelques désillusions aussi, expliquent bon nombre de ces désertions. Derrière sa mesure d'apaisement, se profile la volonté du *Därg*, certes de calmer le jeu, mais surtout d'éviter que les déserteurs ne soient facilement récupérés par l'E.P.R.P.

Les cours commencent malgré tout à peu près normalement, mais après quelques semaines de travail la situation se dégrade : des mots d'ordre de boycott circulent, des assemblées générales sont organisées ; dans les discours on accuse le *Därg* de vouloir étouffer l'opposition populaire en maintenant les étudiants loin de la capitale, tandis que certains intervenants donnent des informations sur les conditions difficiles dans lesquelles se déroule la *Zämäča*. Enfin une idée force se dégage : rien d'important ne sera entrepris avant le grand retour des aînés, fixé maintenant par les autorités à la fin du mois de juin 1976. La grève générale est votée à *Prince Makonnen*, comme d'ailleurs dans la quasi-totalité des écoles secondaires d'Addis Abäba (exception faite de celles liées aux missions culturelles étrangères). C'est à partir de la mi-juin que les premiers *zämačoč* rejoignent leurs foyers. Le 17 juillet la « campagne du travail » est officiellement close. La propagande gouvernementale croit pouvoir annoncer que 48 000 « pionniers du savoir » ont été mobilisés. Le chiffre est exagéré, et il n'y en eut jamais autant sur le terrain, outre le fait que le nombre de déserteurs n'a jamais cessé de grossir en deux ans. En tout cas les journaux dressent un bilan aussi élogieux qu'impressionnant du travail effectué.

C'est dans ce contexte que se déroule une rentrée des classes 1976 particulièrement houleuse. Le Därg a en effet refusé l'intégration des *zämačoč* dans des emplois publics et il exige l'achèvement de leurs études, ainsi que la régularisation des inscriptions. D'aucuns y voient un moyen efficace de repérer les déserteurs, pourtant théoriquement amnistiés. Aussi le mécontentement est grand chez les étudiants des onzième et douzième grades. Agés d'une vingtaine d'années, ils retournent à *Prince Makonnen* après deux ans d'absence, et ils découvrent une école contrôlée par l'armée et la police, et des conditions d'enseignement passablement dégradées. Le directeur doit intercaler une plage supplémentaire d'occupation des locaux *(shift)*, entre celle du matin et celle de l'après-midi[4], pour arriver à loger cet afflux massif de nouveaux arrivants. Aussi la contestation dans les cours prend une tournure rapidement virulente : on critique les contenus, on réclame l'éthiopianisation des maîtres (50 % du corps professoral est indien), des cours en amharique et non plus en anglais. Le français lui-même n'échappe pas aux critiques ; le voici devenu « langue impérialiste ». Ces débordements ne doivent pas faire oublier l'essentiel, qui n'est pas une réforme de l'enseignement mais une opposition totale des étudiants au régime militaire. Un fait politique fondamental est important à rappeler, les deux composantes de la « gauche civile » divergent sur les analyses qu'elles font du gouvernement militaire. Depuis décembre 1975, le MEISON d'une part, a accepté la collaboration avec le *Därg*, et lui fournit des

---
4. Les étudiants éthiopiens travaillent par demi-journée.

cadres politiques, de l'autre l'E.P.R.P., où se reconnaît l'essentiel de la jeunesse qui poursuit ses études, a rejoint la clandestinité et se bat pour l'élimination du *Därg*, et son remplacement par un gouvernement révolutionnaire civil. D'ailleurs dans certaines écoles secondaires des affrontements parfois sanglants opposent partisans et adversaires du *Därg*. A notre connaissance ce ne fut point le cas à *Prince Makonnen*, où les sympathisants de l'E.P.R.P. semblaient majoritaires.

C'est alors qu'un incident sérieux se produit au début de l'année 1977. Les forces de l'ordre toujours présentes extérieurement, mais assez discrètes, investissent brutalement l'école et tandis que les professeurs sont invités fermement à rejoindre leur salle de réunion, où ils sont consignés, les étudiants, eux, sont chassés des classes sans aucun ménagement et sont regroupés sur le terrain de sport. Là, pendant plus de deux heures, garçons et filles des quatre grades sont soumis à une série d'exercices physiques. Les plus récalcitrants, mais aussi les plus faibles, sont molestés et parfois frappés. Après cette bastonnade particulièrement pénible, il nous faut avec un collègue évacuer plusieurs blessés vers les hôpitaux de la ville. Le bilan se solde, en outre, par plusieurs arrestations. Le but de l'opération était de remettre de l'ordre dans un établissement où l'agitation était endémique depuis la dernière rentrée des classes. Quelque temps après, *Prince Makonnen* se retrouve une nouvelle fois en grève. Courant avril, la situation se détériore un peu plus, car le *Därg* veut reprendre en main la jeunesse et la soustraire à l'influence de l'E.P.R.P. Aussi tente-t-il de mettre sur pied un mouvement étudiant qui lui soit inféodé. De son côté l'E.P.R.P. radicalise son action, et poursuit l'élimination physique des cadres civils du régime (généralement membres du MEISON). De plus il appelle à la grève générale étudiante, et demande à ses partisans de se tenir prêts à manifester le premier mai. Alors le pouvoir mobilise les milices rurales — dont les étudiants ont contribué à la formation — qui sont regroupées dans un camp non loin de la capitale.

Dès le 30 avril, dans Addis Abäba en pleine ébullition, se produisent les premiers accrochages entre des groupes épars de manifestants et les milices paysannes. Un secteur chaud parmi d'autres, le quartier de l'Alliance Française, où le gardien du centre ferme précipitamment les portes dès les premiers coups de feu ; le personnel et les élèves lui doivent certainement la vie sauve. Après une demi-heure de fusillade, profitant d'une accalmie, l'évacuation de l'Alliance se fait sans incident ; quelques morts gisent sur les chaussées. Le premier mai, l'E.P.R.P. mobilise toutes ses forces. Des milliers d'étudiants occupent le centre ville et défilent, réclamant un gouvernement révolutionnaire civil et fustigeant les « militaires fascistes ». La répression est féroce. Les milices paysannes déciment les manifestants à la mitrailleuse lourde. Le bilan est impressionnant : entre 500 et 1 000 morts. Les cadavres jonchent les rues. Inutile de préciser que beaucoup de bancs dans les écoles et à l'université sont vides lors de la reprise des cours... Arrestations, exécutions massives d'étudiants continuent dans les semaines qui suivent ; les milices procèdent à des rafles et passent au peigne fin l'ensemble des habitations de la ville (celles des Éthiopiens comme celles des étrangers) sous le contrôle de l'armée et des chefs de *qäbälié*[5]. De son côté, la mission pédagogique française avait pris les devants depuis plusieurs mois, et replié ses coopérants sur les établissements qu'elle contrôlait. Ces faits tragiques sonnent le glas de onze années d'enseignement du français dans les écoles secondaires éthiopiennes. Nous n'avons pu revoir nos étudiants de *Prince Makonnen*.

Ces événements sont à verser au dossier de la rupture définitive entre le pouvoir militaire et les étudiants. Entre les deux un fossé rempli par les milliers de cadavres de mai et juin 1977. Sous l'Empire, les étudiants furent à la pointe du combat pour réclamer des réformes sociales. Ils contribuèrent à ébranler les anciennes institutions jusqu'à leur écroulement définitif. Ils payèrent durement leurs actions courageuses en 1965, 1969 et 1972. Dès septembre 1974, ils se prononçaient contre le gouvernement militaire, et dénonçaient la *Zämäča*, en analysant pertinemment le machiavélisme du *Därg*. Ils comprirent dès le début que les militaires qui avaient accaparé le pouvoir n'avaient aucune intention de le lâcher. Pour eux, le combat de l'E.P.R.P. était le leur. Mais les règlements de compte à l'intérieur de la « gauche civile » ont conduit à une guerre civile larvée et renforcé le pouvoir des militaires. L'E.P.R.P. est décapité, son influence désormais réduite à peu de chose. Le MEISON rompt, lui aussi, avec le *Därg*. Ces militaires sont désormais les maîtres absolus de la situation. Une génération d'étudiants et d'intellectuels a été sacrifiée par des militaires quasi analphabètes.

DOCUMENTS CONSULTÉS

L'hebdomadaire *Le progrès socialiste*, sept. 1975 - juin 1977. Le quotidien *Ethiopian Herald* pendant la même période.

Ces deux journaux sont publiés par le ministère éthiopien de l'Information et de l'Orientation nationale. La liberté de la presse n'a jamais existé en Éthiopie.

---

5. *Qäbälié* : comité de quartier élu en principe par les citoyens. Il dispose de pouvoirs de police, de perception des loyers, de contrôle sur les écoles primaires et d'aménagement urbain. Le *qäbälié* est aussi une juridiction civile et pénale.

LETTRE AUX ORGANISATEURS DU COLLOQUE

J'ai vécu dès le début de 1974, jusqu'à 1981, pendant six ans, le déroulement de la prise du pouvoir par les militaires. Cette armée de quarante mille hommes qui avait fait le serment de fidélité au trône et à son titulaire, si disciplinée et forte qu'elle ait pu paraître aux yeux de tous, avait conservé en elle la trace indélébile de son ancienne origine (les pillards *wotåddär*). Elle se lança dans l'aventure sanglante, alléchée par l'appât idéologique provenant de l'extérieur, pour devenir du jour au lendemain marxiste-léniniste, dans un pays sans prolétariat et dans lequel le paysan possédait assez de terre pour récolter de quoi se nourrir et approvisionner les grandes localités. Du jour au lendemain les militaires, prenant possession de chaque poste, de chaque administration, vont transformer la vie nationale, réquisitionnant ou rationnant les vivres, abattant le bétail et se réservant pour eux et pour les trente mille soldats cubains appelés à la rescousse, les vivres ou le ravitaillement, aux dépens de la population réduite à faire la queue.

Pour créer l'anarchie, ces militaires vont commencer par assassiner délibérément les meilleurs généraux, comme les chefs traditionalistes restés éloignés dans leurs fiefs respectifs ; ils s'attaquent ensuite à la famille impériale et aux ministres, pour abattre enfin l'empereur, sans oublier le massacre de dizaines de milliers de victimes innocentes. Ils ne se rendent pas compte qu'en détruisant et déstabilisant le pays, ils se détruisent eux-mêmes. Ils révéleront presque aussitôt leur valeur morale ou physique lorsque la Somalie, voulant profiter de ce changement de régime, va attaquer l'Éthiopie sur ses frontières de l'ouest, en avançant jusqu'à Diré-Daoua et aux portes de Harar, détruisant des dizaines de tanks et mettant en déroute ceux que les dirigeants nommaient « les vaillants combattants de la révolution ».

Devant ce premier désastre, le nouveau régime va se trouver en perte de vitesse et, à l'idée que leur mouvement allait devenir mort-né, les militaires vont faire appel au sentiment national des officiers en retraite, leur proposant de doubler leur pension s'ils venaient relever le moral des troupes en débandade, les menaçant de couper leur pension s'ils refusaient. On verra alors quelques lieutenants, des capitaines, des commandants, et des colonels, reprendre du service et on verra beaucoup d'entre eux mourir, non pas pour la révolution, mais pour l'intégrité du territoire national envahi. Ils vont sacrifier leur vie par patriotisme, renonçant à une paisible retraite.

Il faudra l'arrivée des trente mille Cubains pour que la frontière soit préservée, sans que diminuent, dans la région frontalière, les opérations de guerrilla opposant Somaliens et Éthiopiens. Il y a lieu d'ajouter que la présence des Cubains est devenue une lourde charge pour le pays. Ils ne sont pas là seulement pour protéger la frontière, ils surveillent et contrôlent aussi, avec les Russes et les Allemands de l'Est, le régime militaire. Une région près des grands lacs, dans le sud-est, leur est réservée. C'est une zone interdite. Ces trente mille hommes dérèglent la vie nationale en ce qui concerne le ravitaillement des habitants, puisqu'ils sont servis en priorité pour la viande de bœuf et de mouton. Ils sont aussi servis les premiers pour les autres denrées. Ils passent leur temps à chasser et, depuis qu'ils sont là, antilopes et gazelles sont en voie de disparition.

Pour le reste, le régime militaire s'acharne depuis qu'il se trouve au pouvoir à maîtriser la population ; il mobilise les jeunes et les hommes valides pour les endoctriner et tenter de venir à bout, avec l'insuccès que l'on a vu, des Érythréens du Nord, des Tigréens du Centre et des Godjamites du Sud-Ouest. En quatre offensives, les militaires ne sont par parvenus à réduire l'ensemble de ces résistants, malgré le bombardement au napalm effectué par les avions sur la plus grande partie de l'Éthiopie du Nord, réduisant des régions entières à la famine que l'on sait.

Avec tout ce que j'ai vu et vécu : cadavres gisant dans les rues, personnes enlevées à l'aube pour être fusillées, tas de livres qu'on brûlait sur les places, je dis bien des livres qu'on brûlait, je pense qu'il m'appartient de porter témoignage à mon tour.

LETTRE D'UN MISSIONNAIRE CATHOLIQUE A UN AMI

Pour les missionnaires la faim est inscrite en signes sinistres sur le visage de ceux qui les entourent, de ces gens qu'ils connaissent depuis des années et que, tout à coup, ils découvrent en grande détresse. La faim, c'est cet homme que vous aviez connu si robuste, qui vous avait rendu d'immenses services et que vous retrouvez décharné, sans force ; c'est cette femme si vive tant de fois rencontrée sur la route du marché ou sur le chemin de la rivière et qui se traîne épuisée ; c'est ce bébé hier tout potelé et luisant de santé et qui aujourd'hui s'écrase famélique sur le dos de sa maman. La faim pour nous c'est cet ennemi implacable qui dévore un à un nos amis, nos chrétiens, nos voisins, notre peuple familier. La faim elle est dans notre cœur comme une angoisse, une obsession, un cri incessant : « [...] Ils ont faim [...] Ils ont faim... vite, vite, des secours [...] ».

A mon retour vers la mi-décembre 84, ce cri angoissé je le découvrais dans chaque rencontre, dans chaque lettre, dans chaque coup de téléphone. Que faire ? Déjà en mon absence, le P. Habtä-Maryam notre vicaire général, avait sollicité plusieurs organismes et demandé de l'aide. J'allais leur rendre visite pour essayer de hâter les choses. Ces contacts étaient nouveaux pour moi et je trouvais les réponses encourageantes : « Oui, on a bien reçu votre demande... » « Oui, on va faire le nécessaire. » Et j'étais reparti vers Harar certain que quelque chose se mettait en place et porteur d'un message d'espoir :

« Patience, patience, ça va arriver sans tarder... » J'étais loin de penser que trois mois après, nous aurions encore les mains vides.

A Lafto, le jour de Noël, après la messe, 17 hommes sont entrés dans la salle où je prenais mon petit déjeuner. Jeunes et vieux tous étaient graves et silencieux. Au bout d'un moment l'ancien se mit à parler lentement, longuement, avec un grand accent de vérité... Voilà, depuis plus de quinze jours il n'y avait plus rien dans les greniers ; il n'y avait plus rien à manger ; alors il me demandait du secours... Soudain je me mis à douter qu'on obtiendrait de l'aide, aussi en leur promettant que je ferai mon possible, j'ajoutais : « ... et si l'aide ne venait pas ? » Dans le Hararghe en effet la famine se déclarait bien après celle du Nord vers qui étaient braqués tous les flashes de l'actualité et orientés tous les secours. Il m'apparut clairement qu'il ne serait pas facile de renverser la vapeur : « ... et si l'aide ne venait pas ? » ... J'aurais voulu qu'ils mettent en commun toutes leurs ressources, toute leur ingéniosité pour lutter ensemble, tenir, rester sur place en famille et garder toute leur dignité d'hommes gagnant leur pain quotidien. J'aurais voulu surtout les secourir tout de suite, qu'ils ne dépérissent pas, se maintiennent en santé et soient là sur place pour accueillir la première pluie. J'aurais voulu... mais à quoi bon quand on n'a rien et que tout se ligue contre vous ! Alors très vite c'est la panique. Quel homme pourrait demeurer chez lui avec sa femme et ses enfants pleurant, criant, se mourant de faim ? Il s'en va à la ville voisine et de plus en plus loin dans l'espoir de rapporter quelques provisions ou de gagner quelques centimes... et s'il ne trouve rien c'est la dispersion : la femme et les petits d'un côté, les plus grands d'un autre et le mari droit devant lui à la recherche d'un endroit mieux favorisé. Beaucoup échouent dans la grande ville voisine où, réfugiés et mendiants, ils prennent rang dans les files des soupes populaires.

En janvier, Fr. Armand Donou était chargé de mettre sur pied une commission « Aide & Développement » qui travaillerait à l'échelle du Vicariat pour centraliser les appels, poursuivre les démarches près des organisations et prévoir le transport et la distribution des secours. Pour être efficace il fallait que cette équipe soit mobile aussi demandait-on d'urgence au E.C.S. de nous fournir un véhicule tous terrains. L'on reçut une Jeep fin février : merci au E.C.S. et au C.R.S. Fr. Armand a fondé cette commission et s'y est donné sans compter. Sa santé n'y a pas résisté mais ses efforts n'ont pas été vains : nous lui en gardons une profonde et fraternelle reconnaissance.

Consécutive à la sécheresse, la famine gagnait chaque jour du terrain. Toutes nos stations : Midagdu-Kurkura, Metahara-Melka Werrer, Asebe Tafari et sa banlieue, Djarra-Dobba-Tchaffé-Djilbo, Lafto-Karamillé, Sourré-Tchalenko, lançaient l'une après l'autre leurs signaux de détresse. De partout nous arrivaient des lettres demandant des vivres le plus vite possible. Partout les frères et les sœurs étaient affrontés à la foule des nécessiteux ; nul ne pouvait sortir sans se heurter à des mains qui se tendent et s'agrippent pour recevoir un secours. La souffrance si évidente de ce prochain si proche intensifiait le tourment des missionnaires qui n'avaient pas les moyens de faire face.

Comment dormir quand autour de vous dans dix, vingt, cent maisons les gens se sont couchés sans manger et sans espoir de manger le lendemain.

Février. Crier ne suffit pas, il faut se plier aux exigences de la bureaucratie et quand on a sur les bras des milliers d'affamés c'est un dur et pénible apprentissage. « Ils ont faim » et vous êtes là à écrire des rapports, à dresser des listes, à faire des calculs, à quémander aux autorités des lettres d'approbation... C'est fou ce qu'il faut de temps, de réunions, de paperasseries avant que votre demande soit prise en considération... et une fois prise en considération pour obtenir le bon de sortir quelques tonnes de grain du magasin où il est stocké depuis des mois et des mois. « Ils ont faim » « Ils n'ont rien à manger » et l'on vous pose des questions, encore des questions... Terrible !

Un cas extrême : Abba-Wolde est allé à Addis en novembre 84 pour demander un secours d'urgence pour Sourré. Il en est revenu avec des formulaires à remplir, des listes à dresser, des approbations à trouver... En juin 85, il n'avait encore rien obtenu... Ses gens, bien sûr, sont tous dispersés dans un rayon de 100 kilomètres.

Devant l'affluence des réfugiés, les Missionnaires de la Charité (les sœurs de Mère Thérèse), qui sont régulièrement ravitaillées, ont immédiatement organisé là où elles sont : à Diré Dawa et à Jijiga, des soupes populaires : un repas par jour à tous ceux qui se présentent. En avril à Jijiga, avec le soutien du P. Sylvestre, elles distribuaient quotidiennement plus de 7 000 rations, des rations préparées, cuites, prêtes à être mangées : un travail phénoménal en plus de leurs malades à demeure. *Idem* à Diré Dawa. Nous conduisions chez elles les cas les plus critiques. Dès amélioration, ils nous revenaient pour faire place à d'autres.

A Melka Werrer, depuis décembre, sous l'impulsion du P. René Calvarin et la participation très active des Frères Capucins de Nazareth, s'était mis en place un centre de distribution de nourriture réservé aux Afars. Les Afars sont des nomades dont le territoire se trouve dans la zone semi-désertique située entre le Wollo et la Rivière Awash. Premières proies de la sécheresse, décimés par la famine, ils avaient traversé la rivière et cherché refuge près des plantations. En février, sous l'œil attentif de Abba Tesfamariam, le centre assurait la subsistance de 3 800 familles.

Le 1er mars, pour Midagdu, le Fr. Simon signe un contrat : « One time emergency program » avec le C.R.S. = x tonnes pour 400 familles. Déjà, soutenu par Mgr Urbain Person et les Frères de Nazareth, grâce aux aumônes, il avait pu acheter du grain et secourir les plus déshérités. Maintenant il pouvait envisager l'avenir avec plus de sérénité. Là le gros problème est celui du transport. La route est épouvantable avec des pentes prohibitives, des rochers, des virages en épingle à cheveux frôlant le précipice... Le camionneur demande 1 100 Birr pour un seul voyage... Le Père Ernest, nouveau curé de Midagdu, apportait avec lui la bénédiction du ciel. Il allait épauler Fr. Simon dans l'arbitrage des distributions... et puis il voulait lancer un projet « food for work » pour ouvrir une route vers l'Est.

Ailleurs on était toujours dans l'attente. Les cours des missions s'emplissaient de réfugiés ajoutant encore aux soucis des Frères et des Sœurs. A Harar le P. Emile et le Fr. Maurice accueillent les gens de l'intérieur qui viennent au dispensaire de Sœur Claude. Combien de repas n'ont-ils pas payés ? Et combien de tickets de retour ! A Asebe Tafari le P. Raymond et le Fr. Matthieu se dévouent au service des personnes déplacées. Ils ont peu de chose, quelques aumônes, quelques sacs, quelques boîtes de lait, mais beaucoup de cœur. Ils font le maximum et assurent un service ambulance au moment de l'épidémie. Eux aussi, avec Sœur Yacintha réclament des secours à la mesure des besoins...

Heureusement un premier versement d'offrandes nous arrivait de France. On en fit deux parts : l'une pour, ici et là, secourir les plus défavorisés, l'autre pour travailler à vaincre la famine, à faire en sorte que, le plus vite possible les gens puissent se suffire à eux-mêmes. Les paysans auraient besoin de semences ; il fallait dès maintenant les acheter et les stocker pour les distribuer à la première pluie... Fr. Simon et Fr. Matthieu y avaient pensé pour leur secteur et Fr. Armand avait préparé un plan-programme pour le Tchertcher. Ce plan, le Père Daniel, avec entêtement et persévérance (que d'obstacles il eut à surmonter !) le mettra à exécution tout au long de la saison des pluies.

5 avril. — 2e contrat avec le C.R.S. pour Djarra-Karamillé-Sourré. x tonnes pour 16 000 familles... Ouf ! le baromètre remonte, mais vite, vite : « ils ont faim ! »... Le P. Daniel et le P. Jacques seront à la réception à Djarra-Hirna. Le P. Habtemariam et le P. Kefelemariam de Diré Dawa se chargent avec Ato Mesfen des transports et d'organiser la distribution à Karamillé et à Tchalenko. Sans tarder 4 camions-remorques partent pour Djarra... C'est alors qu'on nous dit : « Vous n'avez pas le droit de distribuer sans une permission écrite de la R.R.C. la Commission gouvernementale pour la famine. » ... Nous allons droit au président de la Commission : « Ils ont faim. Nous avons du grain. Accordez-nous la permission de le distribuer. » La réponse nous atterre : « Impossible ! le règlement est formel : on ne peut accorder la permission à deux organismes pour le même secteur... » Ainsi apprit-on que le CARE (O.N.G. américaine) avait le contrat pour la région... Mais nous ne renoncerons pas et le 5 mai, enfin, la R.R.C. nous remet une permission en règle pour les trois weredas.

Le 6 mai on se présente au magasin. Comble de malchance, il est vide : deux cargos devaient arriver à Djibouti et l'on avait fait de la place... Ainsi nos pauvres gens continuaient d'avoir faim... Heureusement le P. Daniel ignorant ces contretemps avait poursuivi son programme de « food for work » et de distribution secourant un bon nombre de familles... mais son stock était épuisé.

Mais pourquoi vous dire tout cela ? Vous le voyez la lutte est sans trêve et les obstacles toujours au détriment des plus pauvres. Où en sommes-nous aujourd'hui ? — Grâce aux efforts de tous, six nouveaux centres de distribution ont été ouverts : 2 à Karamillé, 2 à Tchalenko, 1 à Ganda Tesfa, 1 à Bissidimo, assurant le vivre à 60 000 familles. C'est beaucoup et ce n'est pas assez... Nous continuons de chercher et de demander des secours pour Asebe Tafari et pour Djarra-Dobba qui se trouvent hors des circuits de distribution... des secours aussi pour ceux de partout qui sont laissés pour compte, les non-inscrits, les exclus, ceux auxquels personne ne pense et ceux qui sans cesse arrivent d'ailleurs et sont démunis de tout...

Eh bien, malgré toutes ces réalisations, malgré tous ces sacrifices, malgré tous ces dévouements, les missionnaires ne me disent plus : « Ils ont faim. » Mais à cause de toutes ces tombes qu'il a fallu creuser : « Vite, vite, ils meurent de faim... »

23 septembre 1985

DOCUMENTS

REMERCIEMENTS

Nous exprimons notre gratitude aux organes de presse suivants : *Mondes en développement*, Paris ; *Index on Censorship*, 39 c Highbury Place, London, N51QP ; SEDOC-Ethiopia, Addis Abäba ; *Der Spiegel*, Hamburg ; *The Guardian*, Manchester & London pour nous avoir aimablement permis de reproduire ou traduire les documents ci-après.

LES JEUNES ÉTHIOPIENS
ET LA FAMINE*

Joseph Tubiana

Le document que nous présentons a un caractère inhabituel dans la Revue. Il s'agit des résultats (inédits) d'une enquête effectuée à Addis-Abéba le 30 juillet 1974 parmi les étudiants de l'Université et les élèves des établissements d'enseignement secondaire. Il n'y aurait cependant qu'un lecteur superficiel pour ne pas voir que cette enquête pose des problèmes économiques essentiels, à côté des informations sociologiques qu'elle peut contenir.

1) Que la famine soit aussi mal perçue dans un pays témoigne à l'évidence de la désarticulation socio-économique sur laquelle F. Perroux a tant insisté dans l'analyse du développement. Elle révèle en particulier l'effort fait par les couches dirigeantes pour masquer à la population la réalité de la situation dans laquelle elle se trouve. La différence de prise de conscience selon les couches sociales auxquelles appartiennent les étudiants est révélatrice du peu d'intérêt que les groupes à revenus plus stables peuvent éprouver à l'égard des problèmes du développement.

2) A l'inverse on notera avec intérêt l'attitude de ces étudiants à l'égard de l'aide. En ce sens le document que nous publions, qui rappelle étrangement l'ouvrage de Tibor Mende, interpelle les économistes sur deux points :

— faire un bilan sérieux des résultats des politiques d'aide,
— comprendre que les vraies dynamiques du développement sont constituées par les dynamismes internes et en particulier l'articulation d'un développement à la fois agricole *et* industriel.

*
* *

Cette enquête sur la famine n'est pas un sondage, autrement dit elle ne semble pas avoir porté sur un échantillonnage représentatif, et ses résultats ne peuvent pas être extrapolés à l'ensemble des étudiants et élèves du secondaire éthiopiens, ni même à l'ensemble de ceux résidant à Addis-Abäba. Les dix questions de l'enquête ont été posées à deux cents personnes. On ne dit pas si toutes ont répondu ; la répartition par sexe n'est pas indiquée. Les résultats sont donnés en pourcentage. La personne qui a conduit l'enquête est un jeune sociologue éthiopien dont l'intégrité et le sérieux sont hors de doute.

---

* In *Mondes en développement*, 13, 1976 : 1037-41.

Les résultats de cette enquête ne sont pas en contradiction avec l'impression générale que j'avais retirée de mes contacts avec le milieu étudiant d'Addis-Abeba. Les informations qu'ils apportent me paraissent donc dignes d'être notées.

1) *Quand avez-vous appris qu'il y avait une famine en Éthiopie ?*
   a) *Étudiants de l'Université :*
      — *cette année :* 50 %
      — *l'an dernier :* 37 %
      — *il y a deux ans :* 13 %.
   b) *Élèves des écoles secondaires :*
      — *cette année :* 60 %
      — *l'an dernier :* 35 %
      — *il y a deux ans :* 5 %.

   Mêmes réponses classées selon la profession du père :

   a) *Père cultivateur : cette année :* 20 % ; *l'an dernier :* 50 % ; *il y a deux ans :* 30 %.

   b) *Père commerçant : cette année :* 81 % ; *l'an dernier :* 17 % ; *il y a deux ans :* 2 %.

   c) *Père fonctionnaire : cette année :* 92 % ; *l'an dernier :* 8 % ; *il y a deux ans :* 0 %.

   d) *Père chef d'entreprise ou profession libérale : cette année :* 95 % ; *l'an dernier :* 5 % ; *il y a deux ans :* 0 %.

L'enquêteur remarque que plusieurs régions de l'Éthiopie souffraient de la famine depuis plus de quatre ans au moment où il a fait son enquête. En effet c'est à partir de 1969 que la sécheresse s'est fait sentir dans l'est africain, atteignant une intensité dramatique en 1970 et 1973.

Les réponses font apparaître la plus grande maturité des étudiants par rapport aux lycéens : au moment où la famine atteignait un paroxysme, 50 % des étudiants (37 % + 13 %) étaient au courant, et 40 % des écoliers (35 % + 5 %). Selon mes informations, dès février 1973 des professeurs et des étudiants de l'Université avaient tenté d'organiser un mouvement de solidarité en faveur des affamés du Wollo ; mais les autorités provinciales et nationales l'avaient interdit. La répression (il y avait eu des étudiants abattus) avait suscité une grande émotion dans l'Université, ce qui a pu favoriser la diffusion de l'information.

Toujours en se référant à l'année 1973, on constate que 80 % des jeunes gens ayant des attaches paysannes étaient informés, contre 19 % pour les enfants de commerçants, 8 % pour les enfants de fonctionnaires et 5 % pour ce qu'on peut considérer comme des cadres supérieurs du secteur privé (grosso modo).

2) *Comment avez-vous appris l'existence de la famine ?*
   — *par la presse ou la radio :* 52 %
   — *par des parents ou des amis :* 23 %
   — *pour en avoir été témoin :* 5 %

— *par des réunions d'information* : 2 %
— *par d'autres moyens* : 18 %.

L'enquêteur remarque que la famine n'avait pas été mentionnée dans la presse avant 1974. Il est exact que tout ce qui paraissait dans la presse étrangère décrivant la famine en Éthiopie était censuré : les journaux n'étaient pas mis en vente, ou les pages arrachées avant la distribution. Mais c'est vers la fin novembre 1973 que j'ai entendu l'émission des Femmes d'Éthiopie en amharique, patronnée par l'Église éthiopienne orthodoxe, à la radio Voix de l'Évangile, dénoncer très violemment (et courageusement) l'existence de la famine au Wollo. D'autre part, la presse locale faisait fatalement allusion à la famine lorsqu'elle publiait des informations optimistes sur l'aide étrangère en céréales, ou lorsqu'elle présentait les dispositions législatives destinées à faire revenir les cultivateurs sur les terres abandonnées. Si l'enquêteur s'est référé à l'année éthiopienne, ce qui est tout de même plus normal, comme le premier mois de cette année correspond en gros à septembre européen, les gens qui ont été alertés dès cette époque, peuvent dire de bonne foi qu'ils n'avaient appris la famine que l'année de l'enquête.

J'ajoute que les réponses à cette seconde question nous donnent une idée approximative du nombre d'enfants de cultivateurs questionnés : car en principe seuls les enfants de cultivateurs originaires des régions touchées par la famine ont pu être témoins oculaires ou informés par des parents ou des amis. Mais les distinctions ne sont pas assez fines : les amis peuvent être des camarades de classe ; les enfants originaires des régions touchées ont pu être informés directement même si leur père n'est pas cultivateur.

3) *Depuis quand pensez-vous que la famine existe ?*
— *depuis un an* : 32 %
— *depuis deux ans* : 21 %
— *depuis trois ans* : 4 %
— *depuis quatre ans* : 8 %
— *depuis cinq ans* : 3 %
— *depuis six ans* : 10 %
— *depuis sept ans* : 22 %.

Les 32 % de gens qui pensent que la famine dure depuis six ou sept ans sont visiblement mal informés : impressionnés par l'ampleur du désastre ils l'exagèrent dans le temps, en transportant son début dans une période quasi mythique. 12 à 15 % sont à peu près correctement informés. 30 à 35 % situent sans doute correctement le paroxysme de la catastrophe.

4) *Quelles sont, selon vous, les causes de la famine ?*
— *la sécheresse, catastrophe naturelle* : 18 %
— *la sécheresse et l'absence d'organisation et de moyens* : 20 %
— *la sécheresse et des structures économiques archaïques* : 35 %
— *la sécheresse et des structures sociales archaïques* : 16 %
— *l'absence de moyens et d'organisation* : 2 %
— *les structures sociales et économiques du pays* : 4 %
— *génocide délibérément recherché par le régime* : 3 %
— *négligence du gouvernement et du régime* : 2 %

— *Dieu* : 0
— *Causes extérieures* : 0.

L'enquêteur remarque que l'appréciation faite par les jeunes enquêtés est correcte, surtout si on la compare avec les jugements formulés officiellement à l'étranger, à savoir qu'il s'agit en tout et pour tout d'une catastrophe naturelle.

En effet, Dieu est totalement mis hors de cause (dans un pays où la religion tient une grande place bien que peut-être en recul chez les étudiants chrétiens) et seulement 18 % des jeunes gens ne voient dans la famine qu'une conséquence inéluctable de la sécheresse.

A l'opposé seulement 11 % mettent la sécheresse hors de cause, ce qui est une appréciation plus que sommaire. Mais 71 % incriminent à la fois la sécheresse et les structures administratives ou même les fondements politiques et économiques de la société éthiopienne (ceux qui rendent responsable cette société représentent 51 %).

L'étranger n'est pas rendu responsable.

Tout ceci témoigne en effet, pour la majorité des enquêtés, d'une maturité et d'une clairvoyance supérieure à celles qui ont été manifestées à l'étranger, dans les milieux officiels et ailleurs.

5) *Comment convient-il d'agir à votre avis ?*
— *il n'y a rien à faire* : 1 %
— *obtenir une aide étrangère importante* : 3 %
— *faire la révolution* : 4 %
— *faire des réformes économiques* : 16 %
— *faire des réformes politiques, sociales et économiques* : 18 %
— *mettre sur pied des secours bien organisés et efficaces* : 58 %.

L'enquêteur remarque que pour 97 % des interrogés l'aide étrangère n'est pas la solution idéale. Ceci confirme ce que nous avons observé au Soudan, à savoir que ces Africains n'ont pas une mentalité d'assisté, refusent la position d'assisté, et veulent faire face par leurs propres moyens. Ceci est à méditer ici. Une forme, sinon d'impérialisme, du moins d'européocentrisme, n'est-elle pas de réclamer pour l'homme blanc la responsabilité de toutes les calamités et de toutes les erreurs et le privilège de tout réparer ?

Les réponses à cette cinquième question contredisent tant soit peu les conclusions que l'on pouvait tirer des réponses faites à la précédente, quant à la maturité intellectuelle des jeunes interrogés. En effet, 61 % pensent à des secours (mais peut-être ont-il compris la question comme portant sur la situation immédiate et non sur l'avenir) et 38 % réclament des transformations plus ou moins profondes. On s'attendait que 71 % des réponses demandent des changements, si toutefois, répétons-le, la question a été comprise de la même façon pour tous.

6) *Seriez-vous disposé à participer à des projets d'assistance ?*
   a) *pendant vos vacances* : Oui : 100 %
   b) *en abandonnant vos études pour cela* : Oui : 62 %.
7) *Accepteriez-vous de travailler sans rétribution ni compensation ?*
— Oui : 64 %.
8) *De quelle façon pensez-vous que votre participation serait la plus efficace ?*

— *en participant à la distribution des secours* : 48 %
— *en travaillant avec les paysans pour améliorer leur sort* : 15 %
— *en contribuant à des recherches* : 12 %
— *par le développement agricole concerté* : 12 %
— *par une plus large information sur le problème* : 8 %
— *en travaillant dans le cadre de l'université* : 5 %.

9) *Pensez-vous que les secours sont actuellement organisés de manière efficace ?*
— *Oui* : 34 %.
— *Non* : 66 %.

Ces réponses sont cohérentes avec les réponses faites aux questions 5 et 8.

10) *Pensez-vous que l'aide extérieure soit importante ?*
— *Oui* : 15 %.
— *Non* : 85 %.

L'enquêteur remarque que par aide extérieure on entend non seulement les secours immédiats mais les solutions à long terme.

Pour conclure brièvement on peut dire que ces jeunes Éthiopiens sont relativement bien informés et conscients, peut-être non exempts d'égoïsme et de quelque naïveté, mais cela est naturel dans leur situation. L'autre conclusion, et qui nous concerne directement, est que si nous voulons affirmer notre solidarité d'hommes vis-à-vis des victimes passées de la famine, en prévenant les famines futures, cela ne pourra pas se faire par des actions décidées unilatéralement, ou par accords au sommet, mais par une juste évaluation des besoins tels qu'ils sont ressentis par les intéressés, et de la mesure dans laquelle notre concours est souhaité. Il n'y a pas de doute que chaque fois que l'offre aura répondu à une demande réelle, elle sera bienvenue et portera le maximum de fruits.

ETHIOPIA — THE DEADLY GAME*

Alem Mezgebe

Alem Mezgebe *(aläm mäzgäbä)* is an Ethiopian writer and journalist who was born in Asmara (Eritrea) in 1938. After a brief period as a teacher, he worked as a translator, feature writer, commentator and disc jockey for Radio Addis Ababa (1957-60). In 1959 he was appointed Private Secretary to the Minister of Information, but had to leave the country two years later, after he had become a spokesman for the Decembrist Movement opposed to Emperor Haile Selassie.

* *Index on Censorship*, VI, 4, 1978.

He was not to return home for almost 15 years, during which time he lived in Egypt, Algeria and various European countries, founding and editing underground periodicals in both Amharic and English. He also wrote about Ethiopia for Dutch and Belgian newspapers, and from 1968 to 1974 worked as an editor and announcer on the Amharic Service of Deutsche Welle radio in Germany.

After his return home on the overthrow of the Emperor in 1974, Alem Mezgebe became manager of the Ethiopian Television Service. He was dismissed because of his resistance to interference by the military authorities and, finding himself in danger of his life, he went into exile for the second time in 1977 and now lives and works in London.

When I first joined the Press and Information Department of the Imperial Government (later Ministry of Information) as a translator in March 1957, I was given verbal instructions that certain subjects were "best left untouched". These were

1. strikes
2. demonstrations
3. revolutions
4. coups d'État
5. armed struggles
6. political assassinations
7. crime
8. parliamentary elections involving more than one political party
9. tribal clashes
10. Cold War polemics
11. the United States, France, Great Britain and Portugal in colonial contexts.

Furthermore all commentary on international affairs was to be omitted in translating news items.

It was clear to me that I had to exercise self-restraint and self-censorship. Although only a teenager, I was invested with extraordinary power over what the Ethiopian people were entitled to know and not to know.

In those days new developments were sweeping the world : the immediate aftermath of the Suez War, the Algerian, Iraqi and Cuban revolutions, Moroccan resistance against French rule, the Mau Mau uprising in Kenya, and at home the 1958 famine and locust devastation in Tigrai province. We were supposed to ignore all these. If such things were ever mentioned at all, they were either slanted or lost all news value after the editorial mutilation they had undergone.

An event of this period which left an indelible impression on me was the Iraqi Revolution of 1958. Two other staff members and myself were assigned to monitor developments in Iraq and to report back to the Minister in charge of finance, information, Eritrean and Muslim affairs[1]. He in turn would keep the Emperor posted on the latest news. It fell to me to inform His Excellency the Minister that King Faisal and the royal family had been slaughtered by an officer in the palace and that Prime Minister Nuri es-Said had attempted to flee dressed as a woman. I had difficulty framing the words to tell the

---

1. Mäk^{w}ännen Habtä-wåld. (Ed.)

Minister about the Premier's fate: he was lynched and then urinated on by a vengeful people. I had to tell the story two or three times over the phone before the Minister — himself the most powerful next to the throne — understood me. I have always wondered in what terms he told the story to the Emperor.

As for the Ethiopian people, they were informed in a brief news item about a month after the event that the King of Iraq had died suddenly and that "it had been decided" to turn the country into a republic. The Minister himself met a violent death two years later, in December 1960, at the hands of the Decembrist revolutionaries and in circumstances similar to the death of the Hashemite monarch.

Ethiopian censorship also helped the Asian flu of 1957 to claim a larger number of victims than necessary. News of its rapid advance to the West was kept secret for fear of causing panic among the population, although I myself tried to establish from the news reports I saw statistics on its casualties and its geographic advance. I took the liberty of sending these to the Minister of Public Health[2], brother of the Foreign Minister[3] and also brother of the Minister mentioned above. No action was taken to prepare the people or to marshal the medical resources available in the country, however modest they might have been compared to the need.

When the killer flu reached Aden, a government statement simply "advised" the population to consume as many hot chillis and onions as possible, and to drink *katikala* (a home-distilled spirit) as a preventive. I cannot say if it was the remedies or the disease which killed more, but certainly a great number of lives were lost, especially among infants, elderly people and persons with pulmonary ailments. The Minister of Health, who took no responsability for the deaths at the time, was later executed by the military government in November 1974, along with his one remaining brother, then Prime Minister, on charges of crimes against the Ethiopian people. Thus ended the most unusual power monopoly, by three brothers, in Ethiopian history.

In 1959 I was appointed private secretary to the vice-Minister of Information (there was at that time no Minister). This position gave me insight into the administrative machinery devised to carry out censorship. Literary works, advertising copy, pictures, cassettes, records, songs, slides and photographs were all subjected to strict scrutiny. Periodicals imported into Ethiopia were sold with those pages torn out which were considered by the censor to be offensive "to Ethiopia and His Imperial Majesty's Government". In such cases the distributors would be called to the Ministry and rebuked and threatened for importing "worthless lies".

I remember vividly one incident where a novel entitled *I am Standing on My Grave*, by an Air Force officer, was brought to the Ministry. I was present in the censor's office when the author came some weeks later to enquire about

---

2. Akalä-Wårq Habtä-Wåld. (Ed.)
3. Aklilu Habtä-Wåld. (Ed.)

the fate of his work. "Listen, my friend", said the censor, "your novel is very, very good, but you have chosen the wrong moment to write it. I cannot in my right mind mutilate a literary work such as yours. I advise you to wait for the right time to publish it." And he gave back the script. I don't know whether the novel was ever published, but I think I would have heard if it had been.

The censor has total control over his victims ; there is no appeal against his decision. The only qualification for the post is knowing the likes and dislikes of the government in power. A vague consciousness of the values and norms, both moral and political, of the country is also helpful. You have to feel whether what is submitted to you is good or bad for the public, as you are supposed to be the conscience of your society. The rest is political expediency.

The act of censorship was performed in the crudest way imaginable. The man behind the desk simply deleted whole passages with total disregard for whether the work in hand broke apart in continuity, meaning or style. And at the bottom of each he would append his signature, coupled with the date and official seal of the government department.

A well-known example is *Ar'aya* a novel by a high-ranking official of the *ancien régime* who was later imprisoned during the military take-over in 1974. The author had written of his experiences during his student years in France and had published the book in Asmara when Eritrea was under British administration in the forties. Copies were confiscated before they could be distributed in Ethiopia ; they were taken to a printer, and scores of paragraphs were blotted out in thick black ink. I have never met anyone who had read an uncensored copy of the novel. By an irony of history, the author later became Minister of Information and censored the works of others.

I was personally affected by the censorship when a friend of mine wrote a radio play called *How Could You Believe It Was a Panacea ?* It was a naïve, moralistic sketch about drinking. Since I had a part in it, the Minister called me to his office, said that such a play encouraged drunkenness, and ordered an immediate stop to it.

As the disc jockey for Radio Addis Ababa I also had difficulties with my music programmes. No Italian music could be played over the radio. The ban, a result of the fascist occupation of 1935-41, was difficult to implement in the classical field, especially opera. The restriction was unfair to the foreign community in Ethiopia. Besides, the Italian language and culture had nothing to do with fascism.

When I finally fled Ethiopia in early 1961, I found that the arms of the Emperor's government were long. In 1968 I worked on music programmes for a German transcription service for use by Radio Ethiopia. But the authorities at the Information Ministry refused to use them because I was an exile and opposed to the Emperor. From the time I joined Deutsche Welle in 1968 until 1971, I was not allowed to broadcast for the reason that this might offend the Ethiopian government. Embassy officials in Bonn certainly had a hand in enforcing the ban on my voice, for the German government had very strong ties with the Emperor's regime. I was also approached by a German publisher to compile and edit a collection of Ethiopian short stories, but again word came from Addis Ababa not to do anything with me as I was "a dangerous enemy of the Emperor".

At the time of the 1973 famine when 300,000 people lost their lives, Ethiopian officials were again active abroad in an effort to suppress news of the disaster. It seems that an official of the Information Ministry was even sent to London with money to prevent the broadcast of Jonathan Dimbleby's film *The Hidden Famine* on Thames Television. It was revealed later that, apart from protecting the image of the Emperor and his government, the authorities were reluctant to admit the magnitude of the catastrophe at a time when tourism was showing a sharp upswing. After the February Revolution in 1974, the findings of an Inquiry Commission resulted in the execution of certain officials (including the two brothers I mentioned earlier) for their part in suppressing knowledge of the famine.

The military coup of September 1974 brought its own brand of mind control, and the flicker of hope ignited by the February Revolution was extinguished. Although the former censors remained in their posts, the military junta assigned a captain and a major to oversee the work of the press, radio and television. By this time I had returned from exile and has gained a position as manager of Ethiopian Television. Naturally in such a post I had to put up with interference by the censors... one or two incidents alone will reveal the tragi-comic nature of these encounters.

The censoring officer himself selected an old film *Prince Valiant* to be televised in early 1975, just a few days after the military had abolished the monarchy. I warned the captain that the film was unsuitable, since it depicted the ascent to power of a crown prince after his throne had been usurped. The morning after the screening, the office of Lieutenant-Colonel (then Major) Mengistu Haile Mariam telephoned for an explanation. I told the caller that I had no control over the programmes, as they had put one of their own men in charge of everything that was transmitted. The next day the captain came to me shivering and pale after a session at Dergue headquarters.

On another occasion I received instructions that the terms "feudalism" and "imperialism" were to be banned from broadcasts until further notice. A panel discussion recorded a fortnight earlier was previewed by the censor, and both terms were erased from the videotape. When the mutilated programme was finally broadcast, there were so many silent gaps that the television station received a number of insulting telephone calls from irate viewers.

Since the "revolution", every song, old or new, has been censored. Some are played with verses deleted, some have been shelved permanently. A modern version of an old popular song, *Lomi ṭera ṭera* ("The Lemon Market") hit the charts for a long time until someone smelt subversion behind the lyrics. The famous actress who sang it and the man who arranged the music and re-wrote the lyrics were jailed for many months, thus depriving the Ethiopian stage of one of its brightest stars. Love songs have been banned from radio and TV for good. Now during listener-choice programmes one hears people dedicating martial music to their loved ones.

In addition, under the military dictatorship, as under the old regime, the hunt goes on for hidden subversive messages in everything that is said or written. Writers and poets find themselves swept unwittingly into the whirlwind of politics, and even the most mediocre spirit can emerge a martyr.

The latest linguistic absurdity in which the Ethiopian censorship figures has resulted in dozens, perhaps hundreds of deaths in recent months. The revolutionary movement has always had to coin terms to express itself. One such term is "proletarian". That word being non-existent in Amharic, *lab-ader* (one who lives by his sweat) was considered to be the nearest equivalent, and was used by the student movement for more than eight years up to the February 1974 Revolution.

But in 1975 *Me'ison* (All-Ethiopia Socialist Movement), the opportunist wing of the student movement, allied itself with the military junta. Through its monopoly over the mass media, it began to change words that had been used over the years, and it decided that "proletarian" should now be translated as *wez-ader*.

Lab means sweat from physical labour or anxiety. *Wez* means either perspiration or moist skin in contrast to dry skin. But *wez* has an added connotation of skin beauty resulting from good diet and a life of ease. The two words mean the same, and in a compound with *ader*, "one who lives by", both can be said to express the concept of proletarian. But there is a difference of nuance. *Lab* implies hard work, *wez* suggests comfort.

The underground movement, the *Ethiopian People's Revolutionary Party* (E.P.R.P.), has retained the old term, and one of its organs is called *Lab-ader*. The military junta and *Me'ison* now use these different terms to distinguish their friends from their E.P.R.P. foes. The game of words is deadly, and persons pronouncing the wrong word in the wrong place are arrested and shot.

The Eritrean question remains the most glaring example of censorship in Ethiopia[4], both under the old regime and the Dergue. At no time has there been any attempt to give the Ethiopian people a clear picture of the Eritrean national liberation struggle, although it constituted, along with the 1973 "hidden famine" and the archaic land tenure system, the *leitmotiv* of the February 1974 Revolution which brought to an end the autocracy of the late Emperor. Then, as now, the Eritrean freedom fighters were referred to as "treacherous bandits in the service of petro-dollar rich Arabs, reactionaries and imperialists". Literate Ethiopians, however, were able to visualise the magnitude of the Eritrean war by counting the casualties from the legal notices for pension rights submitted by bereaved families and appearing in the daily and weekly press. The debacle of the "peasant march into Eritrea" in 1976, in which thousands of militiamen died in Eritrea and Tigrai, was a direct consequence of the news blackout. The

---

4. Bä'alu Germa, a well known writer and staunch supporter of the Revolution, when a senior official in the Ministry of Information disappeared mysteriously in 1983, soon after the publication of his last novel *Oromay*, dealing with the war in Eritrea. It is believed that he was arrested and there is little hope left of seeing him alive (Editor).

militia was sent to Eritrea, to dislodge "a handful of traitors and Arabs" but perished at the hands of a well-trained and experienced liberation force.

The Ethiopian people are thus denied knowledge of developments in their country, for which they are called on to lay down their lives. A government which still calls itself "Provisional" after four years of arbitrary rule could not be expected to don democratic attire or loosen its control mechanism. The Ethiopian people still have a long way to go to regain the democratic rights they were about to acquire in 1974.

LE VOYAGE DU PRÉSIDENT MENGISTU HAILE MARYAM DANS LES PROVINCES DU SUD ET DU SUD-OUEST DE L'ÉTHIOPIE (MARS-AVRIL 1979)[1]

En mars et avril 1979 le président Mengistu Haile Maryam a entrepris une série de visites dans les provinces du Sud et du Sud-Ouest de l'Éthiopie. Il s'est rendu dans plusieurs districts du Sidamo, du Bale, de l'Arssi, du Sud Choa, du Wollega, du Kaffa et du Gamu Goffa. Il a porté une attention particulière aux projets gouvernementaux et publics importants, aux fermes d'État et aux fermes coopératives. La presse éthiopienne a rapporté quotidiennement les étapes du voyage de travail et d'information du président Mengistu Haile Maryam et des membres du conseil militaire qui l'accompagnaient. La presse a également fourni des informations détaillées sur les discours, les encouragements ou les critiques du président ainsi que sur les différentes réunions qui dans les provinces ont rassemblé paysans et officiels pour prendre les résolutions et décisions nécessaires pour la bonne marche de la campagne nationale de développement. Le but de cette reconnaissance était de voir sur place le potentiel économique des projets agricoles, le développement rural entrepris et les progrès sociologiques de ces régions.

Les commentaires de presse ont souligné plusieurs points de cette visite :

Les contacts directs rendus possibles avec les paysans et les ouvriers lors des visites du président Mengistu ou des réunions de travail.

Les directives révolutionnaires importantes pour la mise en place concrète de la campagne économique et culturelle.

Le parallèle établi entre la lutte contre les problèmes et difficultés économiques et la lutte révolutionnaire contre les féodaux et les envahisseurs étrangers.

---

1. Source : SEDOC-Ethiopia.

La nécessité de former des coopératives agricoles de production et d'implanter des villages communautaires pour parachever les acquis de la réforme agraire.

L'importance du rôle des grandes fermes d'État dans la construction de l'économie socialiste.

Les résolutions et décisions prises pour remédier avec fermeté aux défaillances et négligences des ouvriers et de la direction des fermes d'État déficitaires, dans la *Rift Valley* ou dans les autres régions d'Éthiopie.

La nécessité d'établir des petites industries artisanales et de les transformer en coopératives de production avant de s'embarquer dans des programmes d'industrialisation lourde.

Étapes du voyage du président Mengistu Haile Maryam dans les provinces du Sud et Sud-Ouest de l'Éthiopie.

Sidamo

12 mars 1979 (3 megabit 1971 calendrier éthiopien)
    Arrivée à Awassa.
    Visite de la conserverie de Melgie-Wondo, de l'institut de développement forestier et de la station touristique de Wondo-Gennet.
    Visite de projets de développement autour de Yirgalem.

13 mars 1979 (4 megabit 71)
    Visite de la ferme d'État du Bilate. *(Bilatte Agricultural Development Unit.)*

14 mars 1979 (5 megabit 71)
  Visites dans trois districts de la région :
    Alata-Wondo : coopérative de production de Gelma.
    Borena : base de la 4ᵉ division, aéroport militaire de Negellé.
    Jemjem : exploitations des mines d'or d'Adola.

15 mars 1979 (6 megabit 71)
    Tour de la ferme d'État d'Abaya sur le delta du Bilate.
    Soddo (Wolayta) : inauguration du nouveau bâtiment administratif du W.A.D.U. *Wolayta Agricultural Development Unit.*

16 mars 1979 (7 megabit 71)
    Awassa : visite du complexe agro-industriel, de la manufacture des tabacs et de l'École d'Agriculture (Junior College).
    Réunion de travail avec les représentants des organisations locales et gouvernementales : Résolution en huit points (v. ci-après p. 168).

Bale

17 mars 1979 (8 megabit 71)
    Arrivée à Goba.
    Visite du parc national de Dinsho (45 km de Goba).

18 mars 1979 (9 megabit 71)
   Tour du centre d'implantation de familles déplacées à Amalma (province de Mendayo).
   Ferme d'État de Shenka.
   Visite des coopératives de service du district d'Agarfa.
   Visite de l'école secondaire et de l'Hôpital « Tahassas 11 » de Goba.
19 mars 1979 (10 megabit 71)
   Visite de Ghinir, province de Wabe.
   Tour du centre d'implantation de population d'Ibessa.
   Réunion de travail à Goba avec les représentants des organisations gouvernementales et locales : Résolution en 6 points.
20 mars 1979 (11 megabit 71)
   Rassemblement populaire à Goba. Discours du Président Mengistu : mise en garde contre les attaques extérieures à ne pas regarder passivement.
   Visite de la ferme d'État d'Assassa.
   Départ pour Asella.

Arssi

21 mars 1979 (12 megabit 71)
   Visite des projets de développement et de coopératives des provinces de Chilalo et Ticho.
   Visite de la ferme d'État de Diksis (Ticho).
   Visite à Asella de l'École Secondaire, de l'Hôpital et de la ferme de production laitière et animale.
22 mars 1979 (13 megabit 71)
   Visite du Centre Administratif du Projet de Développement Rural de l'Arssi (anciennement C.A.D.U. : Chilalo Agricultural Development Unit).
23 mars 1979 (14 megabit 71)
   Réunion de travail et décision en cinq points.
   Rassemblement populaire et discours du Président Mengistu.

Shoa

24 mars 1979 (15 megabit 71)
   Tour des complexes sucriers de Metahara et Wonji (province de Yerer et Kerayu).
   Visite du camp d'enfants d'Alghe dans le district de Korato (province de Haikotch et Butajira).
26 mars 1979 (17 megabit 71)
   Retour à Addis Abeba.

29 mars 1979 (20 megabit 71)
>   Une assemblée extraordinaire s'est réunie dans la salle de réunion du grand Palais autour du Président Mengistu pour rechercher des solutions aux problèmes très importants que la visite des provinces du Sud a mis en lumière.

30 mars 1979 (21 megabit 71)
>   L'assemblée extraordinaire a adopté des résolutions pour permettre d'accélérer le développement socio-économique de l'Éthiopie rurale et améliorer les conditions de vie de la population rurale.

Wollega

9 avril 1979 (1 miazia 71)
>   Arrivée à Nekemte. Tour de la ferme d'État de Hangar Didessa (Hangar Didessa Development Organization).

10 avril 1979 (2 miazia 71)
>   Visite de projets de développement autour de la ville d'Assossa :
>   Ferme d'État de Dabus.
>   Centre d'implantation de paysans de Hoha.
>   Magasin coopératif, 15 km d'Assossa.

11 avril 1979 (3 miazia 71)
>   Ferme d'État de Fincha.
>   Projet de développement des provinces de Haro et Nekemte.
>   Station de Recherche de Bako.

12 avril 1979 (4 miazia 71)
>   Tour du projet d'implantation d'Angar Guttin, 70 km au nord de Nekemte, puis de l'hôpital, de l'école et du quartier général de la police de Nekemte.

13 avril 1979 (5 miazia 71)
>   Réunion de travail à Nekemte et résolutions (v. ci-après p. 171).
>   Inauguration de l'exposition sur la campagne de Développement.
>   Visite du Bureau régional du P.O.M.O.A.

14 avril 1979 (6 miazia 71)
>   Rassemblement populaire à Nekemte et discours du président Mengistu (v. ci-après p. 174).

Illubabor

15 avril 1979 (7 miazia 71)
>   Visite de la plantation de thé de Gumaro.
>   Arrivée à Gambella.

16 avril 1979 (8 miazia 71)
>   Visite de Gambella et tournée d'inspection des projets de développement du district environnant.
>   Visite de l'Unité artisanale de Dabena (province de Buno Bedelle).

17 avril 1979 (9 miazia 71)
    Mettu : réunions, visites des différentes organisations gouvernementales.
    Réunion de travail avec les représentants du gouvernement et des différentes organisations locales.
18 avril 1979 (10 miazia 71)
    Rassemblement populaire à Mettu et discours du président Mengistu.
    Arrivée à Jimma.

Kaffa

19 avril 1979 (11 miazia 71)
    Visite des fermes d'État de Tepi et de Bebeka (province de Gimira).
    Tour du projet de Développement agricole de Baya et Korcha et du Projet de Développement agricole du Sud-Ouest.
20 avril 1979 (12 miazia 71)
    Tour du domaine agricole de Gojeb (ferme d'État).
    Visite de la fabrique de contre-plaqué, la scierie et l'école d'agriculture de Jimma.
21 avril 1979 (13 miazia 71)
    Dans la province de Limu. Tour de plusieurs projets de développement agricole autour d'Agaro, le projet « Gomma 2 », la coopérative de service de Tchotcho et la station de traitement du café de la coopérative, l'association des femmes de Bulbule et enfin visite de la ferme d'État de Cheleke.
22 avril 1979 (14 miazia 71) Pâques éthiopiennes.
    Visite de l'école primaire de Hirmata (Jimma) où le président Mengistu a été élève.
    Fête révolutionnaire et folklorique à Jimma.
23 avril 1979 (15 miazia 71)
    Réunion de travail au Gibe Hall de Jimma avec les représentants des agences gouvernementales et des organisations locales. Résolutions.
    Rassemblement populaire et discours du président Mengistu.

Gamo Gofa

24 avril 1979 (16 miazia 71)
    Arrivée à Arba Minch. Réunion au quartier général de la Police et visite des différents bureaux administratifs de la ville.
25 avril 1979 (17 miazia 71)
    Visite de la coopérative de service de Lante et du Projet de Développement agricole de Wajifo (80 km d'Arba Minch).
    Visite de l'école technique de l'Église Makane Yesus.
    Ferme d'État d'Arba Minch.

26 avril 1979 (18 miazia 71)
> Tour de la ville de Jinka et des environs dans la province de Hamar-Bako.
> Visite du parc national d'Oma Mago de la province de Magi (région du Kaffa)..
> Visite de l'école secondaire d'Arba Minch.
> Réunion de travail avec les représentants des organisations gouvernementales et locales.
> Résolutions prises à la suite de cette réunion (v. ci-après p. 179).

27 avril 1979 (19 miazia 71)
> Rassemblement populaire, discours du Président Mengistu.
> Retour à Addis Abeba.

DÉCISIONS PRISES A AWASSA LE 16 MARS 1979[2]

Après une visite de six jours (du 3 au 8 Megabit 1971) dans les différents projets de développement le président Mengistu Hailé Maryam a dirigé une discussion de neuf heures à laquelle ont participé les officiels et les représentants des organisations de masses.

Des directives et instructions en huit points ont été adoptées. La discussion avait porté sur la campagne de développement, sur les fermes collectives et privées et tout particulièrement sur la récolte de café de la région. D'autres points ont été abordés : la nécessité de la collaboration entre les différents organismes, les impôts à ne pas oublier, l'état social, économique et politique de la région, en particulier ce qui concerne l'organisation des paysans et des artisans, la formation des « kadré », l'éducation des jeunes, le problème de la prostitution et des sans-emplois.

Directives et instructions en huit points

1° Pour construire la Société Socialiste que nous nous sommes fixée comme but à atteindre, notre révolution doit porter une attention très ferme et très soutenue au domaine particulier des *fermes d'État* qui ont un rôle important à jouer dans l'agriculture. Sur cette base, la Campagne Nationale et Révolutionnaire pour le Développement et le Conseil Suprême du Plan central leur avait attribué des moyens de productions obtenus avec beaucoup de devises et

---
2. Source : SEDOC-Ethiopia.

grâce à l'aide donnée dans un esprit de fraternité prolétarienne internationale. Cependant on a pu mesurer et constater non sans tristesse, dans les différentes fermes et organisations de développement de la Rift Valley, plus de gaspillage que de développement. En conséquence n'importe quel gaspillage, erreur ou insuffisance dont la pratique a été remarquée sur ces fermes d'État, doivent être soumis à examen et le gouvernement doit prendre des mesures rapidement.

Une agence de production est dite utile au pays, si après avoir couvert les frais de personnel des travailleurs employés dans cette agence, et les dépenses d'investissement et de fourniture, ses résultats profitent à l'ensemble de l'économie nationale.

Cependant les Agences de développement des fermes de la Rift Valley n'ont au contraire pu s'acquitter des salaires des employés et des frais de fonctionnement et d'investissement que grâce aux millions de la Banque Nationale, le produit de la récolte n'ayant pas réussi à couvrir ces dépenses. Ces agences n'ont donc été d'aucune utilité pour le pays et à l'inverse sont la cause d'un déficit très important. En conséquence dans les agences de production gouvernementales il ne doit pas y avoir de discussions et pourparlers concernant les salaires ou indemnités soit du côté des travailleurs soit du côté des employés de l'administration tant que ces agences sont en déficit. Afin de garder la vitesse de croisière nécessaire à la production et afin d'éliminer toutes dépenses supplémentaires, à partir d'aujourd'hui, à l'exception des discussions concernant les arrangements économiques et révolutionnaires on ne fera aucun arrangement concernant les rémunérations et indemnités des travailleurs ou des employés d'administration de ces organisations gouvernementales qui ont échoué et dépouillé le pays ou dans lesquelles la récolte n'est pas en augmentation ou qui restent sans bénéfice.

2° Selon l'idéologie du système que nous suivons, prolétaire veut dire :
celui qui revendique pour les opprimés et lutte pour un gouvernement des masses.
celui qui ne reconnaît que l'administration du Prolétariat.
celui qui organise la lutte contre le capitalisme.
celui qui rejette l'individualisme de classe et l'accumulation de la richesse.

Il n'existe plus entre lui et les moyens de production aucune relation de propriété privée. Or en fait on constate chez les travailleurs prolétaires à côté des organisations de développement de la Rift Valley une tendance à l'appropriation privée des moyens de production ; pour cette raison à partir d'aujourd'hui et tant que durera la Révolution des masses la seule propriété possible des moyens de production ne peut être que celle du prolétariat à l'exclusion de toute propriété privée.

3° Dans le combat que mène l'organisation du développement de la Rift Valley pour la construction de l'économie du pays, les travailleurs manuels ou administratifs doivent avoir leur part de sacrifice nécessaire, de façon à ce que le gouvernement ne soit pas obligé de fermer cette organisation à cause du trop grand déficit à combler. Ils devront donc utiliser leurs forces et leurs outils sans recevoir de paiement pour heures supplémentaires ou indemnités de déplacement.

4° Pendant les cinq années passées nous avons lutté contre les réactionnaires à l'intérieur du pays, contre les forces envahissantes de l'extérieur, contre l'impérialisme. Maintenant après de glorieuses batailles nous avons remporté la victoire et nous avons commencé un nouveau combat pour construire notre économie et la relever d'où elle était tombée. Si aujourd'hui la lutte des classes n'est pas terminée, les soldats révolutionnaires prêts à faire le dur sacrifice de leur vie sur tous les fronts mettent leur confiance dans l'héroïsme du peuple prêt à la bataille. On ne devra donc pas voir chez les paysans la tendance à soutenir les commerçants provocateurs, en se liant avec eux et en adoptant un comportement individualiste.

La classe paysanne ne peut pas rejeter et renier le processus révolutionnaire par lequel elle s'est émancipée et libérée des oppresseurs ; elle doit donc dès maintenant couper toutes relations avec les commerçants avides de gain et les autres intermédiaires, mais accroître sa production en qualité et en quantité, et établir ses relations commerciales avec les organisations de masses et les organisations gouvernementales. Pour réaliser ce dernier point toutes les organisations concernées, organisations de masse et gouvernementales, doivent apporter le soutien nécessaire en se tenant aux côtés des paysans, et qu'elles les fassent progresser par l'agitation.

5° Pour la croissance de l'économie par l'agriculture la vaste classe paysanne a un rôle très important à jouer. C'est pour cette raison que des individus qui étaient en fait des instruments des anti-révolutionnaires et des gens qui avaient un très vif désir de s'asseoir sur le trône des anciens oppresseurs féodaux ont fait tous leurs efforts pour structurer et organiser cette classe, en paraissant à son service comme des hommes de confiance. En prenant la direction, ils ont en fait essayé de détruire cette organisation de la classe paysanne et de la détourner du droit chemin ; ils ont ainsi organisé le sabotage de différentes façons. Ceux qui auront été pris à agir de la sorte contre le peuple en accomplissant des sabotages seront présentés au peuple sur la place publique quand leurs agissements auront été mis en évidence. La chose ne sera pas tenue pour légère, on prendra donc contre eux des mesures politiques.

6° Accroître la conscientisation des paysans est l'un des aspects de notre combat ; c'est pourquoi les organisations de masses et gouvernementales doivent en s'unissant servir de modèle et faire tout leur possible pour développer les coopératives de production d'agriculteurs et d'artisans qui existent à l'heure actuelle.

Pour atteindre ce but les organisations de masses et les bureaux du gouvernement s'entendront sur les endroits où établir des centres régionaux et polyvalents, pour la formation des paysans, la formation politique, professionnelle et artisanale. Par l'intermédiaire du bureau régional de la Campagne de développement et du plan, ils feront rapidement connaître leurs propositions à la Campagne Nationale et Révolutionnaire de Développement et au Congrès Suprême du Plan Central[3].

7° A cause des problèmes hérités de l'ancien régime et à cause de la confusion créée par les envahisseurs de l'extérieur depuis que la révolution a éclaté, les enfants opprimés ont manqué d'éducateurs.

Pour pouvoir en faire les forces de production et les bâtisseurs de l'Éthiopie Socialiste de demain il faut établir un principe qui servira de directive centrale aux régions du Sud : produire en apprenant et apprendre en produisant. Les organisations populaires et gouvernementales de la région organiseront donc sous la direction du bureau de la campagne les discussions et études nécessaires et proposeront rapidement au Congrès Suprême les endroits où il est possible d'établir cette forme d'enseignement.

8° La prostitution et le chômage qui sont le résultat de l'oppression et des ravages du régime féodo-bourgeois restent un point faible de notre révolution. Pour les faire disparaître rapidement des efforts très importants sont nécessaires. Les Associations de paysans et d'artisans, dans leurs organisations respectives, accepteront les mesures prises pour les employer à la production et pour permettre d'obtenir ainsi des profits indispensables.

Ils organiseront donc des discussions, des campagnes de motivation et feront connaître les résultats obtenus très rapidement au Congrès Suprême du Plan Central et à la Campagne Nationale et Révolutionnaire de Développement par l'intermédiaire du bureau régional de la Campagne.

RÉSOLUTION EN 12 POINTS
ADOPTÉE A NEKEMTE (WOLLEGA) LE 13 AVRIL 1979[4]

1° Pendant que les soldats de la campagne révolutionnaire font le sacrifice de leur vie, les masses éthiopiennes doivent se ranger à la suite de ces héros et payer aussi de leurs sacrifices l'acquisition de la vraie liberté.

Ainsi donc, en attendant que soient promulguées d'autres lois ou que soient amendés les décrets qui nous servent actuellement de ligne de conduite, les travailleurs ne recevront aucune rémunération en dehors de ce qui peut être honnêtement justifié, et on mettra un terme aux paiements pour indemnités de déplacement, heures supplémentaires, ou autres dédommagements qui leur

---
3. La relation existant entre le Congrès Suprême du Plan Central et la Campagne Nationale et Révolutionnaire de Développement n'apparaît pas clairement (Note de l'éd.).
4. Source : SEDOC-Ethiopia.

ont été versés pour différentes raisons sans aucune justification, puisque, étant présents, ils ne travaillaient pas effectivement.

Les travailleurs ne doivent donc rien recevoir en plus de leur salaire à l'exception de ceux qui sont assignés à un travail en dehors de leur lieu de résidence habituelle ou encore ceux qui, après avoir accompli leur travail régulier, font des heures supplémentaires pour accroître la production. Il faut savoir que ceux qui mettent de côté du travail supposé fait durant les heures régulières et disent : « nous avons trop de travail, nous devons faire des heures supplémentaires le samedi et le dimanche », pratiquent en fait une forme d'exploitation en faisant pur acte de présence sous couvert d'heures supplémentaires.

Alors que nous déployons beaucoup d'efforts pour obtenir un rendement maximum avec un minimum de dépenses grâce à cette campagne que nous avons entreprise pour sauver la vie des populations et la révolution, il est clair qu'on ne doit pas arrêter la croissance économique du pays, en prenant pour n'importe quelle raison des voies injustifiables en payant des indemnités de déplacement et des heures supplémentaires.

2° Les moyens de production et autres biens utilisés dans les fermes d'État et dans des organisations gouvernementales ont été achetés cher avec des devises étrangères. Ils doivent donc être utilisés avec beaucoup de soin et d'attention et sont sous la responsabilité de tous. Les masses populaires doivent exercer une surveillance attentive et suivre tous les mouvements de telle sorte qu'ils ne soient pas utilisés par des individus ou des équipes irresponsables en dehors des programmes établis et du travail pour lequel ils sont prévus. Il faut aussi s'opposer aux individus inconséquents par qui des dommages sont causés et on prendra soin de réparer les différents outils de production du gouvernement qui ont été endommagés pour différentes raisons et de les entretenir consciencieusement.

3° On sait très bien que le gouvernement ne peut étendre et accroître les projets de développement et autres services que grâce aux impôts et participations monétaires versés par le peuple. En conséquence ceux qui n'ont pas encore payé l'impôt au gouvernement doivent le faire très rapidement ; de même ceux qui ont emprunté pour avoir des engrais, des semences sélectionnées et autres, sans se soucier de rembourser, doivent le faire très rapidement. Enfin on fera les efforts nécessaires pour inciter tous les amis de la révolution à reconnaître et faire reconnaître que ce sont des obligations révolutionnaires.

4° Des richesses naturelles, des minerais, des récoltes et autres biens qui appartiennent aux larges masses des régions éthiopiennes limitrophes des pays voisins, servent à enrichir les étrangers au lieu d'être mis sur le marché intérieur pour satisfaire les besoins des masses ou sur le marché extérieur pour rapporter de précieuses devises au pays. Plus précisément ces armes de vie des masses et de la révolution éthiopiennes passent la frontière en contrebande et les richesses des larges masses partent à l'étranger ne servant que l'intérêt particulier.

Les masses doivent donc entreprendre selon les circonstances une campagne contre les individus qui participent à de telles pratiques.

5° Il est reconnu que les paysans doivent uniquement employer leur temps et leurs forces à produire. Or on a remarqué chez certains une tendance à se tourner vers le commerce. Cette tendance est extrêmement dangereuse. Il faut donc la combattre. Dans ce but on renforcera les associations et on prendra les mesures nécessaires pour que leur production soit vendue directement aux organismes gouvernementaux. Ces paysans-marchands qui se sont ainsi infiltrés doivent choisir soit le commerce, soit l'agriculture ; s'ils ne le font pas, les masses paysannes conscientes de la menace d'exploitation et du danger que représentent ces paysans-marchands les dénonceront sur la place publique et par l'intermédiaire de leurs leaders leur retireront leurs prérogatives sans scrupule ni faiblesse.

6° Parmi les efforts décisifs pour bâtir une économie socialiste, le développement des coopératives de production agricoles ou artisanales est un moyen pour mener à bien le programme de notre révolution nationale démocratique et déboucher sur le système socialiste. C'est encore un moyen décisif pour atteindre les buts et objectifs que nous poursuivons et pour asseoir une économie libre. On s'attachera donc à déployer tous les efforts possibles pour faire passer les Associations de Paysans du stade où elles sont au stade de coopératives de production.

7° On fera tout ce qui est possible pour bien rappeler aux larges masses la confiance qu'elles ont mise dans les soldats des campagnes militaires, la mission qu'elles leur avaient donnée et ce qui a été fait pour y répondre, à savoir les victoires qui ont couronné la révolution éthiopienne et les progrès qui en ont découlé. Les masses populaires doivent donc apporter le soutien moral et toute l'attention nécessaire aux familles et parents de ces soldats dans les collectivités où ils se trouvent.

8° Auparavant, il est arrivé que l'on ait saccagé sans aucune justification les richesses forestières et les réserves en animaux sauvages. On a pu le voir dans les régions du Nord de l'Éthiopie. Il faudra donc à l'avenir que les organisations gouvernementales, les organisations de masses et l'ensemble de la population fassent très attention à conserver nos richesses naturelles en suivant les directives du gouvernement afin de lutter contre une tendance dangereuse et pour éviter qu'encore une fois les masses populaires ne soient exposées à la faim, à la soif et à l'exode.

9° A partir de maintenant les agences gouvernementales et les organisations de masses doivent faire le maximum d'efforts possible pour soutenir la campagne entreprise pour trouver du travail aux chômeurs et aux prostituées. On suivra donc les directives du gouvernement pour que tous soient des producteurs dans la collectivité.

10° Au niveau de la région il y a encore des membres de la collectivité qui ne sont pas encore organisés. Ils ont pourtant un rôle important à jouer pour le progrès de notre révolution. On fera donc tous les efforts et sacrifices nécessaires pour que dans les deux mois qui viennent des associations de femmes et des associations de jeunes soient formées au niveau régional.

11° A partir du niveau d'organisation et de prise de conscience politique que nous avons atteint aujourd'hui nous sommes prêts à aller en avant au-delà des victoires qui sont notre couronne et des sacrifices que nous avons partagés. Nous voyons encore d'autres victoires à remporter, par exemple contre les ennemis qui cherchent à renverser la révolution éthiopienne. Pour cela il faut établir rapidement grâce à l'union des communistes sincères en Éthiopie un parti des prolétaires qui remportera la victoire définitive en conjuguant les forces, le savoir et les efforts des masses populaires.

12° L'Assemblée a adopté à l'unanimité la décision de soutenir les résolutions passées auparavant à Awassa et dans les autres régions à l'occasion du voyage de travail du Président Mengistu Haile Maryam.

DISCOURS PRÉSIDENTIEL DANS LE WOLLEGA
14 AVRIL 1979[5]

L'Éthiopie doit posséder des millions de vaillants travailleurs pour relever son économie.

Pour abolir complètement en Éthiopie l'exploitation de l'homme par l'homme et l'oppression, dont nous sommes en train de venir à bout, avec l'aide du peuple du Wollega, la vraie voix de la liberté, étouffée par les féodaux, apparaîtra. Notre lutte ingrate soulève le voile de cette hypocrisie. Après avoir réussi à surmonter beaucoup de difficultés et à remporter de nombreuses victoires, nous sommes heureux de nous trouver parmi vous.

Au cours du règne féodal, des rencontres comme celle-ci avaient lieu, mais pour mieux faire apparaître l'état de servitude du peuple. Aujourd'hui, au contraire, nous sommes là pour consolider ensemble notre révolution dans la liberté et dans l'amour. Il est publiquement connu que tous les révolutionnaires ont des buts communs qui résultent de leurs luttes et de leurs souffrances. Il est très important de nous rencontrer face à face et de discuter ensemble pour renforcer ou solidifier notre lutte. Notre révolution a eu beaucoup de difficultés à surmonter et elle est arrivée à un stade décisif, la victoire clé qui harmonisera toutes les difficultés antérieures.

Toutes les victoires acquises n'auront aucune valeur sans le succès de la campagne économique et culturelle que nous venons d'entreprendre. Jusqu'à aujourd'hui nous nous sommes limités aux campagnes politiques et militaires qui nous permettent maintenant de préserver et de mener à bien notre campagne économique, victorieusement. Nos luttes antérieures ne sont pas à sous-estimer mais le redressement économique nous posera encore plus de difficultés.

---

5. D'après le texte amharique publié dans Addis Zemen du 7 miazia 1971 calendrier éthiopien. Source : SEDOC-Ethiopia.

Nous ne pourrons affirmer et crier victoire que lorsque nous aurons réussi à bâtir une Éthiopie prospère économiquement et culturellement. Avec un peuple armé de sentiments révolutionnaires nous atteindrons ce but.

Nous avons en outre, des secteurs qui nous permettent d'avoir une surproduction puisque nous possédons en abondance des rivières et des fleuves à exploiter ; nous possédons aussi un cheptel immense. Tous ces biens naturels sont des facteurs réels qui aideront à notre développement.

La situation actuelle, causée par le régime féodal, nous a désavantagés pour bâtir très rapidement le socialisme, mais nous ferons tout pour y arriver. J'ai fait le point et décrit la situation telle qu'elle est, mais nous avons, malgré tout, bon espoir d'atteindre nos buts. Pour arriver à un résultat satisfaisant nous sommes obligés de commencer par la base, et cela nous l'avons tiré de nos campagnes militaires.

Nos adversaires étaient organisés et très bien armés. Ils nous ont attaqués alors que notre armement était très déficient et malgré leurs attaques de grande envergure nous étions sûrs qu'ils ne nous vaincraient pas. En effet c'est nous qui avons gagné la guerre. Nous sommes arrivés à ce résultat parce que nous nous sommes organisés à la base sans perdre confiance.

Cela prouve qu'un peuple vaillant et décidé peut faire des miracles. Cette expérience nous a appris aussi que l'on pouvait redresser ses points faibles lorsqu'on aborde les problèmes de face. Notre économie et notre culture décadentes sont les signes de notre faiblesse. Ainsi d'après notre expérience, si nous le pouvons, soyons solidaires, tous ensemble nous pouvons surmonter et bannir ces déficiences. En mettant en œuvre cette nouvelle et grandiose campagne, il se pourrait que nous commettions involontairement des erreurs. Il est impossible de travailler si l'on craint les erreurs, les masses ouvrières travaillent sans se soucier de commettre des erreurs, et elles parviennent malgré cela au but fixé, c'est ainsi que l'on peut progresser. Comme nous l'avons souvent répété, l'armée révolutionnaire a conquis victoire sur victoire sur différents fronts. C'est une chose dont nous devons être très fiers. Les vaillants enfants des masses populaires se sont sacrifiés pour protéger les intérêts et l'intégrité de la mère Patrie. Désormais grâce à eux le pays est sauvé.

Les garanties que l'armée révolutionnaire a données au prix de son sang n'auront réellement d'effet concret que si les masses populaires font le même sacrifice pour bâtir et relever le niveau économique de l'Éthiopie révolutionnaire. Au cours de nos visites dans les provinces nous avons remarqué que dans les milieux ruraux et industriels les efforts entrepris dans ce sens sont immenses. Il est évident que ces efforts augmenteront les intérêts des masses populaires et leur niveau de vie dans un proche avenir. C'est un exemple très encourageant ; si les masses populaires ne suivent pas ce bon exemple, bâtir un pays socialiste ne sera qu'un rêve. Il ne faut pas avoir peur de payer de notre personne pour réaliser nos désirs. Comme nous nous sommes empressés pour défendre les frontières de notre mère Patrie, nous devrions employer cette même énergie pour relever notre économie. Par le passé, les masses populaires ont fourni des centaines de millions [?] de leurs vaillants enfants en les envoyant au front et ont démontré au monde leurs capacités.

Aujourd'hui ils doivent mettre sur pied des millions [?] de coopératives de production pour encore une fois démontrer au monde leurs capacités à organiser leur travail. Nous espérons fermement que la campagne économique sera gagnée. La démonstration des masses populaires du Wollega est insuffisante. Un programme de travail bien équilibré, une gestion centrale judicieuse est nécessaire ; c'est la raison pour laquelle il a fallu créer un organisme comme la Campagne de Développement et le Plan Central. Ces organisations s'étendent jusqu'au niveau du Kebelle *[qäbälié]* et demandent l'appui des masses pour consolider et réussir leurs entreprises. Notre confiance ne repose pas seulement sur les initiatives privées mais sur l'expérience des masses laborieuses et les directives gouvernementales. Relever notre économie signifie augmenter ou développer la production, c'est le but principal.

La gestion et la distribution de la production aux masses doivent être contrôlées. Pour atteindre ce but, il faut avoir de la patience et poursuivre ses efforts constamment. Le commerce joue un rôle important dans la distribution de la production. Il faut veiller à ce que le commerce ne devienne pas un instrument d'exploitation. Les commerçants peuvent créer des pénuries en stockant pour brimer les masses et faire le jeu des contre-révolutionnaires. Ces procédés doivent être sanctionnés immédiatement. Dans notre nouveau système de production il faut de plus en plus supprimer les firmes privées pour les remplacer par un grand nombre de coopératives commerciales pour entraver l'action des profiteurs. Ce but ne sera atteint que lorsque les coopératives de production et de vente arriveront à coordonner leurs efforts ou à se compléter pour être efficaces et florissantes. Il faut établir un système de distribution adapté aux besoins de la masse, c'est primordial. C'est la raison pour laquelle l'augmentation du potentiel de production est déterminant.

Malheureusement on remarque encore aujourd'hui des fermes privées, morcelées, qui constituent des obstacles pour atteindre le stade de production que nous désirons.

Pour satisfaire les besoins des masses ces modes de culture en propriétés privées, morcelées et gérées par des systèmes arriérés, ne serviront à rien. Sauf en ce qui concerne leurs intérêts personnels, les gouverneurs de l'ancien régime n'ont rien fait pour améliorer le système agricole. De ce fait, aujourd'hui, les besoins des masses ne peuvent être satisfaits, c'est la raison pour laquelle le but principal de la révolution est de supprimer ce système agricole périmé.

Aujourd'hui l'exploitation de l'homme par l'homme disparaissant, les masses laborieuses sont capables de mettre en œuvre leurs forces créatrices et d'améliorer les outils de production. Du moins c'est ce que nous attendons d'elles, plus spécialement dans le domaine agricole. Le développement de l'irrigation, les constructions de petits barrages sont nécessaires. Il faut arriver non seulement à supprimer les lampes à pétrole dans les maisons, mais aussi à développer les usines hydroélectriques pour avoir le plus de lignes possibles. Tout cela est déterminant pour notre progrès.

Dans l'environnement urbain, le développement de l'industrie implique le développement de l'agriculture pour répondre aux demandes croissantes de matières premières. C'est la raison pour laquelle l'agriculture joue un rôle primordial. L'agriculture apporte à l'industrie des matières premières qui seront transformées pour satisfaire aux besoins des masses paysannes en retour. C'est la raison pour laquelle la productivité des industries est liée à la productivité des campagnes.

L'agriculture doit être basée sur de grandes fermes communautaires et gouvernementales, et au lieu d'essayer de comparer ce qui est privé et ce qui est communautaire nous devons, sans aucun doute, encourager les coopératives. C'est l'unique voie pour bâtir ou former un peuple à l'avenir libre et riche. Le support mutuel de l'agriculture et de l'industrie sera décisif pour l'économie. Pour abolir l'exploitation et nous aider à former un peuple socialiste, il faut que l'industrie et l'agriculture ne forment qu'un seul bloc. Le but du socialisme est de posséder tout en commun pour le bien de tous. Dans cette union de l'industrie et de l'agriculture communautaire pour le bien de l'économie nationale les fermes privées n'auront aucune raison d'être. Ce serait une hérésie dans un monde socialiste de vouloir garder la plupart des structures de l'agriculture privée et d'avoir l'industrie sous le contrôle de l'État. Nous ne pourrons jamais progresser en ayant d'un côté des biens privés et de l'autre des biens communs. C'est d'ailleurs la raison pour laquelle il faut renforcer et encourager l'institution des biens communs qui sont le fondement de notre progrès et de notre égalité.

Nous n'acceptons plus les entreprises privées, non seulement parce qu'elles entravent l'économie mais aussi parce que nous voulons mettre nos biens en commun. Et au point de vue politique nous n'acceptons pas les entreprises privées qui sont la base du capitalisme que nous refusons.

Si nous avions accepté le principe de l'enrichissement de quelques-uns et l'appauvrissement de la masse, il n'y aurait aucune raison pour lutter au cours de ces dernières années contre l'exploitation de l'homme par l'homme. Alors tous les sacrifices endurés jusqu'à présent n'auraient aucun sens. Si notre désir était de soutenir les entreprises privées encouragées par l'ancien régime pourquoi n'aurions-nous pas opté directement pour le capitalisme ?

Le socialisme n'est pas un régime dans lequel les masses souffrent de pauvreté tandis que quelques particuliers jouissent de la vie. Alors où serait l'égalité des hommes ? ! Pour corriger ce défaut il ne faut pas seulement chercher à produire mais il faut réorganiser la direction du pays. Ceci dit, la réorganisation de l'agriculture consiste à faire prospérer les coopératives de production.

Les coopératives bien organisées doivent aider au financement et à la création d'industries qui sont la base de l'économie d'un pays socialiste.

Intensifier la production et faciliter la distribution des produits sont les bases principales de l'économie. La réalisation de ces deux points ne suffit pas à la progression de notre économie, il faut aussi économiser sur les bénéfices de la production pour les réinvestir.

Les gains que nous avons réalisés doivent être économisés. Malheureusement, nous remarquons que les gains obtenus plus spécialement sur les ventes de café sont gaspillés. Il est malheureux de constater que lorsque dans certaines régions plusieurs millions de nos compatriotes ne sont pas assurés de leur pain quotidien, dans d'autres régions, les gens jettent l'argent par les fenêtres, inconsciemment.

Pour rehausser notre économie, il faut produire et assurer la distribution des biens, réinvestir nos bénéfices pour accroître le développement.

Après le Kaffa et le Sidamo, le Wollega rapporte au pays des devises étrangères par sa production de café. Il est aussi au 3e rang en ce qui concerne la production animale et on y trouve 7 % du potentiel minier encore inexploité. Mais on notera, comme dans toutes les autres provinces éthiopiennes, les difficultés économiques des masses qui sont toujours soumises à la pauvreté et aux maladies. Dans cette province il n'y a même pas une industrie qui porte le signe du développement. Sur le plan des communications c'est une des provinces les plus en retard. Pour changer cette situation les deux millions de personnes du Wollega doivent se tenir les coudes et unir leurs forces dès maintenant pour lutter contre ces déficiences.

Chers Camarades du Wollega !

Ce qui détermine la force d'un peuple c'est de pouvoir travailler en commun ou en coopérative.

Ce n'est pas la valeur numérique d'un peuple qui compte, ce qui importe c'est la qualité de son organisation, c'est ce qui le rend puissant.

Le travail communautaire change profondément les structures sociales au sein desquelles sont unis les compagnons pour de nobles créations, et non de temporaires organismes. Dans ce sens, quel est le degré d'émancipation et d'organisation du peuple du Wollega ?

Nous remarquons que les paysans et les ouvriers du Wollega sont suffisamment émancipés pour devenir membres de l'association internationale des travailleurs, les associations de jeunes et de femmes, au contraire, sont à leur début, étant seulement en train de s'organiser au niveau provincial. Il est urgent d'avoir des résultats tangibles pour pouvoir être membres des organisations internationales.

Même si les associations de paysans existent, notre grand souhait est de voir aussi diverses organisations sociales se développer. Pour assurer l'établissement d'une société prospère, la création de coopératives doit se concrétiser le plus vite possible. Pour assurer d'une façon réelle et concrète la prospérité de la société, il est nécessaire impérativement de créer des coopératives de production. Pour que les paysans progressent et atteignent un niveau de vie normal, il faut entreprendre la création de centres villageois. Cet effort est primordial ; en effet les villageois peuvent s'organiser pour se défendre de leurs ennemis et avoir la sécurité suffisante pour créer des outils de production et pour promouvoir et consolider les exploitations.

Pour assurer leur économie domestique il faut former des villages en des endroits appropriés au lieu de l'éparpillement actuel.

Aujourd'hui les paysans qui vivent misérablement dans les taillis et les crevasses, demain vivront dans des villages modernes. D'un autre côté les citadins pourront réorganiser leurs villes, équilibrer leurs plans mal conçus. On doit prendre en considération tout particulièrement la ville de Nekemte vieille de plus de cent ans et qui est dans un état déplorable. J'ai le plaisir de vous assurer que le gouvernement fera tout le nécessaire pour aider les masses populaires dans leurs efforts pour s'établir, structurer et améliorer leur mode de vie dans l'avenir, que ce soit à la campagne ou dans les centres urbains. Et cela pour en venir à nous débarrasser le plus vite possible de cette misère. Nous lutterons ensemble pour notre résurrection commune.

Les masses populaires se rangeant aux côtés du gouvernement révolutionnaire, l'union des paysans, des ouvriers, des citadins et des campagnards formeront un solide rempart à notre armée révolutionnaire. Ce sera un gage d'assurance pour vaincre et progresser. Dans cette province, cet esprit de coalition et d'union des ouvriers et des employés des fermes d'État nous donne beaucoup d'espoir. Il est de notre devoir de mesurer, de faire le point à tout instant pour connaître notre faiblesse ou nos progrès, pour trouver ensemble une ligne de conduite juste. En tout cas, les deux parties sont responsables des bons et des mauvais résultats. Pour assurer notre prospérité future nous devons être capables d'entretenir notre matériel et d'employer au maximum ce que nous possédons aujourd'hui.

Il est malheureux de voir que consciemment ou inconsciemment certains individus sont en train de mettre le feu aux forêts et de chasser les animaux sauvages de cette province alors que dans d'autres régions les masses sont en train de reboiser les terrains dénudés. Lorsque nous avons du regret et que nous nous faisons du souci pour notre industrie en retard, nous remarquons avec amertume les dégâts subis par notre matériel de production, victime du mauvais entretien et du laisser-aller du personnel. Tous les hommes qui font partie des masses ont l'obligation de contrôler les outils de production et le temps perdu.

Camarades !

Une révolution ne se fait pas dans le désordre, elle a un but et elle doit le suivre et en suivre les contraintes qui sont assignées à ses fidèles enfants. Tout le monde sait que pour diriger une révolution il y a des théories dont découlent des règles.

RÉSOLUTIONS ADOPTÉES A ARBA-MINCH (GAMO GOFA) LE 26 AVRIL 1979 [6]

1) Une attention toute particulière doit être portée à tout ce qui peut permettre de créer rapidement des coopératives de production. C'est le pas décisif à faire pour pouvoir construire une économie socialiste et permettre aux masses rurales d'Éthiopie de sortir rapidement de l'état de misère dans lequel elles se trouvent. Tous les révolutionnaires personnellement ou dans les organisations professionnelles prendront leur part du sacrifice nécessaire à cette réalisation.

---

6. Source : SEDOC-Ethiopia

2) Les paysans doivent employer leur temps et leurs forces à la production. Ils doivent donc eux-mêmes organiser des fermes collectives et faire en sorte que les récoltes soient acheminées directement aux centres de ramassage des agences gouvernementales ou des organisations de masses sans passer par les commerçants privés ou par les gens des classes opposées ou encore par ceux qui exploitent les masses.

3) Il faudra généraliser et étendre le principe directeur de la proclamation qui a institué le Conseil Suprême du Plan Central et la Campagne Nationale Révolutionnaire de Développement. Il faut donc qu'à partir de maintenant l'Agence pour le Développement établie au Gamu Goffa (*gamo gofa*) se mette sous la conduite de la Direction Centrale et que le peuple y participe de façon démocratique aux différents niveaux de l'organisation administrative, localité (kebele), district (wereda), province (awradja) et région (kefele hager)[7].

4) Étant donnée la situation actuelle et surtout le manque d'organisation dans lequel se trouvent nos forêts et par voie de conséquence les animaux qui y vivent, il arrive souvent que des dommages soient causés aux récoltes et aux paysans. Une proclamation sur la réorganisation des forêts et la protection des animaux sauvages doit être publiée prochainement. La collectivité devra donc, sur la base de ces directives, prendre part au souci de conservation et de protection des richesses dont l'Éthiopie a été dotée par la nature et en particulier des animaux sauvages.

5) Le Gamu Goffa était considéré comme l'une des régions les plus arriérées sous l'ancien régime réactionnaire. Pourtant si l'on regarde sa situation géographique, la fertilité de son sol, sa richesse en animaux et en forêts, ses rivières et ses lacs, on peut dire que cette région est dotée d'un potentiel très grand pour développer l'agriculture et l'industrie. Elle a certainement un rôle très important à jouer dans la construction du socialisme en Éthiopie, et il est sûr qu'elle ne doit pas rester en friche. Tous les paysans, tous les travailleurs et le reste de la collectivité doivent donc aujourd'hui se mettre à l'œuvre pour développer les richesses naturelles et surtout s'associer à la campagne de développement.

Grâce au « Plan Central et Campagne » établi par le gouvernement, nous sommes en train de dresser l'état de ce qui doit être développé durant la prochaine année de campagne : organisation des populations, différents secteurs économiques. En attendant que nous en fassions connaître le résultat, les organisations gouvernementales et populaires de la région organiseront ensemble des réunions de discussion démocratique et feront connaître au département du « Plan Central et Campagne » tout ce qui peut être profitable et utile pour tous, ainsi que les richesses en poisson et toutes les autres possibilités de développement des environs.

6) Par ailleurs, il arrive que de temps en temps des nomades éthiopiens se trouvent sur la frontière qui sépare cette région des pays voisins. Ces

---

7. Respectivement : *qäbälié, wärädä, awraǧa, keflä hagär* (Ed.).

nomades, pour se procurer des denrées qu'ils ne trouvent pas sur place, échangent avec des étrangers et des pays voisins qui sont en contradiction avec nous, des minéraux précieux du pays. Étant donné que cette activité porte atteinte à la Révolution éthiopienne et à tout le pays, les responsables gouvernementaux de cette région et en particulier les Associations de Paysans devront expliquer dans toute la mesure du possible aux populations nomades de leurs environs, les conséquences et les dommages qui découlent de cette pratique. Ils s'efforceront et feront très attention de convaincre les nomades et de les motiver pour permettre de mettre fin à une activité qui, sans qu'ils le sachent, est bénéfique pour les étrangers.

7) Si l'on considère les organisations publiques qui sont nées de notre révolution et qui ont été instituées grâce à elle on remarque qu'il y a encore des groupes qui n'ont pas trouvé leur statut au niveau national. Ce sont les associations de jeunes et de femmes qui sont pourtant les forces fraîches de la collectivité et ont une importance décisive. Nous pensons tous que c'est une lacune pour la révolution. Face à cet état de choses le gouvernement va prochainement prendre des mesures au niveau national et donner des directives pour les créer. Dans cette ligne il y a aussi des efforts à faire au niveau de la région. Ils ne devront pas reposer uniquement sur les organisations de jeunes et de femmes, mais toutes les organisations populaires et ceux qui clament que la révolution est venue pour eux partageront les sacrifices qui s'imposeront pour leur création. Dans les deux ou trois mois qui viennent, ces associations devront être formées au niveau régional et on le fera savoir au gouvernement.

8) Si nous constatons les progrès réalisés aujourd'hui grâce à la révolution éthiopienne et si nous regardons les victoires qui sont venues couronner ces succès, nous voulons cependant continuer notre marche en avant. Mais nous devons aussi considérer le nombre de nos ennemis et les forces d'opposition dont les complots et les attaques voudraient nous frapper encore une fois pour détruire notre unité et étouffer notre révolution et nos progrès. Pour venir à bout de cette opposition et pour atteindre le but que nous nous sommes fixé, il est urgent de former un parti des prolétaires.

9) Soutien est apporté ici aux résolutions historiques concernant les entreprises publiques et les moyens de production, adoptées jusqu'à maintenant dans les différentes régions et en particulier à Awassa.

DEUXIÈME CHAPITRE DU COMBAT DANS LES CAMPAGNES[8]

L'une des principales mesures prises en faveur du milieu rural depuis que la Révolution éthiopienne a éclaté, a bien été la proclamation de la Réforme agraire du 25 *Yäkatit* 1967 (calendrier éthiopien), 4 mars 1975.

Cette proclamation a clairement montré aux amis comme aux ennemis de la Révolution le caractère anti-féodal, anti-impérialiste et anti-capitaliste bureaucratique des décisions qui y étaient exposées.

La nationalisation des terres rurales a jeté les premières bases du développement de l'agriculture en éliminant pour longtemps l'exploitation des féodaux et en faisant disparaître la propriété privée et le métayage. De plus la transformation des grandes fermes privées en fermes d'État a permis de s'engager dans la voie du socialisme et d'accroître l'étendue des fermes modernes gérées par l'État. La proclamation a aussi assuré aux nomades les terres inoccupées de leur voisinage pour y faire paître leurs troupeaux. Les paysans peuvent maintenant s'organiser au niveau de leur localité *(qäbälé)* mais aussi aux différents niveaux jusqu'au niveau national pour renforcer la lutte des classes en s'unissant et pour conserver les acquis de cette proclamation.

Cependant si la réforme agraire a ouvert une voie favorable à l'implantation du socialisme en permettant au paysan d'avoir sa terre ou d'être installé sur une terre par l'Association de Paysans, le système socialiste n'en est pas pour autant instauré dans les campagnes.

Si les terres ont été partagées entre les paysans il y en a encore certains qui sont au-dessus des autres en accumulant les moyens de production, l'argent et la puissance qu'ils confèrent. L'exploitation agricole de type capitaliste dont la caractéristique est l'accroissement des possessions de quelques-uns au détriment de ceux qui n'ont ni moyens de production ni argent, va donc se développer dans les campagnes, le gros poisson avalant le petit.

La tenure actuelle des terres marquées par l'exploitation de forme privée, la surface réduite et le démultipliement des fermes invite au bourgeonnement du système capitaliste. Or notre but est d'instaurer le socialisme et non de contribuer à l'extension du capitalisme en milieu rural.

Si l'on considère maintenant la production agricole on constate que le niveau

---

8. Texte publié en amharique dans le journal *Addis Zämän* du 28 avril 1979, *(20 Myazya 1971)* par la Direction Générale de la Campagne Nationale et Révolutionnaire de Développement. Source : *SEDOC-Ethiopia*.

est très faible. Ceci est dû encore une fois au système d'exploitation agricole de type privé sur une surface très réduite qui divise la campagne en une multitude de parcelles. Cette faiblesse de la production vient aussi de l'outillage arriéré que les paysans utilisent.

Il est très difficile de faire appel aux technologies agricoles modernes et avancées sur des fermes qui morcellent la campagne en d'innombrables petites parcelles. Il est impossible par exemple de suivre dans ces conditions un plan agricole moderne de l'utilisation des sols en réservant des terres pour le fourrage afin de faire de l'élevage moderne ; il en est de même pour le contrôle de l'érosion afin de permettre de meilleures récoltes. Dans l'état actuel le paysan ne peut que cultiver sans pouvoir s'occuper de la conservation et protection des sols et des eaux, pas plus d'ailleurs que de planter des arbres et travailler selon un plan. Comme il travaille individuellement il est incapable de construire des barrages et d'utiliser un système d'irrigation continue.

A l'inverse de ce qui vient d'être dit il est possible d'utiliser un outillage agricole moderne en réunissant les petites exploitations de type privé et individuel. Il est aussi possible d'améliorer l'élevage en qualité et quantité, de permettre au sol de donner un bien meilleur service en plantant des arbres et en conservant les forêts de telle sorte que la violence de l'eau de pluie ne cause pas tant d'érosion. De même on peut utiliser les sources et les rivières pour l'irrigation des champs ; on peut aussi familiariser les artisans ruraux avec les techniques modernes afin de développer l'industrie villageoise et d'augmenter la production.

Aujourd'hui au lieu de suivre le modèle de la petite exploitation dispersée et privée, les nouvelles installations de paysans (« settlements ») essaient dans toute la mesure du possible d'organiser des services collectifs (école, santé, eau, lumière, routes...) pour l'ensemble en groupant et rassemblant les maisons et essaient ainsi de faire avancer le développement. Que doit-on donc faire pour mettre fin à l'exploitation, la pauvreté et l'ignorance et pour permettre au socialisme de se développer dans les campagnes ? Les paysans doivent mettre en commun leurs terres, leurs outils agricoles et travailler selon les directives d'un plan. Ce qui veut dire qu'ils doivent créer des coopératives de production. Voilà le deuxième chapitre de la lutte dans les campagnes qui permettra de créer le système socialiste.

Coopérative agricole de production veut dire association de type économique fondée par des paysans et ayant pour base leur libre choix et l'utilisation commune des biens. Les paysans mettent en commun les moyens de production privés (terre, animaux de traits et outils agricoles) et peu à peu passent à la propriété collective de ces biens.

Les coopératives agricoles de production changeront ainsi l'aspect du système féodal, économique et politique en usage dans les campagnes. Elles permettront d'éviter qu'on ne soit peu à peu conduit vers le capitalisme et l'exploitation de l'homme par l'homme. Chaque membre aura sa part selon le principe socialiste « de chacun selon ses aptitudes à chacun selon son travail ».

Les coopératives agricoles de production permettent d'accroître la production en faisant usage des techniques agricoles modernes et en faisant passer de la petite exploitation et du morcellement des fermes à de grandes exploitations agricoles. Comme disaient nos pères « fils qui s'assemblent lion emprisonnent » ainsi en travaillant selon un programme et collectivement les coopératives agricoles de production feront d'abord croître la production et le gain de chaque paysan. Mieux encore elles permettront des réalisations et des achats collectifs comme la construction d'un barrage ou l'achat d'un tracteur qu'un paysan seul ne pourrait se permettre mais que le groupe a la possibilité de faire ou d'acheter en mettant en commun force humaine, argent et connaissances. Du fait aussi de l'accroissement de production le paysan devient plus riche et les produits agricoles en augmentation permettent de satisfaire les besoins de l'industrie et de la collectivité.

Les coopératives agricoles de production fonctionnent et produisent sur une large échelle en utilisant des moyens techniques de production modernes. En plus donc de l'aide apportée, elles permettent de réduire l'écart entre l'industrie de taille toujours importante et les fermes de petite dimension. Les moyens de production dans l'industrie sont bien commun ; il en est de même dans les coopératives agricoles de production. Ainsi donc elles permettront l'implantation du socialisme dans les campagnes à égalité avec les villes.

De même grâce aux coopératives, les artisans ruraux pourront utiliser des outils modernes et mieux adaptés, les industries villageoises se développeront, les produits agricoles au lieu d'être vendus sur le marché seront en partie ou en totalité transformés par l'industrie, les connaissances techniques des artisans et des agriculteurs seront développées, enfin les paysans peu à peu deviendront des travailleurs prolétaires.

Les coopératives agricoles de production feront mieux que de simplement élever le niveau culturel des paysans. En créant des villages communaux elles assureront des services pour la vie sociale d'une manière bien supérieure. Les relations économiques de la campagne étant organisées, équilibrées et programmées par la coopérative agricole de production les besoins matériels et culturels des paysans seront satisfaits. Ainsi, la différence entre ville et campagne ira peu à peu en diminuant. Les paysans qui désirent devenir membre d'une coopérative agricole de production doivent mettre en commun leurs terres et leurs outils. Quand la coopérative utilise les outils et autres biens « meubles » des paysans, elle leur en paie la location. Au fur et à mesure qu'elle se développe elle achète peu à peu ces biens sur la base des prix pratiqués dans les environs. S'il arrive qu'elle ne peut payer immédiatement la totalité de l'achat fait à un de ses membres, elle versera rapidement le montant restant.

Il y a des réactionnaires qui font courir de faux bruits en disant que les coopératives ne rembourseront jamais les biens et les outils qu'elles ont achetés à leurs membres. Ils disent que le profit ainsi obtenu entrera dans les caisses du gouvernement ou encore qu'on paiera de façon égale celui qui travaille et celui qui ne travaille pas, le travailleur et le paresseux. Tout ceci est bien loin de la vérité et n'est que de la propagande de réactionnaires. La vérité est autre : pour l'utilisation des bœufs la coopérative paiera une location. Si elle désire les garder, elle doit les acheter et les payer en argent et à un juste prix. Le produit de la récolte loin d'être pris par le gouvernement sera partagé entre les membres selon leurs aptitudes et leur travail. Ainsi donc les coopérateurs qui travaillent et produisent beaucoup gagneront plus et les coopérateurs paresseux qui produisent peu gagneront peu. C'est la coopérative elle-même qui décide de ce qui doit être payé. Comment donc s'organise une coopérative agricole de production ? C'est ce que nous allons voir maintenant.

Constitution et fonctionnement d'une coopérative agricole de production

Tous les membres paysans forment l'Assemblée générale. Le pouvoir suprême de la coopérative appartient à cette assemblée générale. En conséquence les paysans membres déterminent la quantité de matériel agricole nécessaire à la coopérative et sa répartition, le plan de travail collectif, traitent des questions concernant les statuts et règlements et l'attribution des travaux et surtout élisent un comité exécutif. Ce comité exécutif a un président qui sera le directeur de la coopérative. Sur la base des décisions de l'Assemblée générale, il répartit les différents travaux des champs afin de permettre l'exécution pratique du plan de travail de la coopérative ; il constitue les équipes et leur assigne le travail à accomplir ; il contrôle le travail quotidien et enregistre le travail accompli ; il répartit les gains entre les membres selon les résultats du travail effectué. Les coopérateurs exécutent le travail avec stricte discipline en suivant les directives promulguées par l'Assemblée générale en accord avec le président et les chefs d'équipe. Ils s'efforcent au maximum d'accroître la production ; ils participent à la formulation du programme de travail et font des suggestions pour améliorer le travail de la coopérative.

La coopérative agricole de production constituée de gens de différents groupes ethniques, de nouveaux venus, de membres féminins ne doit admettre aucune défaillance. La coopérative doit encore dispenser l'enseignement nécessaire pour une connaissance du socialisme et développer l'amour de la patrie. Elle est prête à répondre à tout appel du gouvernement révolutionnaire. Elle se doit de faire entrer dans la coopérative tous les paysans des environs. Pour ce faire, les coopérateurs leur montreront le bien fondé de la coopérative par des explications et exemples concrets et ils leur feront la preuve de la vie meilleure qu'ils partageront quand ils en deviendront membres.

Les coopératives agricoles de production établiront des liens avec les coopératives agricoles de services. Les coopératives agricoles de services sont des associations établies sur une plus large échelle pour fournir aux paysans tout ce qui est utile à la production et d'autre part pour commercialiser leurs produits agricoles. Mais comme c'est une tâche exigeante de produire collectivement on pourra commencer une coopérative agricole avec seulement quelques paysans volontaires. Ainsi donc dès le début les coopératives obtiendront par l'intermédiaire de la coopérative de services les moyens et services nécessaires à la production pour leurs champs collectifs. Peu à peu le nombre des paysans augmentant, les champs coopératifs s'étendront et les coopératives de services prendront leur véritable dimension et fonction.

Le gouvernement apportera son assistance en priorité aux coopératives agricoles de production pour qu'elles s'étendent et pour permettre d'élever le niveau de vie des paysans. Le socialisme se développera ainsi dans les campagnes au fur et à mesure que les coopératives agricoles de production se développeront et s'étendront.

CHAIRMAN MENGISTU HAILE MARIAM'S SPEECH ON THE OCCASION OF THE OPENING SESSION OF ALL ETHIOPIA PEASANTS' ASSOCIATION CONFERENCE[9]

Addis Abeba May 10, 1979

Comrade representatives of All Ethiopian peasants :

We are very happy to attend the second annual conference of the All Ethiopia Peasants' Association (A.E.P.A.) which was established a year ago through bitter struggle. This second annual meeting of the A.E.P.A., which is the backbone of the programme of the National Democratic Revolution, is a source of inspiration and strength to Ethiopian Revolutionaries.

Ethiopians do not draw inspiration and strength or see a bright future in the mere existence of the country-wide peasants' association. We see a source of inspiration in A.E.P.A. because of the healthy growth the young organization had shown and also because we are able to follow closely the genuine efforts being made by those who are at the helm of the association.

The Ethiopian peasant who was long despised and oppressed by reactionary landlords before the eruption of the on-going popular revolution had played a remarkable role along various fronts of class confrontation during the past five years of decisive revolutionary struggle and continues to defend the popular revolution. The peasant also had pledged to ensure the success of the current National Revolutionary Development Campaign.

Today, the All Ethiopia Peasants' Association is working hand in hand with revolutionaries and class allies like the All Ethiopia Trade Union (A.E.T.U.) not only in promoting its own image but also in enhancing the name of the country and the revolutionary process abroad. By learning from others and

---

9. Source : SEDOC-Éthiopia. Texte paru dans le quotidien *Ethiopian Herald* du 11 mai 1979.

making others learn from it, the A.E.P.A. is discharging its historic and revolutionary duties.

As a result of our struggle which is strongly opposed to oppression and exploitation, the nation's peasants have become beneficiaries of their hard labour.

The inhuman conditions under which the peasant was compelled to bow to the whims and wishes of reactionary landlords are now mere reminders of the past. The prospect of resuscitating those conditions is no longer now within the realm of probability. Now the peasant is both leader and administrator in his own locality.

Today, the Ethiopian peasant is not only the defender of his own rights and prerogative but also the ally of other oppressed classes. He represents a strong bulwark for Ethiopian unity and a guarantee for the continued progress of the popular revolution.

Every one recalls well the bitter struggle that was waged and the great sacrifices that were made to bring the revolution to its present irreversible stage.

Even today we are making great sacrifices to safeguard the notable gains we have made in the course of the revolutionary struggle.

Since the counter-revolutionary activities perpetrated a year earlier throughout the country by members of the nobility, the landlords, young anarchists, right-roaders, chauvinists, narrow-nationalists and the reactionary Mogadisho regime were repulsed by the concentrated might of the oppressed masses and since the armed struggle moved from the center of the country to the North, East and South of the country through great sacrifices made by true sons and daughters of New Ethiopia, it may seem to us that the situation has returned to normal.

On the contrary, the vanguard forces of both the regular and militia forces are currently engaged in a bitter armed struggle and making very great sacrifices indeed.

Comrades :

This will not be the end of our struggle and the great sacrifices we are making today will not be the last.

Our on-going struggle against internal subversion and external aggression under the patronage of international imperialism during the past five years culminated in the ruin of our economy.

Even now, imperialism is preparing new and well co-ordinated aggressive plots against us. And so in order to emerge victorious from the present armed struggle, to foil future imperialist aggressive plans and to free the masses from poverty and backwardness and build a strong, respected Ethiopia in which justice, equality, prosperity and peace prevail, we have to speed up the implementation of the National Revolutionary Development Campaign. The short and long term objectives of the campaign represent the more decisive part of the on-going class struggle.

However, if we struggle with unity and determination for the Motherland, international proletarianism, for one aim and objective — namely, absolute freedom and peace for mankind and common prosperity :

— We are correct
— We are sturdy and strong
— We are valiant and unconquerable
— We are also victorious.

Granted that lasting victory calls for unwavering and genuine struggle, and that therefore the future is one of bitter struggle, the other side of our class struggle shows that tomorrow belongs to peace and prosperity as well.

Unless we are capable of making tangible progress, the question of our emerging triumphant in the struggle for genuine freedom and equality and reaching our ultimate goal will be an exercise in hollow verbiage...

The reactionaries have not given up. As you all recall, the reactionary forces did their best to misguide the broad masses by employing all sorts of subversive tactics to sabotage the revolutionary process by artificially dividing them along religious, ethnic, sex and related lines and duping them into harbouring the feeling that the revolution was against them and not for them.

As the broad masses of the people got more politically conscious and better organized, as revolutionaries refused to be misguided by empty anti-people slogans and came to realize the true nature of the reactionary propaganda, the counter revolutionary camp intensified white terror in the rural and urban parts of the country. Having failed in this adventure, they began coalescing with foreign aggressors under the co-ordination of imperialism.

And in the recent past, the reactionaries mobilized and continue mobilizing all the resources at their disposal to infiltrate the broad masses and government agencies and set into motion subtle devices to cause large-scale economic destruction and disruption at a time when the broad masses of the people and militant revolutionaries are concentrating on armed struggle.

It is quite obvious that the reactionaries are making futile attempts to justify their claim — the hollowness of which is becoming increasingly transparent to the masses — that nothing can be done without their being at the helm, by sabotaging nationalized means of production and agricultural estates which they formerly ruthlessly exploited.

Notwithstanding the fact that the reactionaries have been foiled in their plots internally and well realize this sobering fact, they will not fail to consummation of our revolutionary attempt to exploit our weaknesses, secure in their blind faith in strong international reactionary class solidarity.

Since we are merely initiates in the revolutionary process and are engaged in launching a new social order, however, we are willing to learn from and not ignore the lessons of experience and will therefore definitely emerge triumphant over our drawbacks and our lack of experience. It must at the same time be recognized nonetheless that we can feel secure in such belief when and only when we are wholly and totally committed to the renaissance.

Comrades :

We emasculated the landed gentry through our March 2, 1975 proclamation on the nationalization of rural land. The peasantry has undertaken all necessary sacrifice called for at the time to benefit from the proclamation. On the other hand, although the peasant masses have subdued, through the class struggle waged in the process, the exploiter and oppressor minority group, they have not yet completely eschewed individualism. The concept of mutual effort for mutual gain has yet to be broadly familiarized and practiced in the rural areas.

You realize well that the relatively well-off peasants are at this time engaged in self-enrichment. Nor is the selfishness and corruptibility and anti-revolution posture of these people to be gainsaid.

Although the effort of a few to establish production co-operatives by following the correct path to progress and development is to be admired, we have been able to witness that in some areas these so-called co-operatives are based on capitalist modes of production and we must discuss this issue in detail.

In coffee producing areas especially, we were able to observe that the establishment of the existing production co-operatives was motivated not by concern of the interest of our oppressed compatriots or commitment to the national development campaign but for the enrichment of the few in given localities. This trend seems to be encouraged by frivolous competition between and among the various government agencies. It is right that the peasantry enjoys government support. This support should not however be abused to advance economic self-interest, nor be allowed to breed such self-indulgence.

Although the various government agencies have different tasks to accomplish, they stand for the same goal. As is apparent in practice however, the money needed by one peasant to level his plot of land is unjudiciously utilized by another for fertilization, the harvesting of the bean or such other undertaking — thus confounding the coffee farmer. As if this were not enough, efforts are being made to establish capitalist-oriented companies at a time when the national effort is towards the building of socialist economy.

This chaotic situation should and must be supplanted by genuine farm co-operatives. To be sure, the campaign for genuine equality, genuine democracy, genuine common prosperity and wellbeing has just started in the rural areas. We will be justified in claiming that the class struggle has been successful only when our objective in this regard has been achieved. Nothing short of that can warrant the claim that our efforts have been fruitful or that our revolution is on the correct path.

We can consolidate our class solidarity with the toiling factory worker who eschews individual initiative for common effort only when we go beyond the tradition of small private ownership and when we, like workers, industrialize the agricultural sector of the national economy and align it with the manufacturing industry.

We should be able to overcome the hand-to-mouth production tradition practiced in the rural areas and be self-sufficient as well as be able to produce enough to feed industry with raw materials. The peasant's cottage-level production can in no way enable us to rescue this country of ours from the abyss of backwardness and under-development.

To observe the individualism within each peasant association, all that is necessary is to see from a hill-top the nature of the adjoining agricultural land. The small separate holdings of individual peasants with different crops against a background of their seasonal variation look like a tattered rag displaying worn out bits and pieces of clothing mended on it regardless of colour. A situation wherein one peasant cultivates maize, another beans, another teff, still another barley, etc., on restricted plots only to reap in small quantities will not take us anywhere.

It is obvious that we have not exerted the required effort to change this situation. We were obliged to focus our attention on defending ourselves from the attacks directed against us from all directions by our enemies who wanted us either to retreat or stay where we are. For this reason, we know that we have not done much in the development field.

It cannot be said that the peasant would become action-oriented simply because he is told of the advantages of co-operative work. Nor is a shift to co-operative farming a moral issue. As has been proved and tested in many revolutions, it is a material source of power for the masses in which individuals are united.

To ensure that this is objectively realized, the revolution will henceforth give it a special attention. There will be revolutionaries who will line up on the side of the peasants not merely as agitators but as pace-setters who show in deeds the path leading towards socialism. In this respect, the entire members of the peasantry cannot be reached at once. Nevertheless, the effort will be intensified.

When we speak of producers' service co-operatives we often bring forth only general ideas. When we speak of the revolution in totality, we also reiterate the fact that the oppressed and exploited should be liberated. When we shift from ordinary parlance into the sphere of the struggle, it is necessary, and indeed obligatory, to identify just who the oppressor and the oppressed, the exploiter and the exploited is in order to tell precisely friends from foes. This is brought to our attention by the experience of our past class struggle.

Again when we speak of a producers' service co-operative it is a generalized concept. It does not mean that both owners and non-owners of tools of production and the diligent and the lazy all combine their holdings to become equal beneficiaries of the produce, for, apart from being unjust, this is tantamount to saying let the industriousness and sweat of one person indirectly benefit his exact opposite.

Unless we are for its failure, a producers' service co-operative is not something that we create with rash enthusiasm. Once it has been agreed upon in principle, situations have to be examined and be viewed in detail to pave the way for the next step. The outcome of this struggle is certain to benefit the working masses and not the lazy and indolent as some individuals fear or as reactionaries falsely claim.

In this endeavour, our progress is towards socialism. Hence « from each according to his ability, to each according to his labour » will be upheld as a guiding principle. In producers' service co-operatives, it has to be borne in mind that those who exert maximum effort will be rewarded commensurately.

How is it possible anyway for industrious persons to draw more benefits through producers' service co-operatives than they would at present when toiling individually ? Any observant revolutionary will find the answer obvious.

Owing to the culture, custom, livelihood and mode of production inherited from the reactionary system of the past, the following facts are to be noted as characterizing the life of the ordinary peasant whom we describe today as liberated :

— Dwellings are widely scattered as each peasant builds his homestead wherever he lives — or compelled by certain situations — on the hills and precipices and in the gorges and dells.

— The suitability of the physical or climatic conditions of the place where each peasant establishes his dwelling either to human being or to cattle is not examined and studied in advance.

— The productivity or usefulness for agricultural practice of the land on which the peasant sweats and toils day and night for subsistence are not examined and studied in advance either.

— In most of these places the government cannot extend any type of assistance or service and in areas where communication facilities are completely lacking human beings and wildlife live side by side.

— The agricultural tools of most peasants are those like wooden hoes which are characteristic of the first phase of the history of human development. The plough and the yoke, considered to be an improvement, are also very backward and were in use by Europeans two centuries ago.

Comrades :

— It is a well known fact that depending on their strength and political consciousness, Ethiopian peasants for centuries had been struggling to liberate themselves from exploitation and oppression and from poverty and backwardness.

The Revolution which has now attained such a height of intensity is also a fruit of years of revolutionary struggle by masses.

The Ethiopian peasantry is not only a beneficiary of the Revolution. As always, it is also a class which, more than any sector of society, has given and continues to give its life for the strength and process of the Revolution.

What is the aim of such a high degreee of struggle and sacrifice ? It is to build a socialist society wherein economic, social, and political justice in general, equality, peace and prosperity prevail.

This being so, the present scattered livelihood of Ethiopian peasants cannot build socialism.

The archaic tools of production employed today by Ethiopian peasants cannot be changed or improved overnight but changed and improved they must be.

In point of fact, if the existing condition of the peasants' life-style continues, the government presently in power or the one to emerge in future cannot construct either a school, a health center or a hospital or set up a market place or a bank within easy reach of each peasant. It cannot build a road leading to the abode of each peasant or provide it with electricity, water supply and telephone lines. It cannot take to the home of each peasant the skill of handicraft or science and modern technology to improve or change the peasant's means of production.

It is not merely a matter of the government's ability to do so, however much the peasant sweats or tries to help himself on his own. In so far as efforts are dispersed and livelihood is individual, the results are only hand-to-mouth existence amounting to fruitless struggle and drudgery, which cannot build a prosperous society. As I have attempted to explain from every aspect and what I would like to recall to your attention again and again today is the imperative need for the peasants to come together as soon as possible and to lay the foundation for co-operative life.

It ought to be emphasized that the only road towards the realization of this objective is the establishment of producers' co-operatives.

Accordingly, the struggle for the popular wellbeing and prosperity for which we are struggling today is aimed at enabling the hard-working individual peasant to do away with backwardness and enjoy a modern and settled life. Producers' co-operatives, contrary to reactionary assertions, are therefore the peasant's insurance and if he properly understands their contents, he would readily accept them without any hesitation.

The transition of the peasant to producers' co-operatives means breaking away with capitalism in the rural areas and taking the road to socialism with confidence. It means a drastic transformation of rural Ethiopia.

To expedite the process of this historical transition and at the same time completely frustrate reactionaries engaged in vainly attempting to exploit the individualist tendencies of the peasant, we had not deployed experts alongside him as and when and wherever necessary. Nor can it be said that the peasant was solely instrumental in bringing about this change.

Hereafter this will be one of the revolutionary questions the government would place on its list of priorities. In this regard, conscious and responsible peasant leaders on the side of the broad masses shoulder a big responsability. In spite of the fact that guidelines must necessarily come from above, creating favourable conditions for the successful attainment of our goal is equally anticipated from lower echelons.

As you have followed through the mass media, the resolution passed by mass organizations during our visit to southern and western Administrative Regions, other than assigning cadres to assist you in your present struggle, there is a plan for establishing peasant cadre training institutions that will not only be places where the critical knowledge would be offered, they would also be venues where practical training is offered to militant members drawn from amongst peasant associations. In these institutions where selected militants are prepared to serve the peasantry, practical training on socialist production methods and use of socialist technology, better living conditions, the development of vocational enterprise towards industries, ways and means of defending themselves and the country from enemies, the judicious utilization of natural resources and similar practical lessons would be offered.

If the masses co-operate in this field, our socialist friends are ready to share their experiences with us and have pledged to extend to us a substantial amount of material and financial assistance. I would like to mention on this occasion that a tractor factory would be established in our country in a short time. The peasantry should justify such internationalist aid and co-operation by preparing itself for the task ahead.

I would like to point out at this point that with regard to international assistance, our effective utilization of the aid being extended to us will be a determining factor in the success or failure of our requests for further aid. If we fail to make the maximum use of foreign assistance, and if the negligence now apparent on some state farms continues, we would not only offend friendly countries but also retard the momentum of our development.

We should all realize that everything must not be expected from the government, the government is charged with specific duties but the decisive role resides in the effort of the broad masses.

In the endeavour made to build socialism, as we have declared time and again, the peasant masses particularly have to fight individualistic tendencies which prevail among their ranks. It is the obligation of the peasant masses to fight avaricious individualists who wave the banner of the peasantry in one hand and pursue merchant profiteering on the other, and thus attempt to indulge in two occupations as well as sharp individuals who have managed to be office-bearers of peasant associations and squandered public funds while at the same time attempting to sow seeds of discord between the peasant masses and the government by sarcastically pleading that « we peasants are in the dark. »

The other thing which must not be overlooked is the dwindling of our natural resources. Wittingly or otherwise, in some areas forests which are indispensable resources for our existence are seen burning down, the stock of our wildlife resources is being exploited by keen-eyed neighbours to the detriment of the national interest. A proclamation will be issued on the matter. But the drought which claimed the lives of hundreds of thousands of people in northern Ethiopia is sufficient testimony to the disastrous effect of deforestation.

Although it is difficult to fully outline it at this moment, the responsability shouldered on the part of the participants of this congress to mobilise the broad masses at every stage for the well being and progress of the country can hardly be over-emphasized. Progressives have to be aware of the fact that building socialism in this country means detaching the peasants from individualistic attitudes and mobilizing them in the mainstream of the revolution.

Comrades !

I have no doubt that we will agree on the points raised here. However, as we all know, there is a difference between prescribing solutions and implementing them. At this juncture, when we are in a transition stage to build socialism, our duty is to realize this objective.

It is our firm conviction that peasant masses who rallied immediately to defend the revolution and the territorial integrity of the Motherland will strive to build socialist economy in the rural areas as do their working class allies. All revolutionaries look forward to seeing this epoch-making congress deliberate in line with this spirit and reach important conclusions.

The three main domains of struggle on which we have embarked are, on the one hand, waging the armed struggle until the end, on the other intensifying the National Revolutionary Development Campaign and at the same time struggling to form the working class party.

To realize these three objectives, the participation of the broad masses, particularly of the peasant masses which are the bulwark of the broad masses, is self evident and indispensable. Particularly the questions of the formation of the party which has been hitherto taken only as the duty and obligation of a few revolutionaries will not be a secret to the peasants. The peasants will be among the vanguards and thus will have to pay sacrifice for it. In that context, the contribution of this congress cannot be gainsaid.

I wish to express my wish on behalf of All Ethiopian Progressives that the congress will assess the present situation of the Motherland and of our revolution from diverse angles and hammer out future programmes of action on the part of the peasantry.

We shall triumph !

DIRECTIVES POUR LA CONSTITUTION DE COOPÉRATIVES AGRICOLES DE PRODUCTION[10]

Le 24 juin 1979 (17 *sänié* 1971) le Conseil Militaire Administratif Provisoire a promulgué des directives concernant la constitution de coopératives agricoles de production. Introduisant ce texte divisé en 10 parties et 45 articles, le P.M.A.C. a notamment déclaré que ces formes de coopératives étaient la seule alternative possible pour construire le socialisme dans les campagnes. Elles lui donneront des fondations scientifiques solides et permettront ainsi le progrès de la vie sociale, économique et culturelle des masses paysannes.

Les paragraphes qui suivent, sans donner une traduction complète du texte

---

10. Source : SEDOC-Ethiopia.

publié dans le journal *Addis Zämän* du 26 juin (19 sänié 1971) rapportent l'essentiel de chacune des dix sections de ces directives.

Principes fondamentaux

Une coopérative agricole de production est une organisation économique dans laquelle les paysans mettent volontairement en commun, en partie ou en totalité leurs moyens de production. Le but est de passer de la propriété privée des moyens de production à la propriété collective de ceux-ci pour mettre fin à l'exploitation capitaliste de l'homme par l'homme pour utiliser les techniques modernes disponibles et passer de la petite exploitation morcelée à la grande exploitation, pour développer l'idéologie socialiste dans les campagnes et enfin pour créer une situation favorable au développement en suivant un plan.

La coopérative agricole de production est fondée sur le choix volontaire de ses membres. Elle est placée sous la direction des paysans pauvres travaillant avec les paysans de condition moyenne. Elle n'admet pas de distinction de sexe ou de religion. Elle fonctionne selon les principes de la démocratie centralisée et est conduite sur le principe socialiste qui dit : « De chacun selon ses capacités à chacun selon son travail. »

Constitution d'une coopérative de production

Ce qui était le « champ collectif » ou « champ coopératif » d'une Association de Paysans ou d'une coopérative de services n'a pas réussi à implanter réellement l'idée de coopérative de production. On ne peut donc continuer cette forme de travail collectif à l'exception du travail des champs activés pour subvenir aux besoins des familles des combattants. Pour constituer une coopérative de production il existe différentes façons. En tout état de cause dans une Association de Paysans il n'y aura qu'une seule Coopérative de Production.

a) Elle peut être constituée par plusieurs paysans qui groupent volontairement et librement leurs moyens de production. Les autres paysans de l'Association de Paysans comprenant progressivement l'utilité de cette coopérative la rejoindront et l'agrandiront. Pour constituer ainsi une coopérative il faut être trois au minimum.

b) Les membres d'une Association de Paysans qui ont été suffisamment politisés et motivés peuvent décider démocratiquement de mettre en commun leurs moyens de production et commencer une coopérative de production.

c) Dans les centres d'installation de paysans déplacés *(settlements)* on fait connaître aux paysans les buts et l'esprit des coopératives, ensuite on constitue des coopératives là où elles ne sont pas encore établies et dans les nouveaux centres qui seront nés, dès le début on établira une coopérative de production.

d) Sur ce qui était le « champ collectif » de l'Association de Paysans on installe des paysans pauvres, choisis pour former à partir de là une coopérative de production. Pour être légalement reconnue une coopérative de production doit compter un minimum de 30 membres et remplir les autres conditions prévues.

Membres

Peuvent être membres d'une coopérative de production les hommes et femmes de plus de 18 ans, résidant sur le territoire de l'Association de Paysans, qui ont compris les objectifs de ce type de coopérative et qui sont volontaires pour en être membres. Ceux qui ne résident pas sur le territoire mais qui sont sans travail ou dont les conditions humaines ne sont pas respectées peuvent être admis par l'Assemblée Générale, mais on donnera priorité à ceux qui ont beaucoup de membres dans leur famille.

Tous les membres sont égaux et ont les mêmes droits et obligations : ils ont la capacité d'élire et d'être élus et de bénéficier de tous les services de la coopérative. Ils doivent respecter les décisions, le travail, les heures de travail, les biens de la coopérative et du gouvernement. Ils doivent travailler à renforcer la coopérative et payer les contributions normalement demandées. Ils doivent suivre les directions et ordres du gouvernement donnés contre les forces réactionnaires de l'intérieur et de l'extérieur. Enfin c'est une obligation pour tous les membres de suivre les directives économiques, culturelles et politiques du gouvernement.

On peut toujours quitter la coopérative et démissionner. Un membre peut aussi être exclu pour fautes répétées. Dans tous les cas les moyens de production ne sont pas rendus, mais la coopérative peut si elle le veut payer les outils apportés. L'exclusion d'un membre n'est prononcée que sur décision de l'Assemblée Générale.

Tâches et responsabilités de la Coopérative

Pour faire disparaître les tenures de petites dimensions et le morcellement des exploitations et aussi pour obtenir de hauts rendements on se mettra d'accord sur les tâches à accomplir et moyens à utiliser :

a) Utilisations des engrais, semences sélectionnées, insecticides, outils agricoles, travaux agricoles réguliers, sans oublier des greniers et granges qui permettent d'éviter les pertes.

b) Pâturages pour les animaux, soins sanitaires, amélioration de la race par croisement.

c) Utilisation de l'eau (canaux) protection des sols (arbres) collecte des eaux de pluie, drainage des terres marécageuses.

Les artisans prépareront les outils, ustensiles et autres biens nécessaires aux besoins agricoles et domestiques.

La coopérative veillera à prévoir la fourniture des denrées et biens de consommation courante pour satisfaire les besoins des membres. Elle assurera les services de garde d'enfants, écoles, moulins et autres, et si nécessaire prêts monétaires aux membres.

Introduction progressive de nouvelles pratiques culturelles du système socialiste pour faire disparaître celles qui relèvent du système capitaliste et féodal (accumulation de biens privés). On développera les traditions qui exaltent le labeur et l'histoire des masses et en particulier on hâtera la participation des femmes dont les capacités étaient volontairement maintenues au plus bas niveau.

On renforcera l'unité interne, la motivation politique. On fera croître la fraternité, l'amour de la patrie et chacun sera prêt à répondre à l'appel du gouvernement pour défendre la liberté du pays.

Les étapes de progression des coopératives

Les étapes de progression d'une coopérative de production sont réglées par le degré de collectivisation des moyens de production. Le 1er degré de constitution d'une coopérative de production est appelé *Malba*, le plus haut degré atteint s'appelle *Wâlba*.

a) La coopérative *Malba* laisse à ses membres pour leur usage privé un maximum de 2 000 m^2 de terre ainsi que les animaux de trait et outils agricoles. La coopérative loue ces moyens de production. Le principe socialiste « de chacun selon ses capacités à chacun selon son travail » n'est pas pleinement appliqué puisqu'il y a encore paiement pour location de biens privés. Le but de ce type de coopérative est de faire passer progressivement de la propriété privée des moyens de production à la propriété collective.

b) La coopérative *Wâlba* ne laisse plus que l'usage privé de 1 000 m^2 maximum pour le jardinage et l'élevage de quelques animaux avec la permission de la coopérative. Le revenu est calculé sur le principe socialiste énoncé ci-dessus.

Les moyens de production des coopératives

La terre de la coopérative est constituée des tenures des membres apportées en contribution. Cette terre peut être agrandie par les terres immédiatement limitrophes s'il n'y a pas de membres cultivateurs sur ces terres. Tout arbre ou plante qui se trouve sur la terre de la coopérative ne donne droit à aucune compensation monétaire.

Dans la coopérative type *Malba* où les animaux de trait, les outils et autres produits artisanaux utilisés pour le travail demeurent propriété privée, le prix de la location de ces moyens de production est fixé par l'assemblée générale. Si un animal utilisé par la coopérative meurt par manque de soin on paie une compensation suffisante au propriétaire.

A tout moment la coopérative peut acheter des animaux de trait à celui qui en possède personnellement ou lui donner une compensation pour constituer la propriété collective. Si la compensation est inférieure au prix de l'animal la coopérative paiera la différence. Si le paiement se fait en plusieurs fois le 1er paiement doit atteindre 50 % du prix, le reste sera payé avant 3 ans.

Un paysan de l'Association de Paysans ou une personne privée résidant dans la localité de l'Association de Paysans ne peuvent vendre leurs bœufs sans obtenir la permission du comité directeur de la coopérative. Priorité pour la vente doit être donnée à la coopérative.

Fonctionnement des coopératives de production

La coopérative est dirigée par différents organes : l'Assemblée Générale, le comité directeur, le comité de contrôle, le comité de développement et les équipes.

L'Assemblée Générale. Elle est formée de l'ensemble des membres de la coopérative. Elle doit se réunir au moins 2 fois par an, le quorum est des 2/3.

Fonction. Elle prépare, approuve et modifie les statuts, élit les membres des comités, décide des paiements, du partage des revenus annuels, approuve le budget le plan de travail préparé par les comités et le rapport annuel des comités. Elle admet les nouveaux membres, détermine les récompenses et les sanctions, organise la division du travail et les différents travaux et enfin fixe le prix de location ou d'achat des animaux et outils de production.

Comité directeur. Il est élu par l'Assemblée Générale et il est responsable devant elle. Il organise le travail de la coopérative sur la base des résolutions passées par l'Assemblée Générale et supervise sa bonne exécution. Il est formé d'un président, d'un vice-président, d'un trésorier et d'autres membres (7 à 9 au total) tel que défini par l'Assemblée Générale. Le comité doit se réunir au moins une fois par mois.

Fonction :

— Il convoque l'Assemblée Générale suivant les modalités des statuts.
— Il organise et contrôle le travail quotidien selon les directives et résolutions de l'Assemblée Générale.
— Il distribue le travail aux membres en les divisant en équipes.
— Il contrôle la discipline des membres et sanctionne les fautes.
— Il organise le paiement des membres selon le travail de chacun.
— Il prépare le budget et le plan de travail.
— Il soumet à l'approbation de l'Assemblée Générale le rapport annuel.

Comité de contrôle. Formé de 3 à 5 membres, il veille à la bonne exécution des résolutions de l'Assemblée Générale et des articles des statuts et certifie l'exactitude des comptes.

Comité de développement. Les membres sont élus par le comité directeur et peuvent être pris parmi les membres du comité directeur ou les autres membres de la coopérative. Ils sont élus pour deux ans. Ils rendent compte de leur travail au Président. C'est un conseil auprès du président pour étudier, suggérer et faire mettre en pratique les améliorations à apporter, les techniques à utiliser, les changements à faire, les nouveaux domaines de développement à ouvrir.

Le travail est partagé dans les équipes où sont réparties les forces de travail. Les chefs d'équipe sont choisis par l'Assemblée Générale. Ceux-ci répartissent le travail à l'intérieur des équipes suivant les connaissances et les capacités physiques de chacun. Ils font travailler et travaillent en contrôlant. Ils présentent au président un rapport d'évaluation sur les résultats du travail de chacun et organisent le paiement des membres suivant la quantité de travail fourni.

Le plan de travail de la coopérative est établi en fonction du volume de production prévu par le gouvernement. Il devra être d'abord approuvé par le gouvernement avant sa mise en application. Ce plan de travail doit prévoir le capital et les dépenses de fonctionnement nécessaires, les forces à mettre en œuvre, la récolte escomptée, le revenu attendu, etc. La répartition du revenu doit se faire selon le barème suivant :

— Aux membres sur la base de leur travail
— le reste : 60 % affectés aux moyens de production
          25 % à un fonds de réserve
          13 % pour les activités sociales de la coopérative
          2 % pour les récompenses.

Le chef d'équipe attribue chaque jour à chaque équipier un nombre de points suivant son travail. Ce nombre variera puisqu'il y aura beaucoup de points pour beaucoup de travail et peu de points pour peu de travail. Le prix du point sera déterminé par l'Assemblée Générale quand on connaîtra le revenu de la coopérative. Les membres du comité directeur doivent passer 75 % de leur temps au travail ordinaire comme les autres membres. Ils sont payés au point pour ce travail. Pour les 25 % restant passés au travail de direction et de gestion de la coopérative ils sont payés suivant un barème établi par l'Assemblée Générale. Le nombre de points ne pourra pas être inférieur à celui obtenu par un travailleur moyen ni supérieur à celui obtenu par le meilleur travailleur.

Transformation des Sociétés Coopératives. Quand des membres de la coopérative de services de leur secteur deviennent en majorité membres de coopératives de production, ils peuvent décider s'ils le souhaitent de transformer cette coopérative de services de telle sorte qu'elle devienne la propriété des coopératives de production. Là où il n'y avait pas encore de coopérative de services, les coopératives de production d'un secteur peuvent aussi créer une nouvelle union. Dans cette union chaque coopérative a la personnalité légale et l'Assemblée Générale est constituée des représentants de chaque coopérative qui aura un représentant dans le comité directeur.

L'Union des coopératives de production rend les mêmes services que les anciennes coopératives de services, mais en plus, pour renforcer et hâter le développement des coopératives de production, elles ajoutent d'autres services pour la production : multiplication des semences sélectionnées, préparation de l'insémination artificielle, construction de barrages, transformation industrielle des produits agricoles et autres travaux de ce genre. Quand ces coopératives de production ont atteint un degré suffisant de développement (technologie, forces de production, spécialisation), elles peuvent s'unir pour pouvoir utiliser à 100 % leurs moyens humains. Elles perdent alors leur personnalité légale et créent une nouvelle personne morale, une coopérative appelée *Wåland*.

Construction de villages. On créera les villages nécessaires pour les membres des coopératives. Plusieurs raisons motivent ces constructions :
— faciliter les services pour les membres
— développer les possibilités d'enrichissement culturel
— diminuer le nombre des terres laissées incultes à cause de l'habitat dispersé
— permettre un gain de temps pour aller au travail des champs
— faciliter les autres travaux.

Ces villages peuvent être créés à n'importe quel stade de progrès des coopératives. Ils doivent être conçus suivant les plans préparés par le gouvernement. La coopérative de production a le pouvoir de déterminer l'endroit qui convient pour l'emplacement du village dans les limites du territoire de l'Association de Paysans.

Inter-relations. La coopérative de production est fondée et se développe dans l'Association de Paysans. Celle-ci peut accélérer ou ralentir ses progrès ; c'est donc à la coopérative de production de prendre le pouvoir de l'Association de Paysans. Sur cette base la présidence de l'Association de Paysans, la présidence du tribunal et de la milice, les postes dans le comité de développement de l'Association de Paysans seront occupés par des membres de la coopérative. Pour faciliter l'établissement des coopératives de production enregistrées ou non, les coopératives de services dont ces coopératives sont membres mettront à leur disposition, sous forme de prêt, 25 % de leurs profits. Ce prêt apparaîtra dans le plan de travail de la coopérative.

Pour renforcer encore et permettre l'établissement de ces coopératives de production le gouvernement assignera des *cadres* de développement qui travailleront à la fois à la formation technique et à l'éveil de la conscience politique. Tous les services gouvernementaux donneront priorité au soutien à leur apporter, en offrant tout ce qui est nécessaire à l'amélioration de la production à des taux d'intérêt très faibles, en trouvant les marchés pour les produits agricoles et en assurant des facilités quant à l'utilisation du matériel.

SÉCHERESSE ET DÉVELOPPEMENT RURAL EN ÉTHIOPIE*

La sécheresse de l'année 1984 aura sans doute été l'une des plus sérieuses que l'Éthiopie ait jamais connues. C'est sans doute aussi celle qui aura eu le plus de publicité dans le monde entier et aura attiré l'attention internationale sur ce pays encore très mal connu du reste du monde. Comme toujours dans ces cas, l'objectivité, l'analyse mesurée et la recherche de remèdes aux maux qu'on voudrait guérir sont abandonnées au profit du sensationnel, de la précipitation et des jugements définitifs.

De cette publicité presqu'inattendue est résulté un demi-bienfait : l'apport de secours d'urgence et une sorte de solidarité internationale, mobilisée sur des motivations très diverses, qui a malgré tout permis dans l'immédiat de faire face à des souffrances réelles et à une situation grave. Mais cet intérêt arrive toujours trop tard et l'on peut craindre que cet activisme de dernière heure n'ait que des suites très limitées et laisse bien des problèmes entiers.

La F.A.O. qui travaille depuis de nombreuses années en Éthiopie, avec plus ou moins de bonheur, a organisé une mission rapide afin de proposer des mesures à court terme et de favoriser la mise en œuvre des meilleures solutions envisagées par les Éthiopiens eux-mêmes. Les sept membres de cette mission F.A.O. préparent donc actuellement un rapport technique et chiffré après avoir passé quinze jours en Éthiopie (26 nov.-8 déc. 1984). Ce rapport sera soumis aux agences et pays donateurs avant la fin du mois de décembre 1984 et servira de document de travail pour une conférence des pays donateurs que le Directeur Général de la F.A.O., venu lui aussi en Éthiopie, réunira à Rome fin janvier 1985.

Cadre de l'étude de la mission F.A.O.

La mission F.A.O. composée d'experts spécialisés dans différents domaines : agronomie, élevage, irrigation, économie, « settlements », logistique et information a pu effectuer deux déplacements sur le terrain l'un à Assossa grand settlement à l'ouest de l'Éthiopie (30 km de la frontière du Soudan) et l'autre dans le Wollo, région du Centre nord devenue malheureusement trop célèbre pour son incapacité à nourrir ses populations. C'est là autour d'une zone qui touche la moitié nord du Wollo, une bonne partie du Tigray et l'est du Gondar que la sécheresse s'est fait le plus sentir chez les agriculteurs traditionnels des hauts plateaux. Ne parlons pas des zones basses où des nomades connaissent

---

* Pré-rapport de la Mission F.A.O. sur les possibilités de production agricole en Éthiopie. Novembre-décembre 1984.

depuis toujours une sécheresse chronique. Cette zone centrale de hauts plateaux est le cœur de l'Éthiopie traditionnelle : le Lasta, le Wag, le Yejou, l'Aksoum, le Tembien, le Raya, le Gayint, le Semien autant de noms qui font partie de la haute histoire de l'Éthiopie et où l'on retrouve l'Agaw langue considérée comme l'une des plus anciennes en Éthiopie et évidemment l'amharique et le tigrigna, les deux langues éthiopiennes écrites depuis le Moyen Age. C'est dans le nord de cette zone que les Éthiopiens ont tenu tête et battu les Italiens à la fin du siècle dernier. C'est la zone des célèbres églises de Lalibela et des Stèles d'Aksoum. C'est une zone qui est restée très fermée sur ses traditions, qui a évidemment résisté à la colonisation mais du même coup s'est coupée de par sa situation géographique du monde moderne et des contacts qu'elle avait pu avoir autrefois avec les autres civilisations.

Les experts F.A.O. ont également eu des entretiens techniques prolongés avec les différents ministères et agences concernés par les questions du développement rural et agricole et de l'alimentation. Ils ont pu s'appuyer sur les travaux antérieurs de la F.A.O. qui avait encore récemment environ 70 experts travaillant en Éthiopie dans une soixantaine de projets différents. En mars 1984 une autre mission F.A.O./P.A.M. avait préparé un document intitulé *Évaluation de la situation et alimentation en Éthiopie* (O.S.R.O., Rapport n° 08/84/F)[11].

L'action de la F.A.O. en Éthiopie remonte à une bonne vingtaine d'années mais curieusement celle-ci n'a eu son premier Représentant Résident qu'en 1981. Lui-même dans son premier rapport de 1982 se plaint de l'impact très limité des programmes F.A.O. Il attribue ce fait à la structure fragmentée et compartimentée des services du Gouvernement traitant de l'Agriculture et des Forêts. A ceci s'ajoutent le manque de fonds disponibles pour la part locale que l'Éthiopie doit fournir aux projets et une carence en experts locaux spécialisés et bien formés. (Malheureusement beaucoup d'Éthiopiens compétents ont quitté l'Éthiopie pour travailler à l'étranger ou dans les organisations internationales.)

Les experts F.A.O. ont pu constater que le Gouvernement éthiopien venait de s'organiser en créant le 26 octobre 1984 un comité national pour traiter des problèmes de la sécheresse et préparer un programme d'action adapté aux circonstances. Plusieurs coordinateurs membres de ce comité seront chargés des différents aspects des secours : secours journaliers, transport et distribution, « settlements », exploitations agricoles, fermes d'État, construction, conservation de l'eau, outillage et assistance.

Dans le même temps le Ministère de l'Agriculture organise un séminaire

---

11. Cette mission, chargée particulièrement d'examiner les secours à apporter à l'Éthiopie touchée par la sécheresse, avait alors estimé le déficit de consommation alimentaire portant sur 1,3 million de personnes à 557 000 tonnes pour la période avril-décembre 84. A ceci s'ajoutait 1 million de personnes des régions Sud avec un besoin alimentaire de 127 000 tonnes de céréales. Cette mission appelait l'attention de la communauté des donateurs non seulement sur les besoins en vivres mais aussi sur la nécessité d'augmenter la capacité opérationnelle du parc de camions pour le transport et la distribution des secours. (Ces chiffres de mars sont aujourd'hui en augmentation de 20 à 30 %.)

de 2 jours sous la présidence de M. Mengistu Haile Mariam (21 et 22 novembre) auquel participent tous les ministères et agences gouvernementales qui traitent des questions d'agriculture et de développement rural (voir Annexe I). Ce séminaire rassemble un nombre important de fonctionnaires et d'agents de terrain éthiopiens pour participer à une sorte de « brain storming » à l'éthiopienne. Une résolution en douze points est adoptée : elle est publiée en amharique et porte essentiellement sur le programme d'action technique sans mentionner aucune des possibilités d'organisation du paysannat comme il est habituellement fait en pareil cas. Les experts F.A.O. en visitant moins d'une semaine après les différents bureaux des ministères pourront constater qu'on a en quelques jours reformulé un plan à court terme qui n'a plus énormément de choses à voir avec le fameux plan de dix ans élaboré avec tant de peine. En particulier, l'immédiat fait davantage apparaître une certaine décollectivisation des exploitations agricoles et l'on apprend avec satisfaction que les nouveaux « settlers » devraient travailler non pas dans des fermes collectives mais sur des exploitations individuelles de deux hectares (voir *Review of the Current Drought Situation in Ethiopia*, R.R.C. Addis Abeba, déc. 1984 ; p. 21).

Avant d'entrer dans l'analyse plus technique faite par la mission F.A.O. avec un diagnostic porté sur la situation actuelle et la présentation de remèdes possibles pour éviter de nouvelles famines et diminuer l'effet néfaste des sécheresses, il faut mentionner que les organisations et pays donateurs ont été invités à suivre cette mission.

En fait peu de pays et organisations y ont été représentés : l'Allemagne de l'Ouest a délégué son responsable du programme reforestation en Éthiopie, la Norvège le directeur de l'Université Norvégienne d'agriculture, la France, l'Attaché de Coopération à Addis Abeba, rédacteur de ce rapport, les O.N.G. françaises ont envoyé un représentant du Comité Français contre la Faim, celui-ci a suivi la mission intégralement et a pris de nombreux contacts avec les O.N.G. travaillant en Éthiopie, la Banque Mondiale a envoyé un représentant pour la visite à Assossa. La Suisse et la Libye avaient annoncé la venue d'un représentant : ils ne se sont pas présentés.

Les autres grands donateurs et assistants de l'Éthiopie ont fait leurs enquêtes et programmes de leur côté :

— l'U.N.D.P. a son propre programme de projets de développement rural et elle vient de recevoir un don de l'Italie pour réactiver certains projets ;

— l'U.N.I.C.E.F. s'occupe plus particulièrement des projets d'adduction d'eau, de protection des sources et de forages de puits dans les campagnes. Elle suit aussi bien évidemment les questions de nutrition ;

— le P.A.M. reste très actif en Éthiopie avec non seulement une aide d'urgence, et une assistance aux « settlements » mais aussi avec un programme très important de « vivres-contre-travail » ;

— le F.E.D. (Fonds Européen de Développement) et la Banque Mondiale ont des actions déjà bien connues. L'aide technique et financière au plan bilatéral dans le domaine de l'Agriculture vient en particulier de la Suède, l'Italie, l'Allemagne fédérale et le Canada. La participation française bien que constante reste limitée : Mission Vétérinaire et Faculté d'Alemaya. Les États-Unis ont comme on le sait apporté une aide alimentaire substantielle. La Grande-Bretagne, la Chine et plusieurs pays de l'Est (Bulgarie, Allemagne, Yougoslavie, U.R.S.S.) ont participé avec Cuba, le Yemen, la Corée à cette aide.

Les organisations non gouvernementales, dont les branches techniques de plusieurs groupes confessionnels, ont également une action efficace sur le développement rural à la base. Un bon nombre d'entre elles ont dû se spécialiser dans les secours d'urgence. Ce travail était nécessaire mais elles auraient peut-être pu faire mieux au niveau du développement rural.

Diagnostic

Les experts F.A.O. n'ont malheureusement pas eu de difficulté à porter un diagnostic sur ce mal qui a frappé l'Éthiopie et n'a permis cette année que des récoltes extrêmement médiocres, voire nulles dans certaines zones. Il y a certes des années plus sèches les unes que les autres, mais l'Éthiopie qui se trouve dans la zone intertropicale jouit normalement, du fait de cette situation et à cause de son relief, d'une pluviométrie raisonnable. Elle bénéficie d'un régime particulier parce qu'elle est située entre les deux zones de basses pressions naturelles en Afrique : celle des mois de janvier à avril (centre sud à sud-est de l'Afrique) et celle des mois de juillet à septembre (nord-est de l'Afrique). Ces basses pressions entraînent normalement des courants ascendants chargés d'humidité vers les hauteurs éthiopiennes avec deux saisons des pluies situées en mars-avril et juin-octobre. Ainsi la pluviométrie se situe pour environ les trois quarts du pays entre 600 et 2 200 mm/an. On se reportera avec intérêt aux cartes présentée par Daniel Gemechu dans la monographie *« Aspects of climate and Water Budget in Ethiopia »*. Addis-Abeba — University Press, 1977.

Ce mécanisme général des pluies est évidemment perturbé par d'autres phénomènes. Il ne se répète pas toujours avec la même régularité et varie d'une région à l'autre. Si à ces distorsions s'ajoute une mauvaise gestion du patrimoine naturel et des possibilités de conserver l'humidité ambiante on arrive à des catastrophes. On est obligé de constater que l'Éthiopie cette année s'est laissée surprendre sans avoir le temps de réagir malgré les moyens de contrôle actuels qui devaient permettre au moins d'éviter le pire.

— Le paysannat est responsable de cette gestion : on peut évidemment lui reprocher d'utiliser des méthodes de travail archaïques, c'est facile, mais c'est une situation de fait. De plus, et particulièrement dans les zones d'altitude, il s'est créé au cours des siècles un système de culture agricole relativement équilibré qui n'appelait pas de changement radicaux. L'accroissement de population et d'une population habituée à vivre d'une agriculture de subsistance a remis très sérieusement en cause cet équilibre.

— Cet accroissement a eu pour conséquence une utilisation plus intensive du sol et un déboisement très important qui en retour ont un effet très néfaste sur la conservation du sol et de l'eau. Il y a 20 ans on pensait que la population avoisinait 23 millions d'habitants et on comptait 14 à 16 % du territoire couverts de forêts. Aujourd'hui, on annonce 42 millions d'habitants (recensement de mai 1984) et seulement 3 à 4 % du pays restant couverts de forêts. On imagine aisément les déséquilibres qui peuvent s'ensuivre d'autant que l'agriculture est pratiquée sur seulement 10 % de la surface de l'Éthiopie.

— La réforme agraire était extrêmement nécessaire. Le régime impérial, qui avait essayé de prendre des mesures, ne s'est jamais résolu à les décider et à les appliquer. La réforme de 1975 a été par contre la plus radicale au monde puisqu'elle entraînait la suppression de toute propriété privée des sols sur l'ensemble de l'Éthiopie et donnait l'usage de la terre aux cultivateurs sous le contrôle des Associations de Paysans, les regroupant sur une surface théorique de 800 hectares. Elle a par contre créé des conditions nouvelles pour un système de culture qui restait identique à lui-même : on ne change évidemment pas des habitudes séculaires en quelques années. On a donc poursuivi la concentration de l'agriculture traditionnelle sur les hauteurs où le climat est plus agréable et d'une façon générale favorise les cultures grâce à une pluviométrie mieux répartie. Il faut aussi noter que des habitudes alimentaires se créent et que les moyens traditionnels ne permettent pas de cultiver des céréales comme le tef, l'orge et le blé dans les zones basses. Ces zones restaient le domaine de populations différentes (nilotiques à l'ouest et sud-ouest de l'Éthiopie), très clairsemées et maintenues à ce bas niveau de densité par la sévérité du climat propice aux maladies dont le paludisme et la trypanosomiase. Ces terres où l'on ne s'aventurait que pour la chasse et autrefois pour la traite des esclaves étaient considérées comme des terres « sauvages ». Les quelques habitants qui y vivaient rendaient bien aux gens « civilisés » des montagnes leur agressivité. Aucune communication n'existait et c'est seulement après 1974 qu'un très grand changement s'est produit. Le rapporteur de ces lignes a découvert lui-même, lors d'une mission en 1982 à moins de 200 km à l'ouest de l'axe de Debre Markos, Bahar Dar, qu'il était le premier Blanc à passer dans les villages qui ne semblaient pourtant pas si éloignés.

Conséquences : le sol en altitude est cultivé de façon plus intensive, sans assolement, les forêts disparaissent en bois de chauffage et de construction, les animaux augmentent en nombre, et empêchent le reboisement naturel en mangeant les jeunes pousses, la moindre surface herbagée est soit mise en culture, soit surpâturée, le fumier au lieu d'être utilisé comme engrais est utilisé comme combustible puisque le bois de chauffage devient de plus en plus rare. Les pluies et le vent, plus violents puisque plus rien ne les arrêtent, emportent la couche de sol fertile peu profonde.

C'est malheureusement trop simple mais qui aurait pu crier « casse-cou » ? Les experts internationaux et étrangers ? Ils ont cru bien faire en proposant dans l'élan de la Révolution verte des années 60 et début 70 des solutions techniques miracles basées essentiellement sur l'utilisation de semences à haut rendement. Mais chacun sait maintenant que ces semences de variétés nouvelles ou hybrides, demandent un environnement approprié, différent de celui des systèmes traditionnels. On est le plus souvent conduit à utiliser des engrais chimiques, des pesticides et à dépendre d'un besoin d'eau plus régulier pendant le cycle végétatif ; ce qui entraîne dans certains cas un changement radical des façons culturales traditionnelles. Les paysans éthiopiens n'étaient pas préparés pour un tel changement. De plus c'est une autre organisation sociale et économique qu'il faut introduire car on passe de l'économie de subsistance à une économie de marché. Autant de bouleversements qu'il faut préparer de loin et introduire avec un minimum de participation paysanne. Des solutions techniques sont connues mais elles ont été mises au point au cours d'une longue évolution principalement dans les régions à climat tempéré ; il faut maintenant les adapter aux régions chaudes et surtout travailler en étroite collaboration avec le paysannat qui reste la source et le moteur de la production alimentaire. Bien des propositions techniques des experts ont été suivies d'échecs au lieu d'être des remèdes parce qu'elles n'étaient pas adaptées aux possibilités humaines et écologiques du pays.

Les autorités gouvernementales n'étaient pas équipées à tous les sens du mot pour faire face aux changements rapides qui étaient nécessaires après la révolution : les structures nationales sont très fragmentées et la coordination entre elles est extrêmement difficile. On se reportera à l'annexe I où sont signalés les principaux services gouvernementaux impliqués directement dans l'agriculture, les Eaux et Forêts (plus d'une douzaine de ministères et commissariats), pour se rendre compte de ce morcellement dans un pays où plus de 88 % de la population est rurale (statistiques de mai 1984).

C'est en fait un héritage qui remonte loin. La révolution n'a pas effacé cette fragmentation administrative de l'ancien régime et le choix d'une politique de centralisation après 1978 a ravivé la rivalité de services qui ne doivent rendre compte qu'à une autorité toujours plus lointaine au fur et à mesure que l'on monte dans la hiérarchie pour atteindre le pouvoir central seul véritablement investi du pouvoir de décision. L'ancien Conseil Suprême du Plan Central devenu récemment le *Comité National du Plan Central* est théoriquement chargé de cette coordination et devrait atténuer les inconvénients signalés plus haut. On retrouve à ce Comité des Directions qui assurent les mêmes fonctions que les Ministères Techniques et agences mais il n'y a pas obligatoirement des relations très suivies entre Ministères et Directions homologues du Comité Central. D'où ces difficultés.

En plus de ces difficultés qui tiennent en partie au niveau général de développement technique du pays, le choix d'une politique qui favorise et demande d'abord la socialisation avant l'efficacité économique, peut poser des problèmes très graves quand un facteur climatique imprévu vient s'interposer. Ce facteur est particulièrement important en Éthiopie puisque ce pays vit essentiellement de l'agriculture et d'une agriculture en dépendance des pluies avec un équilibre extrêmement précaire.

Enfin pour être complet, bien que ce ne soit pas un facteur technique, l'insécurité de certaines régions, qui, elle aussi, reste dans une certaine tradition éthiopienne, ne facilite pas les mesures qu'auraient pu ou dû prendre les autorités gouvernementales.

Voilà donc les problèmes généraux auxquels l'Éthiopie doit faire face immédiatement mais il faudrait ensuite entrer dans le détail de chaque système régional où des contraintes et blocages se manifestent de façon différente. On sait en effet que la nature des relations entre les éléments qui composent les systèmes agraires particuliers est essentielle pour appréhender et aider le développement des sociétés rurales et de leurs systèmes de production agricole et pouvoir ainsi proposer des remèdes et solutions adaptées.

Remèdes

Sans vouloir entrer dans un détail plus minutieux qui serait cependant nécessaire pour le développement à moyen terme, les experts F.A.O. ont eu à envisager avec leurs homologues éthiopiens un certain nombre de solutions qu'ils présenteront sous forme de projets justifiés et chiffrés dans leur rapport. Nous donnons ici un bref résumé de ce qui paraît avoir retenu davantage l'attention de ces experts au cours des discussions avec les Éthiopiens.

Pour être durables ces solutions devraient s'appuyer sur un travail de connaissance plus approfondie de l'agriculture traditionnelle éthiopienne. Une telle étude a déjà été commencée, mais il faut la poursuivre. L'expérience accumulée par le paysannat éthiopien, même présentée sous des formes archaïques et très pragmatiques, est une richesse pour les scientifiques, ils doivent l'analyser, la consigner et l'utiliser.

Le programme d'action proposé par l'Éthiopie comporte des mesures immédiates qu'elle a déjà prises avec l'aide internationale pour améliorer la distribution des céréales y compris celles du marché intérieur, et des mesures pour le court terme comprenant, d'une part l'intensification de l'horticulture et l'accroissement de la productivité agricole, et d'autre part le transfert de population vers des zones situées à l'ouest et sud-ouest de l'Éthiopie où la densité de population est faible et les terres fertiles et non cultivées.

Remise en état de l'agriculture traditionnelle et modernisation progressive dans le court terme. Un projet de développement agricole, le P.A.D.E.P. (Peasant Agricultural Development Project) est à l'étude au ministère de l'Agriculture depuis plusieurs années. Il prévoit la division de l'Éthiopie en huit sous-régions : Érythrée-Tigraye/Godjam-Gondar/Wollega-Kaffa-Illubabor /Gamo Goffa-Sidamo/Shoa/Arssi-Bale/Wollo.

Cette division devrait permettre une décentralisation au niveau de la décision agricole et des programmes particuliers à préparer. Ce projet donne une grande importance à l'action des agents de développement chargés de la vulgarisation et du conseil au niveau des agriculteurs. Ils devraient être installés au milieu des paysans au siège des coopératives de service et suivre un programme dit « Formation-Visites ». Ces agents trouveront au niveau des districts et des provinces, des spécialistes du ministère de l'Agriculture à qui ils présenteront les problèmes techniques des paysans et répercuteront les solutions et conseils de ces experts durant leurs visites aux paysans.

Malheureusement ce programme n'a trouvé de financement que pour trois régions (sud et est) et n'est pas encore mis en place. Pour combler les manques de ce projet P.A.D.E.P., le ministère de l'Agriculture vient donc d'identifier des projets plus ponctuels à mettre en œuvre immédiatement dans le cadre de son programme d'action à court terme, afin de répondre tout de suite au problème de la sécheresse. C'est à ces projets qu'ont dû s'intéresser les experts de la mission F.A.O. Ils sont notés ici pour une première présentation, accompagnés de quelques notes d'appréciation.

Horticulture. Il est bien évident que la culture des légumes autour des villes, le long des cours d'eau, permet de subvenir en grande partie aux besoins alimentaires des populations urbaines. Il y a également un potentiel très grand pour les milieux ruraux malheureusement peu habitués à cette nourriture.

L'Office de Développement Horticole précise qu'on estime à 1 700/2 000 ha la surface cultivée en légumes autour d'Addis-Abeba, elle pourrait être accrue. Cet office pour sa part, compte développer rapidement la production des pommes de terre et des semences de pommes de terre. Ainsi, la ferme d'État de Sheneka (Bale) produit des semences de pommes de terre sous irrigation sur 50 ha, et devrait pouvoir en distribuer aux paysans à partir de juin 1985. Une autre ferme d'État, à Garadella produit sous alimentation pluviale des pommes de terre pour la consommation. 300 ha sont actuellement cultivés, mais on pourrait passer à 5 000 ha en mettant cette culture en rotation avec d'autres sur les 16 000 ha de cette ferme. Un projet est donc présenté par l'Office du Développement Horticole pour importer des variétés d'Europe déjà testées, ce qui permettrait de développer rapidement la culture de la pomme de terre. Cette culture est pratiquée dans plusieurs régions du Sud, dans le Hararghé, et a été introduite récemment dans les régions du Centre nord. Elle obtient un certain succès et les rendements sont corrects, avoisinant les 200 q/ha sans irrigation.

Les choux sont bien connus en Éthiopie : la variété locale n'est pas très productive. Le chou pommé par contre pousse très bien et est en général apprécié. L'introduction récente dans certains milieux ruraux de la betterave rouge, de la carotte et de la tomate est prometteuse. Le ministère de l'Agriculture présente donc un programme pour l'achat de 60 000 kg de semences de légumes. Ce programme doit être encouragé mais il demande un encadrement pour être réussi.

Production de semences. Cette question, vitale pour l'agriculture avait déjà été évoquée il y a plusieurs mois par le ministère de l'Agriculture. Ce ministère se plaignait en effet que l'Office de production de semences sous tutelle des fermes d'État n'était pas en mesure de répondre à la demande paysanne.

Cet office a été créé en 1979, pour multiplier des semences de qualité contrôlée et les distribuer, en particulier blé, maïs, orge et sorgho ainsi que légumineuses et graines oléagineuses. Durant les trois dernières années, 20 000 tonnes/an de différentes semences ont été produites. Cette production est effectuée sur des fermes d'État (17 000 ha) et des fermes coopératives (800 ha). Six unités de traitement des semences sont en ordre de fonctionnement avec des capacités de 40q/heure pour quatre d'entre elles, et 15q/heure pour les deux autres. Ce projet a été mis en place avec l'aide de la F.A.O.-U.N.D.P., et possède un laboratoire équipé, des facilités de stockage (180 000 q) et un personnel qualifié. La production peut être augmentée et on envisage volontiers de produire 50 000 tonnes en 85-86.

Le ministère de l'Agriculture estime de son côté le total des besoins annuels en semences à 120 000 tonnes. Il est évident que la plupart des paysans utilisent leurs propres semences mais cette année le déficit va être très important puisque dans les régions touchées par la sécheresse, les semences ont été consommées. Il faudrait fournir au paysannat près de 40 000 tonnes de semences. Le ministère pense donc que l'Office de production des semences ne sera pas en mesure de le faire, que son système de distribution est trop lent, que les semences ne sont pas adaptées aux différentes régions écologiques, etc. Il veut donc avoir son propre système de production et multiplication des semences.

On comprend bien que le ministère veuille simplifier les circuits et demeurer proche de son paysannat, mais c'est plutôt à cet Office, créé pour la multiplication des semences, de faire le pas. A l'origine, on a sans doute pensé plus en termes de fermes commerciales et d'État que de paysannat, mais d'un autre côté, cet Office de production de semences est maintenant équipé et possède une expérience de plusieurs années. Poussé par les circonstances actuelles et sans doute par les plaintes du ministère de l'Agriculture, il vient de présenter un nouveau projet d'urgence beaucoup plus au « ras du sol » qui semble devoir répondre aux besoins du paysannat. Il s'agit de construire douze entrepôts pour le stockage de semences d'une capacité de 2 000 tonnes chacun, dans les régions touchées par la sécheresse. Wollo, Tigray, Gondar, Godjam, Hararghe, Bale, Sidamo. On y stockera des semences sélectionnées, déjà testées dans la région, mais aussi des semences provenant des récoltes locales. Ces dernières seront triées, traitées à l'aide d'unités mobiles de traitement. Cette solution très pragmatique paraît sage dans les conditions actuelles, et de plus permet de revaloriser les variétés locales à un coût très faible. Il y aurait donc là possibilité de réconcilier la demande pratique et immédiate du paysannat traditionnel et un office de production davantage tourné vers des exploitations modernes.

Outillage agricole. Service de tracteurs. Avant la sécheresse, selon les chiffres du ministère de l'Agriculture, 30 % des paysans seulement avait une paire de bœufs. Les autres n'avaient qu'un seul bœuf ou aucun. Malgré cela la culture attelée était pratiquée d'une façon générale sur les hauts plateaux éthiopiens, et on arrivait, tant bien que mal, en empruntant à ses voisins soit un bœuf soit une paire de bœufs à labourer les champs (un minimum de quatre passages est nécessaire avec l'araire éthiopien), à procéder aux semis et aux entretiens des cultures.

La sécheresse a réduit de façon drastique le nombre de bœufs de labour disponibles. Le ministère envisage donc maintenant d'acheter environ 66 000 bœufs et de les distribuer à crédit aux paysans. De son côté, la R.R.C. pour son programme de déplacement des populations a avancé le chiffre de 366 000 bœufs nécessaires. On voit mal où trouver tous ces animaux.

Pour débloquer la situation, le ministère se propose de louer les services de tracteurs aux paysans. Ces tracteurs feraient le travail de base (un bon déssoussolage serait très utile et souvent meilleur qu'un labour) puis les paysans achèveraient le travail avec les bœufs ou des outils à main. Il faut bien évidemment prévoir les équipes de maintenance pour les tracteurs, savoir que dans bien des endroits le tracteur est contre-indiqué pour la conservation du sol et qu'on est encore loin de tout résoudre par la machine. Par ailleurs, l'amélioration de l'outillage traditionnel présente beaucoup de difficultés à cause du petit gabarit des bœufs éthiopiens auxquels est finalement bien adapté l'araire éthiopien. L'outillage à main peut par contre être développé et amélioré. L'usine de l'Ethiopian Metal Tools Factory a une capacité de production annuelle de plus d'un million de pièces dont près de la moitié sont des outils agricoles, mais elle doit importer le fer. Le problème du fer se pose également aux forgerons traditionnels dans les campagnes.

On voit donc les besoins immédiats de l'Éthiopie dans ce domaine. Très peu de travaux ont été consacrés au petit machinisme et à son amélioration. L'outillage doit être adapté au système de production, de nouveaux types de machines très simples (fauchage, battage, transport) doivent être trouvés. De la matière première est nécessaire, et enfin une mécanisation prudente et intelligente peut permettre de résoudre certains blocages.

Irrigation. Pompes. Réservoirs d'eau. L'irrigation pourrait évidemment résoudre bon nombre de problèmes agricoles de l'Éthiopie. Elle est déjà pratiquée sur des grandes fermes, mais aussi dans quelques provinces surtout pour des cultures maraîchères. Là encore, un encadrement ou une formation sont nécessaires car c'est une forme de travail différente de celles que connaissent les paysans. Il ne faut donc pas penser petits barrages, digues de retenue d'eau, diversion de cours d'eau sans savoir comment peut être utilisée tant au plan social que technique l'eau ainsi retenue et mise à disposition. Le premier pas est certainement d'utiliser l'irrigation pour les cultures maraîchères et fruitières et pour les herbages. Il sera possible d'aller plus loin ensuite.

Santé et nutrition animale. Une quantité importante de différents vaccins vétérinaires est produite sur place. La Mission Vétérinaire française est fière, à juste titre, d'avoir participé de façon fondamentale à la mise en place et au fonctionnement du laboratoire de production. D'autres vaccins et des techniques nouvelles devront être développés, d'autant que l'introduction de races métisses ou améliorées entraîne une plus grande sensibilité à des epizooties non connues des races locales. Les carences alimentaires restent cependant la cause principale d'un terrain favorable aux maladies parasitaires et aux maladies contagieuses. Le pâturage naturel est devenu insuffisant, il faut donc introduire des cultures fourragères et complémenter les rations en oligo-éléments nécessaires, par exemple sous forme de pierres à lécher.

Engrais. Pesticides. Stockage. Le ministère de l'Agriculture pense que 870 000 quintaux d'engrais chimiques sont nécessaires. Il est absolument certain que d'une façon générale on note en Éthiopie une carence du sol en phosphore et qu'une amélioration en azote provoque une réponse positive. Il est dommage que l'on n'insiste pas davantage sur les fumures organiques ou sur la recherche concernant les phosphates naturels contenus par exemple dans les scories volcaniques.

Le ministère désire par ailleurs fournir aux paysans des pesticides spécialement pour le stockage. Il y a de fait des pertes considérables durant le stockage qui mériterait d'être amélioré. C'est un domaine où tout reste à faire. Un projet, le Crop Protection Project, a été récemment mis en place avec l'aide du P.N.U.D. pour commencer le travail de protection des récoltes.

Production de gomme. Il faut enfin mentionner ce projet auquel le ministère de l'Agriculture attache de l'importance, avec raison sans doute, à cause du marché très ouvert des différents types de gommes naturelles récoltées en Éthiopie. Le gouvernement voudrait donc faciliter l'établissement de 15 000 personnes pour travailler à la récolte de ces gommes et résines et passer d'une production actuelle de 3 000 tonnes à 9 000 tonnes par an. Les conditions de travail sont dures, car les récoltes se pratiquent sur les arbres des basses terres, mais le profit pécuniaire est important.

Remarque finale. Il n'en reste pas moins que l'urgence parmi les urgences est la conservation du sol et la reforestation. La mise en défens de zones définies, surtout les plus élevées, permet une régénération naturelle des pâturages et des espèces ligneuses. Des expériences faites avec des associations de paysans se sont montrées d'une efficacité remarquable, comme celle réalisée pour le projet de Serinka (Wollo).

Un contrat avait été passé avec des associations. Il était assorti de différentes clauses : rémunération partielle de travaux de conservation du sol (fossé de protection pour contenir les eaux des terres dominantes, banquettes, terrasses) mais aussi protection des zones hautes avec interdiction aux hommes et animaux d'y pénétrer. Les agriculteurs étaient par contre appelés à certaines périodes de l'année pour venir couper l'herbe et l'utiliser pour leurs animaux. Cette régénération est longue, et aux dires des forestiers demande presque cent ans. Il est donc urgent de l'entreprendre puisqu'elle est possible en Éthiopie.

Enfin, une recherche appliquée est à entreprendre au niveau du paysannat en intégrant les données des systèmes agraires traditionnels et celles de la science moderne, gardant toujours présent à l'esprit que les acteurs du développement agricole sont les paysans et qu'ils doivent en être partie prenante.

Transfert et établissement de populations dans des zones à faible densité. Parmi les mesures à court terme que se propose de prendre le Gouvernement éthiopien est inclus le transfert de populations des régions frappées par la sécheresse et la famine vers des terres plus fertiles.

Dans l'immédiat deux vagues de migrations sont envisagées : une première de 50 000 familles, celle-ci sera terminée dans les jours ou semaines à venir et une deuxième au cours de l'année 1985 portant sur 250 000 familles soit environ un million de personnes.

Ce projet n'est évidemment pas sans risques et supposerait une préparation et infrastructure qu'il est impossible de réaliser dans le minimum de temps restant. Quelle sera l'attitude des populations originaires des régions d'accueil ? Leur densité est faible mais elles sont souvent habituées à l'agriculture itinérante et au pastoralisme. Les conditions sanitaires ne pourront être que réduites à l'extrême essentiel au début de l'opération de transfert. La nourriture à distribuer arrivera-t-elle à temps et en quantité suffisante ? Autant de remarques à faire, de questions à poser. Pourtant il semble qu'il n'y ait pas d'autre alternative en attendant que se restructurent et se régénèrent les terres qui ont souffert d'un manque d'entretien et de conservation appropriés des sols.

D'un autre côté il existe des avantages à décongestionner des régions trop denses où l'exploitation agricole est inférieure à un hectare. Il aurait sans doute été souhaitable de créer des emplois dans une industrie de transformation et de libérer ainsi des terres pour permettre d'exploiter de plus grandes surfaces par famille, mais l'immédiat de l'année qui vient est pressant. De plus on se plaint beaucoup du traditionnalisme et de l'archaïsme des méthodes de travail des paysans : une situation nouvelle permet plus facilement des changements et oblige à des adaptations.

Il faut aussi tenir compte des réalisations anciennes qui sont loin d'être négatives et sont un encouragement pour les populations qui arrivent des régions de famine. Elles peuvent, comme à Assossa dans le Wollega, voir des terres mises en valeur et couvertes de récoltes.

Ce settlement a été créé en 1979 et demeure le plus important des 85 unités établies par la Commission de Secours et de Réhabilitation Rurale. Il est situé à environ 1 500 m d'altitude avec une pluviométrie minimale de 1 000 mm/an et maximale d'environ 1 500 mm. La zone environnante se présente comme une savane arborée.

La population déjà installée au début de l'année 1984 était de 7 240 familles soit 22 402 personnes. (La population totale des settlements à la même époque était de 32 267 familles soit 119 530 personnes.) La production 1983 a été d'environ 57 000 quintaux de différentes cultures : maïs, sorgho, tef, haricots, noug, piment. Les moyennes de production à l'hectare données par les officiels du settlement semblent faibles comparées à ce que l'on pouvait voir dans les champs. Le maïs était donné à 14,25 q/ha alors qu'à l'œil on pouvait l'estimer plus proche de 20 et le tef à 1,86 q/ha alors que les paysans eux-mêmes parlaient de 6 à 7 q/ha ; pourquoi ces sous-estimations ? Il est difficile de répondre. La quantité de céréales distribuées durant la dernière année a été de 64 000 quintaux car jusqu'ici le settlement vivait sur l'aide étrangère et sa production était commercialisée par l'Agricultural Marketing Corporation.

L'organisation actuelle est du type coopérative de prodution, chacune disposant de 1 250 ha pour une moyenne de 500 familles. Les responsables gouvernementaux reconnaissent aujourd'hui que ce type d'organisation collective n'est pas le meilleur moteur du travail agricole et pensent revenir, ainsi qu'il a été mentionné plus haut, à l'exploitation individuelle (2 ha) avec infrastructure commune.

Assossa et les terres voisines de Bambassi doivent être maintenant le site d'établissement de 20 000 familles supplémentaires dont presque la moitié était déjà arrivée au moment de la visite à Assossa de la mission F.A.O. Les débuts sont sans doute difficiles (manque de nourriture pour les enfants, insuffisance de médicaments) mais il y a eu volonté de préparer la venue des nouveaux « settlers » et de les aider à s'installer rapidement.

Des plans ont été préparés pour contrôler les termites qui sont un des méfaits de ces terres basses, mais il y aura des solutions à mettre en œuvre pour protéger les habitations menacées de tomber en ruine très rapidement. La coopération française a étudié cette question et doit soumettre prochainement des recommandations simples et pratiques à ce sujet.

On peut aussi craindre une déforestation trop rapide de ces sites surtout là où sont installées les coopératives qui travaillent avec des tracteurs sur des champs très ouverts. Un programme de reforestation est prévu : en 1983, 652 000 plants de pépinière ont été préparés, 787 000 en 1984, et il est prévu d'en produire 3 millions en 1985 avec l'aide de la coopération allemande (G.T.Z.). Si les exploitations sont réduites maintenant à deux hectares et si une politique est mise en œuvre pour que le couvert actuel soit en partie conservé les dangers seront moindres. Mais cette question reste très importante.

On peut donc dire en conclusion que la solution du transfert de populations sans être une panacée, loin s'en faut, est un moindre mal dans la situation actuelle qui est grave. Si de plus après quelques années ces terres nouvelles étaient vraiment mises en valeur, on pourrait dire que l'Éthiopie a développé son capital agricole et donc répondu à la demande qui lui est faite de pourvoir au mieux à sa propre alimentation.

Conclusion

Il est évidemment très souhaitable que l'aide et les secours apportés à l'Éthiopie puissent être prolongés par une assistance technique appropriée qui permette à ce pays d'utiliser de la meilleure manière son potentiel humain et agricole. Les experts F.A.O. étaient tous d'accord pour souligner l'importance de donner confiance au paysannat et de lui permettre d'améliorer son niveau de vie en lui laissant la responsabilité de son travail et de son exploitation agricole. Par contre il faut aider le paysannat à s'organiser pour qu'il protège ses sols et développe ses forêts. Enfin le gouvernement et particulièrement le ministère de l'Agriculture auraient tout intérêt à travailler non seulement avec les organisations internationales et les gouvernements étrangers mais aussi avec les Organisations non gouvernementales qui lui proposent des projets simples à réaliser avec les Associations de Paysans : stockage des récoltes, petite irrigation, développement des technologies rurales de base, transformation artisanale des produits agricoles, apiculture, maraîchage, énergies renouvelables, habitat rural, pour ne mentionner que quelques-uns. La F.A.O., par l'intermédiaire de sa branche O.N.G., pourrait très bien être l'interlocuteur du ministère et le coordinateur des bonnes volontés qui de par le monde souhaitent que l'Éthiopie sorte définitivement du mal de la faim.

Décembre 1984

ANNEXE I

SERVICES GOUVERNEMENTAUX ÉTHIOPIENS IMPLIQUÉS DANS L'AGRICULTURE, LES EAUX ET FORÊTS

1) *Le ministère de l'Agriculture*

Agent principal du développement agricole il fournit les services techniques aux agriculteurs (associations et coopératives) et est responsable de l'exécution des projets de développement de l'agriculture intensive.

De ce ministère dépendent aussi les Services Forestiers, et ceux de l'utilisation des sols et de la pêche. Le ministère de l'Agriculture a créé récemment un Office pour la fourniture des intrants agricoles (Agricultural Input Supply Corporation) et une Entreprise pour la transformation et commercialisation des résines naturelles (Natural gum Processing and Marketing Entreprise).

Il vient d'être divisé en quatre vice-ministères (10 décembre 1984) :
— Protection et Développement des Ressources Naturelles
— Expansion du Développement Rural
— Coopératives et Développement agricole
— Développement de l'Élevage.

2) *La Commission de secours et de réhabilitation rurale*

(Relief and Rehabilitation Commission — R.R.C.).
Double fonction :
— coordination des activités de secours et distribution de l'aide,
— installation des sinistrés et des populations venant des hauts plateaux surpeuplés.

Elle dépend entièrement des secours internationaux pour ses programmes.

3) *Le ministère des Fermes d'État*

Chargé de la gestion et du fonctionnement des fermes d'État. De lui dépend l'*Office de Production des semences* et l'*Agence nationale pour le Développement de l'Horticulture*.

4) *Le ministère du développement du Thé et du Café*

Ce ministère a ses propres services de vulgarisation pour le paysannat.

5) *L'Institut de Recherche Agronomique* (I.A.R.)

Dépend de la commission des Sciences et de la Technologie.

6) *L'Office de commercialisation des produits agricoles*

Agricultural Marketing Corporation (A.M.C.) ; est sous la tutelle du ministère du Commerce intérieur.

Cet office est chargé de la commercialisation afin de stabiliser les prix et organiser la distribution des produits agricoles.

7) *Le ministère du Commerce extérieur*

Deux agences placées sous sa tutelle sont chargées l'une de l'exportation des légumineuses et plantes oléagineuses, l'autre de l'exportation des peaux et cuirs.

8) *L'Institut national de nutrition* est sous la tutelle du ministère de la Santé.

9) *L'Usine nationale de fabrication d'outils* qui fabrique le petit outillage agricole dépend du ministère de l'Industrie.

10) *La Commission de l'Enseignement Supérieur* couvre l'enseignement supérieur en Agronomie et Élevage ; les universités et collèges d'Agriculture ont leurs propres programmes de Recherche.

11) *Banque éthiopienne de Gènes*

12) *Banque pour le développement de l'Agriculture et de l'Industrie* chargée des prêts aux coopératives et associations de paysans.

ANNEXE II

ÉTHIOPIE AGRICOLE EN CHIFFRES

Population : 42 millions d'habitants.
   Taux de croissance annuel : 2,9 %.
   Population rurale : 88,7 % : 37,2 millions.

Surface : — 122 190 000 ha entre les 3° et 18° de latitude Nord et les 33° et 48° de longitude Est.
   — 84 000 000 ha sont considérés comme terres cultivables.
   — 12 000 000 ha seulement sont cultivés.

Altitude des cultures principales : Tef (eragrostis abyssinica), orge, blé, légumineuses et plantes oléagineuses : 1 800 à 3 000 mètres.

Pluviométrie des terres hautes : entre 600 et 2 000 mm/an.

Température des terres hautes : rarement au-dessus de 25 à 28° C.

Principales productions agricoles récoltées en 1983-1984

— Céréales :

Maïs	1 590 000 tonnes
Tef	1 214 000 tonnes
Sorgho	1 160 000 tonnes
Orge	1 067 000 tonnes
Blé	772 000 tonnes
Mil	193 000 tonnes
Avoine	28 000 tonnes
Total	6 024 000 tonnes

— Légumineuses :

Fèves	615 000 tonnes
Pois fourragers	140 000 tonnes
Pois chiches	43 000 tonnes
Vesce	40 000 tonnes
Lentilles	38 000 tonnes
Haricots	19 000 tonnes
Total	895 000 tonnes

— Graines oléagineuses :

Noug	56 000 tonnes
Lin	40 000 tonnes
Fenugrec	3 000 tonnes
Sésame/arachide[1] :	3 000 tonnes
Total	102 000 tonnes

Total : 7 021 000 tonnes. Chiffres F.A.O. avec l'indication suivante : « Source gouvernement, ces chiffres ne comprennent pas les 5 % de la production "belg" (petite récolte des mois de mai-juin) des coopératives et des fermes d'État ».

Pêche : — production potentielle annuelle
23 300 tonnes, eau douce,
36 000 tonnes, mer.
— production actuelle lacustre
3 500 tonnes/an.

---

1. Ensemble.

Associations de paysans :
- 19 543 A.P. (juin 1982)
- nombre d'adhérents : 5 152 187 personnes.

Coopératives de production (1982) :
- 837 coopératives : 57 862 coopérateurs, 117 255 ha cultivés
- dont 57 coopératives légalement enregistrées.

Coopératives de service (1982) :
- 3 603 regroupent 16 429 associations de paysans soit un nombre de famille de 5 021 873
- dont 575 légalement enregistrées.

Les chiffres concernant les coopératives datent de deux ans et le décret concernant leur organisation de 1979.

Réinstallations paysannes — R.R.C. :
- déplacements antérieurs à 1984
  40 000 chefs de famille (environ 200 000 personnes) établis sur 83 sites (57 sont considérés autosuffisants) ;
- déplacements prévus en 1984-1985
  1re phase : 50 000 familles (200 000 personnes) du Wollo et Tigray vers Keffa, Wellega, Illubabor.
- 2e phase : 250 000 familles (1 000 000 de personnes) du Wollo, Tigray et Gondar.

INSTITUTIONAL AND PRACTICAL RESPONSES
TO DROUGHT IN ETHIOPIA*

by Comrade Dawit Wolde Giorgis
Chief Commissioner
Relief and Rehabilitation Commission
(R.R.C.)

Ladies and Gentlemen, November 29, 1984

I am honoured to have been asked to address this distinguished group of scholars, gathered in Addis Abäba for the Eighth International Conference of Ethiopian Studies. You will understand, however that I shall not be speaking on an academic subject, though at the same time I should like to stress the much closer links that must be forged over the coming months and years between the very practical activities carried out by the Relief and Rehabilitation Commission of the Ethiopian Government, and the scholarly work carried out by those of you gathered here today.

My topic today is drought, hunger and famine, the institutional and practical responses made to these tragic facts of life in Ethiopia locally, and the response made by the international donor community. Because of the 7 million people in the country presently facing food shortages, and the misery and suffering being endured by this large number of people, the subject is of special relevance at this time. It is not a subject that any one of us, whatever our profession or calling, or wherever in the world we may live, can afford to ignore. And there is much to be learned by those of us who have the practical day-to-day responsibilities for the management of such crises from those working in a variety of different disciplines, whose knowledge and skills may help us to improve our practical responses.

Drought and famine are not new phenomena in Ethiopia. The earliest famine in the country so far known occurred at some time during the first

---

* Discours prononcé à l'ouverture du Congrès d'Études éthiopiennes d'Addis Abäba.

half of the ninth century, and was noted in the *Ethiopian Synaxarium*. This work attributed the cause of the famine to the wrath of God, and we are therefore not easily able to identify the real natural causes. From the 12th-16th centuries, there are records of famines in the country, which were attributed to a variety of causes including drought, locust invasions and other pest attacks. It is most probable that the famines that affected the country during the reigns of Lebne Dengel and Gelawdéwos, and during the middle and later parts of the 18 th century, were caused by drought. Often, these famines were accompagnied by epidemics, both amongst humans and animals, which resulted in an increased and widespread loss of life in those regions affected.

The Great Ethiopian Famine of 1888-1892 (known as *kefu ken*)[1], about which Dr Pankhurst has written, had a variety of causes, including drought, an outbreak of rinderpest and an influx of locusts. It caused a massive loss of human life, the break-up of families, dislocation and migration of people from one region to another.

Drought and famine have continued to plague Ethiopia in the 20th century the first recorded being between 1916 and 1920. The 1927-1929 famine hit Wello, northern Tigrai, parts of Gonder and northern Shewa, while these and other parts of the country were also affected in 1934-1935. Drought, locust invasion, and famine occurred during the years 1947-1950, 1957-1958 and 1964-1965. And before the catastrophic famine affecting Ethiopia this year, there was the disastrous famine of 1971-1973.

Although, through a reading of the available records, it is possible to chronicle the various disasters affecting the country over the centuries, it is not possible to be as precise about the causes of famine as one would like to be. Nor do we know enough about individual peasant or community response to drought and impending famine, either in the past or today. Further research is urgently needed on these topics, in order to strengthen capabilities and capacities in the field of food crisis management, at national down to peasant association level.

It is only recently however, that such questions have begun to be asked, and the need for answers understood ; it is only within the last ten years in Ethiopia that an instruction has been established by the Government to manage such crises, and within which a framework exists for the better understanding of the causes of drought and famine.

One of the causes of the popular revolution of 1974 was the appalling Wello famine of the preceding years in which upwards of 250,000 people lost their lives. With the revolution came the establishment of the Relief and Rehabilitation Commission : the new Government saw the need for the establishment of a fully mandated Government institution to take responsibility for a national priority, which had never been perceived as a priority before the revolution, *i.e.* the situation of Ethiopians who faced food shortages and sometimes famine. The Relief and Rehabilitation Commission was given the mandate not only

---

1. Amh. *kefu qän* « bad days », « days of misery » (Ed).

to take responsibility for those affected by food shortages in the short-term but also to propose and implement longer-term solutions with the objective of ensuring that such people could in future live lives of self-sufficient productivity.

I would like to describe briefly the work of the Commission, as this may be unfamiliar to you, and as it is certainly a unique organisation in the continent of Africa.

It is best to begin with the Early Warning System (E.W.S.). In the early days of its establishment[2], it was realized that the Commission's ability to act effectively in conditions of natural disaster could be enhanced by a prior state of readiness concerning knowledge of areas and numbers of people likely to be affected by food shortages, and a corresponding build up of stocks of food from the major food aid donors to cover all possible eventualities. In order to fulfill the former objective, the Early Warning System was established in 1976 with the purpose of informing all its possible users, including Government and donors, of impending food shortages after the Belg and Meher[3] harvests. The concept of a food supply system, *i.e.* the chain of events that lead from consumption to production[4], is central to the design and analysis of the Early Warning System ; the three food supply systems identified in Ethiopia are crop dependent, market dependent and livestock dependent, with some groups of people depending on more than one of these systems. The activity of the E.W.S. focusses on the identification of the major indicators which determine food availability in these three food supply systems, and the monitoring of the performance of these indicators over time so that failure could be detected as early as possible.

On the basis of the reports compiled by the Early Warning System, Disaster Area Assessment teams move into action ; during field visits, these teams, through a series of indicators such as rainfall, pest and disease problems, crop performance, livestock status, market flows and prices, grain stock situation, food consumption, health and nutrition indicators and a variety of social indicators, assess the magnitude of the problem of food shortages. These assessments are carried out either through short reconnaissance trips, or through longer sample survey studies.

The conclusions of the Disaster Area Assessment teams are immediately communicated to the Emergency Relief Department of the Commission which will act accordingly by sending the needed grain and other relief items to the affected areas, provided these are in stock. Distribution of the available relief items is carried out through the Commission's Regional Branch Offices, which have representatives down to *awraja* level[5], assisted by local committees made up of representatives of local Government agencies and mass organizations.

---

2. 1976 (Ed.).
3. Amh. *bälg*, short season of light rains, mid-March to mid-June ; *mähär* or *mäkär*, main harvest following the long rainy season of heavy rains (Amh. *krämt*) July to September (Ed.).
4. Or rather from production to consumption ? (Ed)
5. « Provincial level » (Ed.).

The Logistics, Transport and Air Services of the Commission have the responsability of organizing the movement of relief items from the ports and major warehouses to as near the places of origin of the affected population as possible. With the ruggedness of the terrain of much of the country and the poor road network, this in itself becomes a major operation.

In a situation in which there are scarce resources available for relief needs, rational allocation of these resources has to be made to the highest priority areas. To this end, the Commission has established a Programming Committee, comprising all the concerned Departments, which sets priorities on the programmes and projects to be implemented in the most severely affected areas, and on the allocation of the available relief food grain, the amounts of which have never in the past met the total requirements of the affected population.

A newly established Project Center within the Early Warning and Planning Service of the Commission has the responsibility of designing projects of intervention in response to drought situations, in the fields of both relief and rehabilitation. To supplement the activities of the Early Warning System and the Disaster Area Assessment teams the Commission's Information Center is shortly due to be expanded. With the strengthening of these divisions, there will be laid down the basis for a framework which the separate elements of prediction, up-to-date information on current situations, and the definition of priority programmes and projects for action can be brought together as a whole.

Resources for the work of the Relief and Rehabilitation Commission are provided from central Government funds, mass organizations, individual contributions, and the international donor community. In addition to the specialised United Nations agencies working in the country, and the bilateral contributions from other Governments, the Commission coordinates the work of over 30 non-governmental agencies, working in a variety of relief and rehabilitation projects all around the country.

Resources provided by the international donor community for the work of the Commission amongst famine victims and those affected by food shortages have never in the Commission's history, however, been sufficient for the needs, and this has been one of the major constraints faced by the Commission. Other major constraints include the lack of a Food Security Reserve to complement the predictive activities of the Early Warning System, a lack of trained manpower, a lack of transport facilities and, above all, a lack of funds for investment in rehabilitation and development projects.

It is this point that brings us to the second major responsibility of the Relief and Rehabilitation Commission, which is the implementation of longer-term solutions for those living in traditionally drought-prone areas of the country to ensure some degree of self-sufficient productivity for such people. In a situation in which people are short of food, whether it is a marginal deficit or death through famine that they face, it is a priority of the Commission, and of the Ethiopian Government as a whole, to bring needed food and other relief items to such groups. We all recognize, however, that it is only through investment in longer-term development programmes that famine conditions can be prevented, and the recurrence of situations such as at present can be avoided. With its rehabilitation Departments of Settlement, Agricultural Technology, Land Reclamation and Engineering, the Commission is attempting to make the transition in emphasis from relief to rehabilitation. Over 80 settlements, with a population of over 150,000, are now being supervised by the Commission, and the process of handling over those that have become self-supporting to the Ministry of Agriculture has now begun. Land reclamation, soil and water conservation and reafforestation programmes are under way in drought-prone areas.

Later in this address, I shall outline the programme currently being planned and implemented in response to this year's drought, for which massive further investment funds are needed. The point to be made at this stage is that the Commission will continue to put more and more emphasis on the rehabilitation and development side of its work, and does not accept the distinction made by many donors between humanitarian aid and development aid. There is nothing more humanitarian, in our minds, than to give people constantly affected by drought the chance to lead peaceful productive lives in which their labour will not be wasted by the vagaries of nature.

Having briefly outlined the institutional framework within which the management of food crises takes place in Ethiopia, I would like to outline what has happened in the country during the current year.

For the last few years, for reasons of recurring natural disasters, Ethiopia has faced an endemic problem of food shortages ; an analysis of national per capita food production figures over these years will show a national daily average of around the minimal famine ration. In years of drought, however, an already precarious food balance situation is exacerbated, and peasants with little or no food have to rely on outside sources of grain.

The effects of a second successive year of bad droughts in many parts of the country were felt in 1984, with the addition of areas newly affected. With people weakened by the effects of drought in 1983 and having sold many of their assets to face that crisis, the effect of a second year of drought on the same group of people could have been predicted to have been worse. In its annual synoptic report, after the Meher harvest, at the end of 1983, the Commission's Early Warning System did predict a worse situation during 1984, with an estimated figure then of over 5 million people likely to be affected by food shortages during the year.

The effects of the shortfall in national crop production after the main harvest season[6] were compounded by the failure of the 1984 *Belg* (short)[7] rains, the slow onset of which was noted in the 1984 R.R.C. Assistance Requirement Report, which was produced in March. An Early Warning System Report, produced in May, noted that « unlike previous years, this year's Belg rain failure has affected all regions of the country, and this has resulted in the disruption of the Belg season's agricultural activities, and delay in the agricultural

---

6. Amh. *mähär* (Ed.).
7. Amh. *bälg* (Ed.).

activities of the Meher (main) season ». It was noted in this report that, in most areas, Belg production is used to carry the population through the lean period before the main harvest (July-November) ; there are also areas of the country which depend mainly on Belg production, and a few others that are entirely reliant on it. Production from this season accounts for a least half the annual production in most parts of the highlands of Wello, Balé and Shewa, and there are also areas in most of the remaining regions which heavily depend on Belg, particularly in Tigrai, Gamo Gofa, Sidamo and Arssi.

Lack of rain during the Belg production season made an already bad situation worse, and a Commission Report of August 1984 noted that the estimated numbers of people facing food shortages had risen from just over 5 million to just over 6 million.

There were fears earlier in the year not only about the situation during the current year but also for the prospect during 1985. As early as May this year, the Early Warning System examined the Meher crop prospect for maize and sorghum which, at national level, accounts for around 35 % of total annual production. A report noted the following : normally, maize and sorghum are planted in March and early April, and are harvested in September-October : in May, these crops reach early growth stage. This year, the crops were not planted in most parts of the country until the first week in May. Even the land was not cultivated... It was reported that in most areas, planting of sorghum is no longer possible, and this will have a serious effect on food supply of the areas dependent on this crop. The report noted that, at that time, the planting of maize could be possible but that a favourable harvest would depend on the extension of the main rainy season beyond its normal cessation period, needing rain until at least the end of October.

The E.W.S. Report in August 1984 noted that, because of the late onset and inadequacy of the rain in various parts of the country, the prospect for the production of maize and sorghum was very poor. The report added that « although other crops were planted on time, several areas have also reported poor performance on these crops as well... » In general, crop failure is highly probable in the regions currently affected by food shortages, in some of them for the third successive year.

The latest situation report from the E.W.S. reviewed the country region by region and noted the following about Wello Region : « this year and next year, nothing other than a massive relief operation can save the population and unless appropriate action is taken immediately, mass migration of people is highly probable. Already people have started moving to the major towns of the region as well as to Gonder. »

With a summary of these Commission reports in mind, it is instructive to review the institutional response of the international donor community, which was a matter of grave concern to Commission staff until the very recent burst of activity, which has been generous, possibly not generous enough, and too late for many people. Had the warnings of earlier in the year been heeded and the requests for assistance supported, the present mass migration of people to the main roads and major towns in search of relief assistance might have been avoided, and the expense of even short-term rehabilitation measures reduced. With greater stocks of grain, and increased assistance in the field of transport and logistics, the deaths of people on their way from their villages to the distribution centres that have been set up in places accessible by road could have been easily avoided.

An appeal was launched by the Relief and Rehabilitation Commission in March of this year[9] for donor assistance in meeting some of the needs of those facing food shortages. Amongst other items, over 450,000 M.T. of grain was requested from the donor community for a six months' supply of food for those affected. The subsequent Commission appeal in August of this year noted that, since March, 34,000 M.T. of grain had been received up to date from 1983 pledges, but none of the 86,000 M.T. pledged after the March meeting.

The Commission made a further urgent appeal to donors in October, in a rapidly deteriorating situation, for over 1 million M.T. of grain for the coming 12 months. It was only after this appeal, about ten months after the first warnings of the impending catastrophe, that the donor community began to take the situation seriously and started to make higher pledges of food aid and other relief items than in the previous months of the year. It would have been difficult to ignore what was happening in Wello, but what was happening could have been prevented by the more timely import of food aid by the major food aid donors, not least in a year in which food production in Europe and North America had increased, by as much as 22 % in, some cases. In spite of the repeated appeals for assistance by the Commission throughout the year, it needed one dramatic exposure of the tormented and emaciated bodies of the drought victims on the T.V. screens of Europe and America to galvanize the world into realising that Ethiopia was facing grave food shortages, with all the consequences for human life that this entails.

This brings me to the point at which I should like to make some concluding remarks on the future of relief and rehabilitation activities in the country. In discussing the institutional framework within which the management of the food crises takes place in Ethiopia, I briefly described the activities of the Early Warning System, and its place in the framework of prediction and timely response. As one part of its response mechanism, the Commission has set up a Food Security Reserve : when this is fully operational, and the initial holding stocks for the reserve have been targeted at 180,000 M.T., immediate action can be taken by the Commission on the first information provided by Early Warning to move food stocks to regional stores in anticipation of food shortages in a particular locality. This would prevent mass migration of people from their villages to the roads in a disaster, and give the Commission time to solicit further food aid. As a recent F.A.O. document[10] stresses « effective famine prevention or relief is inconceivable in the absence of adequate food security reserves especially earmarked for emergency supply. Requirements for such

---

9. 1984 (Ed.).
10. This is not the F.A.O. document to be found here p. 201 (Ed.).

reserves should not be confused with regular food aid requirements, and the current efforts to resolve outstanding issues regarding their size, location and management should be pursued vigorously ». However, although Ethiopia's Food Security Reserve has been in existence for more than two years, it has always stood at less than 10 % of the targeted figure, because of lack of donor willingness to supply the required amounts. The Commission will nevertheless pursue this form of disaster preparedness with vigour in an effort to prevent the recurrence of the tragedy which had been encountered this year.

Other responses to famine situations being developed include the greater use of relief « food for work » programmes, so that needed infrastructural development work can be carried out, even in disasters.

Of the utmost importance in relief responses is the need to avoid long-term dependency on the part of beneficiaries receiving relief aid, and to avoid the break up of local structures, many of which over the years have developed their own sophisticated response mechanisms to drought and other natural calamities. The objective of the national institution charged with responsibility of taking care of those affected by food shortages must be to strengthen local response and capability to withstand and overcome disaster, so that the policies of self-reliancy in the development field are not broken down when disaster occurs.

In order to do this, however, in the most rational way, we need to carry out further research into the natural responses of both peasants and nomads to natural disasters, in the traditionally drought-prone areas of the country, so that programmes of intervention can be strengthened, both in terms of applicability to the particular communities concerned and in terms of the upholding of their own abilities to remain self-reliant.

Such a programme, because of the vastness of the country and the many varied ecological and local socio-economic systems, would take time, but the places in which such research should start would be in the priority drought-prone areas of the country. Both for this purpose, and in order to put the Commission in a better state of preparedness, some research on traditionally drought affected areas has already begun. A map already produced by the Commission's Early Warning and Planning Services on the country's main food problem areas taking into account various available records over the last thirty years, almost exactly coincides in fact with a map of the main food problem areas of 1984.

But while the Commission plans to strengthen its ability to intervene in disasters, it must also look to the implementation of longer-term solutions, of which resettlement and land rehabilitation are amongst the priorities, with the aim of increasing food production at peasant association or cooperative levels. This is not only because of what we see as the development of increasingly inward-looking policies on the part of the developed world, but also because it is proper, and not impossible, for countries like Ethiopia to become self-sufficient in food production.

A large resettlement programme, involving families from the overpopulated and overused highlands in the north of the country to the unused or underused land in the west and south, is now being implemented. Over the next 12 months, it is envisaged that around 300,000 families will make this transition to areas in which in time and with the proper agricultural inputs, they should not only be self-sufficient in food but also producing a surplus. At the same time, an increased land rehabilitation programme in the drought-affected northern highlands will be implemented, to attempt to regain what has been lost in soil productivity, deforestation, and water supplies for domestic, livestock and irrigation uses. Such programmes will need investment on a massive scale, but it is investment in increased productivity and prosperity for those families who are now dependent on outside sources of grain and relief aid.

In this address, Ladies and Gentlemen, I have briefly outlined the work of the Relief and Rehabilitation Commission, some of the constraints it is facing and some of the new ideals it has implemented and plans to implement for the better management of food crises, and for the longer term solutions of these crises. The Commission is a practical, action-oriented institution, having the daily responsibility of responding quickly to food crises, while at the same time attempting to find solutions to these. The best practice, however is informed by theory and research, and we are all the time attempting to increase our capabilities in these fields. I look forward to the forging of closer links between your fields and my own, with the aim of improving and strengthening our responses to drought and famine, so that the scenes we have seen this year of starving children and adults, and that have been seen throughout Ethiopia's history, may be eradicated for ever.

ENTRETIEN DU *SPIEGEL* AVEC LE CHEF DE L'ÉTAT ÉTHIOPIEN*

Spiegel : Monsieur le Secrétaire général, vous avez déclaré récemment que vous maîtrisiez le problème de la famine en Éthiopie. Pourquoi dans ce cas vous faut-il un million de tonnes de céréales pour 1986 ? Combien de temps encore l'Éthiopie dépendra-t-elle d'une aide occidentale ?

Menguestu : La situation est sans nul doute meilleure que l'an dernier ; avant tout d'ailleurs parce que les conditions climatiques se sont améliorées. Toutefois un pays aussi durement frappé par la famine et la sécheresse que l'a été l'Éthiopie ne peut se rétablir complètement dans l'espace d'un an. Il faudra d'autres livraisons de vivres pendant encore trois ans au moins.

Spiegel : Votre gouvernement prétend qu'une fraction seulement de l'argent collecté en Occident parvient en Éthiopie. Qu'est-ce à dire ?

Menguestu : Nous savons que beaucoup d'argent a été collecté en Occident. Mais ces dons ne sont pas toutefois parvenus à la seule Éthiopie mais aussi à ceux qui prétendent agir au nom de l'Éthiopie mais sont en vérité ses adversaires.

Spiegel : De nombreux donateurs en Occident ne font pas confiance à votre gouvernement ; ils veulent être sûrs que leur aide arrive directement à ceux qui en ont besoin.

Menguestu : Il y a en Éthiopie des groupes qui ne sont pas d'accord avec le gouvernement, qui troublent la paix du pays et sa construction. Et ces groupes terroristes reçoivent eux aussi des dons. En outre : de nombreuses organisations en Occident ont collecté de l'argent pour l'Afrique affamée mais, bien que ce soit l'Éthiopie qui ait le plus souffert de la sécheresse, c'est nous qui de tous les pays africains avons reçu l'aide relativement la plus faible.

Spiegel : Des agronomes ont établi que l'Éthiopie pourrait se suffire complètement à elle-même : pourquoi votre pays n'est-il toujours pas en état de le faire.

Menguestu : L'Éthiopie pourrait non seulement se nourrir elle-même mais encore nourrir d'autres pays. L'Éthiopie a souffert de nombreux siècles de la domination féodale. On ne peut pas en réparer les conséquences du jour au lendemain. Pendant trop longtemps nos paysans n'ont pas eu la possibilité de se familiariser avec l'agriculture moderne. C'est trop longtemps aussi qu'ils ont dû se défendre contre le colonialisme. Et notre pays a subi en plus des périodes

---

* *Der Spiegel*, 40ᵉ année, n° 34, 18 août 1986, pp. 140-141 et 144-145.

répétées de sécheresse et de faim ; de vastes zones, principalement dans le Nord, sont presque devenues des déserts.

Spiegel : Et comment comptez-vous changer cela ?

Menguestu : Nous devons d'abord mettre en valeur de nouvelles terres pour les paysans. Sur les anciennes terres, il faut intensifier l'agriculture, par exemple par l'irrigation. Nous ne devons plus rester dépendants des seules pluies. Il faut en même temps que nous élevions le niveau de formation des paysans. Les semences doivent être améliorées et le bétail doit être de race robuste. Il nous faut plus d'engrais et d'insecticides, de meilleurs outils et pour tout cela il nous faut l'aide d'experts agricoles. Le pays tout entier sera un jour recouvert d'un réseau dense de stations de recherche.

Spiegel : Ne serait-il pas plus réaliste de mettre davantage l'accent sur le contrôle des naissances ? Selon certains, la population éthiopienne aura doublé d'ici l'an 2000, passant des 43 millions actuels à 85 millions. Comment se nourriront-ils ?

Menguestu : Nous serions même en état de nourrir 200 millions d'hommes. Notre pays est grand et fertile. Nous ne livrons à la charrue que dix pour cent de l'ensemble des terres cultivables. Nous n'avons pas peur que la population continue d'augmenter. Le gouvernement n'inscrira jamais le contrôle des naissances à son programme politique. Cependant nous ne nous opposons pas à ce que les familles pratiquent leur propre contrôle des naissances.

Spiegel : Une des mesures par lesquelles vous cherchez à délivrer votre pays de la misère est un gigantesque transfert de populations paysannes. Vous avez déplacé presque 600 000 personnes des zones de famine du Nord vers le Sud-Ouest. On vous reproche de l'avoir fait par la contrainte et d'avoir séparé d'innombrables familles.

Menguestu : Ceux qui nous font ces reproches ne se rendent pas compte des dimensions de la famine en Éthiopie. Ils n'ont pas compris que des gens affamés et en détresse sont prêts à tout pour sauver leur vie. Cette famine est sans exemple dans notre histoire. Pensez donc : 16 millions de personnes étaient touchées.

Spiegel : Et ce que vous faites maintenant c'est sauver ces gens par la force s'il le faut en les arrachant aux déserts éthiopiens ?

Menguestu : C'est peut-être pour des raisons idéologiques qu'on nous a condamnés mais c'est peut-être aussi parce que nous sommes le seul pays qui ait recouru à de tels moyens. Mais il n'y avait pas d'autre solution. Si nous avions abandonné les hommes à leur destin dans le Nord nous serions obligés de vivre à perpétuité de l'aide étrangère. Quel pays, quelle organisation d'aide seraient disposés à fournir à l'infini à des millions de gens des vivres, des médicaments, des vêtements ? Nous étions obligés de déplacer les paysans pour les amener sur des terres vierges où le sol est plus favorisé par la nature.

Spiegel : Et les paysans s'y sont prêtés de leur plein gré ?

Menguestu : Oui. Avec l'aide de nos techniciens nous avons défriché les terres nouvelles en utilisant des machines pour préparer les champs. Avant l'arrivée des nouveaux venus nous avons creusé des puits, construit des hôpitaux, et installé des champs de foire. On a construit des routes et des abris. On a prévu de la nourriture, des médicaments et même de la vaisselle. Ce n'est qu'à partir de ce moment qu'on a fait venir les paysans.

Spiegel : Qu'on les a convoyés d'un bout à l'autre de l'Éthiopie. On a peine à croire que cela ait été possible sans recourir à la contrainte.

Menguestu : Nous avons déplacé 600 000 personnes. Nous les avons principalement transportées en bus et en avion. Nous avons fait cela en peu de temps avec les moyens limités dont nous disposons. Croyez-vous que c'était simple ? Citez-moi un autre pays en voie de développement qui ait mené à bien une telle entreprise ! Nous avons réussi à sauver des milliers de vies humaines.

Spiegel : Combien de temps vont encore durer les déplacements des populations ?

Menguestu : Nous avons dans un premier temps interrompu l'opération pour consolider les conditions de vie dans les nouvelles régions d'installation. Mais en même temps nous préparons de nouveaux transferts de population. On est déjà en train actuellement de rendre cultivables à grands frais en matériel et en hommes de nouvelles terres. Nous ne pouvons pas tolérer qu'il y ait de nouveau parmi nous des êtres humains réduits par la faim à l'état de fantômes. Trop de gens vivent encore dans le Nord.

Spiegel : Qui a financé le programme de déplacement de population ?

Menguestu : Jusqu'à présent nous l'avons fait par nos propres moyens. Tous les Éthiopiens ont contribué. Par des dons ou par leurs connaissances techniques. Les pays occidentaux n'ont voulu que soulager la famine. Pour des raisons idéologiques ils n'ont voulu rien avoir à faire avec le projet de transfert de population. Il y a heureusement des exceptions : l'Italie par exemple, et aussi le Canada.

Spiegel : Qu'en est-il des pays-frères socialistes ?

Menguestu : Ce sont principalement l'U.R.S.S. et la R.D.A. qui nous soutiennent par une aide médicale.

Spiegel : Et la R.F.A. ?

Menguestu : Malheureusement elle ne s'est pas encore déclarée prête à nous aider dans notre programme de transfert de population mais elle a mis à notre disposition des camions avec lesquels nous avons pu transporter vers l'Ouest les gens du Nord.

Spiegel : Ce n'est pas seulement votre programme qui est contesté mais le fait de regrouper les paysans dans de nouveaux villages. Vous avez déjà concentré trois millions d'Éthiopiens dans de nouveaux villages, vous prévoyez d'y installer encore d'autres gens par millions. Est-ce parce que cela vous permet de mieux contrôler la population rurale ?

Menguestu : C'est effectivement un sujet brûlant et nous nous sommes attaqués à ce sujet de beaucoup de côtés. En fait nos adversaires ne sont pas prêts à étudier l'histoire du peuple éthiopien. Depuis des siècles nos paysans s'installent dans de petites fermes très dispersées situées dans des montagnes inaccessibles ou des vallées écartées. Ces fermes-là aussi nous avons dû les approvisionner pendant la famine. Il a souvent fallu parachuter des sauveteurs et des secours dans ces endroits isolés parce qu'il n'y avait pas de route.

Spiegel : Ce n'est pourtant pas une raison pour les grouper comme des troupeaux dans des villages nouveaux, et cela contrairement à votre tradition historique.

Menguestu : Il faut que nous devenions enfin autosuffisants et même que nous produisions des surplus pour pouvoir les offrir sur le marché mondial. Pour cela il nous faut fournir aux paysans les techniques modernes. Comment vous imaginez-vous cela ? Devons-nous construire une route pour chaque ferme isolée ? Poser des kilomètres de conduites d'eau ? Fournir aux gens tout ce qu'il leur faut ? Il faut que les agriculteurs serrent les rangs pour jouir des équipements techniques et sociaux.

Spiegel : Les agriculteurs voient-ils aussi les choses de cette façon ?

Menguestu : Ils sont convaincus de l'utilité, ou même de la nécessité des nouveaux villages. Ils ont appris lors de la récente famine à quel point l'isolement peut être mortel. Maintenant ils n'ont plus besoin d'avoir peur, pas même des animaux sauvages.

Spiegel : Il arrive souvent que toute infrastructure manque dans les nouveaux villages. C'est aux paysans de voir comment s'arranger.

Menguestu : Tout ce que nous faisons n'est pas parfait. L'État et aussi les paysans commettent des erreurs. Chaque région a considéré l'exécution du programme comme une compétition. Cela a entraîné des problèmes.

Spiegel : Parce que le programme a été précipité.

Menguestu : Dans l'ensemble nous sommes satisfaits du déroulement de l'affaire. Nous avons eu beaucoup moins de préparatifs à faire que pour le déplacement des populations, la plupart des choses étaient déjà en place. Les paysans se sont associés et ont construit eux-mêmes leurs nouveaux villages.

Spiegel : Sans l'aide de l'État ?

Menguestu : L'aide de l'État est fournie par étapes. On commence par l'adduction d'eau. Puis les moulins à céréales. Troisièmement : des routes, l'électricité, des silos modernes pour les récoltes, des boutiques où sont offerts des biens de consommation. Quand ce sera fait, nous équiperons les nouveaux villages avec des tracteurs.

Spiegel : Tout cela est merveilleux. Seulement voilà : il est difficile de croire que ces beaux plans marchent effectivement. Qui donc est chargé de l'organisation ?

Menguestu : Nous avons réorganisé le ministère de l'Agriculture, nous avons formé 34 000 spécialistes en vue de ce travail. L'organisation est dirigée par un vice-ministre de l'Agriculture et outre cela il s'est formé entre temps un petit vice-ministère. On a créé de nouvelles sections, dirigées chacune par un vice-ministre, responsable par exemple de la prospection des ressources naturelles ou de l'élevage du bétail. Nous nous occupons également de la formation et du niveau technique des paysans.

Spiegel : Cela signifie avant tout plus de bureaucratie. Il y a beaucoup de cas, comme dans votre État-frère la Tanzanie, où des programmes de déplacement de population et de collectivisation paralysent l'initiative des paysans, si bien qu'ils produisent de moins en moins.

Menguestu : Étant donné les conditions nouvelles la comparaison avec la Tanzanie est fausse. Nos pays ont sans doute beaucoup de choses en commun. Mais bien que nous ayons les mêmes buts nous ne procédons pas de la même manière. Chez nous les paysans sont leurs propres maîtres, ils cultivent leur propre terre privée.

Spiegel : Qui décide ce que les paysans doivent produire ?

Menguestu : Les paysans peuvent cultiver leur terre aussi bien collectivement qu'à titre privé. Nous aurons bientôt en Éthiopie une paysannerie à l'aise.

Spiegel : On n'est pas loin de soupçonner que si vous déplacez les paysans c'est avant tout pour retirer leur point d'appui aux insurgés qui combattent dans le Nord. Pourquoi ne négociez vous pas avec les guérillas des provinces d'Érythrée et du Tigré ?

Menguestu : Les bandits du Nord savent qu'ils ne peuvent arriver à rien. Ils n'ont pas l'appui de la population. Mais on sait bien que le terrorisme est devenu un commerce lucratif. Les terroristes ont depuis longtemps perdu l'habitude de travailler de manière constructive, leur métier c'est la terreur — et pour cela on leur fournit des millions de dollars.

Spiegel : Qui ?

Menguestu : Je ne veux citer personne.

Spiegel : Les combats ont fait de nombreuses victimes y compris parmi les civils en Érythrée, au Wallo et au Tigré. De nombreux villages ont été détruits, le pays est transformé en désert. Aucune fin n'est en vue. Pourquoi ne faites-vous aucun effort en vue d'une solution pacifique ?

Menguestu : Nous avons invité les bandits à s'intégrer dans notre État, et plus d'une fois. Nombre d'entre eux ont d'ailleurs accepté cette offre. N'ont persisté dans la voie de la violence que ceux pour qui la terreur est devenu un métier. Ils ont malheureusement désappris le langage de la paix. C'est quelque chose à quoi il faudra que nous réagissions.

Spiegel : Pourquoi n'envisagez-vous pas une fédération comme solution pour l'Érythrée et le Tigré ?

Menguestu : Le modèle d'un État fédéral ne peut pas résoudre ce problème. Nous avons toujours été un État pluri-ethnique. Nous sommes justement en train de concevoir une nouvelle constitution qui offre à nos peuples la perspective d'un développement autonome. Tous les groupes seront représentés au « chengo », l'assemblée nationale populaire. La solution d'un État fédéral est envisageable pour des unités politiques ayant leur propre développement historique : cela ne vaut pas pour nous.

Spiegel : Le conflit frontalier avec votre voisin la Somalie dure lui aussi.

Menguestu : Il y a eu une guerre, qui a fait beaucoup de victimes. Ce n'est pas nous qui l'avons commencée. L'expansionisme somalien a infligé de grandes souffrances aux deux peuples. Le développement de notre pays s'en est trouvé sensiblement pertubé. Maintenant nous avons commencé à rétablir de bonnes relations. Le ministre somalien des Affaires étrangères vient d'avoir des entretiens à Addis-Abäba avec son collègue éthiopien. C'est un premier pas vers la paix. Mais cela ne supprime pas les raisons du conflit. Il faut d'abord que la Somalie règle chez elle ses problèmes politiques et socio-économiques. Il faut que la Somalie cesse de chercher en Éthiopie les causes de ses propres problèmes. Et deuxièmement il faut que la Somalie respecte enfin nos frontières.

Spiegel : Telles que l'Éthiopie les a tracées ?

Menguestu : Cette frontière est reconnue internationalement. Elle est inscrite dans la charte des Nations unies et dans celle de l'O.U.A. Il arrive souvent que des problèmes africains apparaissent parce que des frontières communes ne sont pas respectées. Il faut que la Somalie reconnaisse enfin ce fait.

Spiegel : Votre gouvernement a souvent déclaré qu'il devait trouver sa propre voie vers le socialisme. Jusqu'à présent on dirait plutôt que c'est l'Union soviétique le grand modèle. Les Américains pensent que vous avez entrepris d'installer une dictature marxiste.

Menguestu : Il y avait, au début de notre révolution, des forces, et ceci jusque dans la direction du Derg, qui ont parlé d'un socialisme éthiopien. Nous avons heureusement réussi à vaincre ces conceptions. Il n'y a ni socialisme soviétique ni socialisme chinois ni socialisme cubain. Il n'y a qu'un socialisme et qui est universel.

Spiegel : Qu'est-ce que cela signifie concrètement ?

Menguestu : Chaque pays a ses propres conditions objectives, et naturellement nous ne nous laissons guider que par nos conditions propres, bien que nous puissions tirer parti des expériences de l'Union soviétique, de la Chine et de Cuba. Nous avons un but commun mais le chemin est différent. Nous autres Éthiopiens nous sommes encore dans la phase démocratique de notre révolution, et la propriété est aussi bien dans les mains de l'État que dans celles du secteur privé.

Spiegel : Mais votre but est toujours le socialisme ?

Menguestu : Nous devons créer les conditions préalables à notre révolution : par exemple dans le secteur industriel. Les pays socialistes se trouvent à différents stades de leur développement. Et nous n'avons ni exemple ni équivalent pour notre développement.

(Traduit de l'allemand par Marie-Christine Midrouillet et Pierre Burger.)

BETRAYAL OF THE REVOLUTION*

As the 12 th anniversary of the overthrow of Haile Selassie is celebrated, Aleme Eshete (alämé ešäté) assesses the draft constitution.

The short-lived era of liberty which followed the 1974 revolution has finally died, and Ethiopians have once again been deprived of hard-won liberties and democratic rights. The revolutionary role of the Derg in ousting the emperor, defending the revolution against the aristocracy's attempt to restore its power, helping to destroy feudal relations of production by nationalising land — all noble measures — are now blurred by a screen which hides the selflessness of the earlier period of Ethiopia first.

The question has become one of Ethiopia first, or the Derg first. The two are incompatible.

In this context a draft constitution has once again been « given » in the absence of democratic rights. It legalises the Derg's position as sole party, saying the Derg will pass from being the « provisional military administrative council » to become a permanent political institution supported by a constitution and elected by the people.

Officially, the text was prepared by the Institute of Nationalities in Addis Ababa, established some three years ago. It was set up to study Ethiopian society and propose, one would presume, a constitution corresponding to Ethiopian reality, its history and culture, its economic and political image.

The institute's draft was submitted to the Workers' Party of Ethiopia. It is not clear what alterations, if any were made at this stage. Then the Constitutional Commission was proclaimed and started work in February, 1986. But there is no question of the commission of 343 members being a democratically elected body.

The constitution now proposed to the people after all this is almost an abridged translation of the Soviet constitution of 1977. One does not see Ethiopia in it. The chapters of the Soviet constitution are all reproduced in order.

There is a complete absence of any mention of Africa, of the O.A.U. (although its headquarters are in Ethiopia), of the struggle against colonialism, imperialism, apartheid, and racism, although Ethiopia does a lot in these areas.

---

* Source *The Guardian*, 13 septembre 1986.

While the constitution derives from the Soviet constitution, there is one major exception — the office and powers of the president.

Since the era of deStalinisation against the personality cult, power has been distributed in the U.S.S.R. and the Socialist countries of Eastern Europe or held by a team. Usually this is the presidium or council of state.

Apparently this arrangement did not satisfy the power structure of present-day Ethiopia. An additional provision was needed to usher in a powerful president. The search was not difficult. The constitution of the Socialist Republic of Romania offered a ready model to copy, although it is not clear what Ethiopia has in common with Romania.

The Ethiopian president is chairman of the presidium, commander in chief of the armed forces, recommends or appoints directly the Prime Minister, other ministers, and judges of the supreme court. He also concludes international treaties, and issues presidential decrees. He can be re-elected indefinitely.

Two issues included in the constitution — villagisation and resettlement — have a strong impact on the masses of the peasantry. Apart from moral, legal, and political ramifications, both require a huge investment in manpower, capital, and infrastructure.

How these two issues — two major but passing technical issues — which a specialised committee could deal with effectively become constitutional matters is not clear. It leads to speculation that the government may want to weaken opposition by attributing a constitutional force to its decisions.

Finally on the free discussion which Ethiopians were invited to conduct on the draft constitution. It was, in fact, a lecture session where a member of the Derg or a Cadre of the party read the text in Kebeles — village associations — and in embassies for Ethiopians abroad. The audience is invited and encouraged to comment.

But with the low percentage of literacy, political education, and sophistication, most people would not know what a constitution is, let alone be able to discuss its content effectively at first sight.

But the issue should not be who did better, the emperor or the Derg. This does no justice to the latter. Under the circumstances the result of the referendum on the constitution gives no cause for doubt. The Ethiopian people will unanimously vote for the Soviet constitution and a Romanian president.

Aleme Eshete was at the time of writing associate professor of Ethiopian Studies at Addis Abäba University.

THE SCANDAL BEHIND THE GREAT FAMINE*

Dawit Wolde Giorgis

The famine of 1984-1985 need never have happened. It is only the most recent and vivid example of the atrocities that are due to the callousness of the head of state, Mengistu, and the handful of men who make up the regime.

The world has never had, and may never have, an accurate account of the famine victims but the best estimates stagger the imagination. Between October 1983 and October 1985 over one million people died, over 100,000 were left permanently disabled, 200,000 children were orphaned or abandoned, two and a half million people were displaced within the country, and 450,000 fled as refugees to the Sudan.

This senseless loss of human life, this inconceivable misery could have been dealt with better, sooner, even avoided completely. Yet for month after month the government did nothing. Instead Mengistu spent millions on a lavish anniversary celebration of the revolution that led to his rise — all the more unforgivable since it was the indifference of the old empire to a catastrophical famine which created that rebellion and brought him to power 10 years before.

At that time the feudal system was overthrown and the revolution brought the promise of a better life to come, both for the individual and for society as a whole. That promise has been betrayed in the most inhuman way imaginable.

I was at the centre of these events as they developed. As the man responsible for exposing this famine to the world, launching an international appeal and coordinating the entire relief operation I was often forced to circumvent the ignorance, indifference, and even opposition of my own governement in order to bring relief to the starving.

In the months following my first disturbing report on the famine there were meetings after meetings on how to make the anniversary celebration as colourful and as impressive as possible. I remember one at the end of July 1983 after failure of the main rainy season in many parts of Ethiopia. The meeting lasted for three days. And for three days I sat in a meeting with the head of state and his retinue of administrators and not once was famine mentioned. I expected Mengistu to hear reports on the wretched, desperate state into which

---

* *The Guardian*, July, 2, 1987.

the country has fallen, and instead he spoke of a prosperous Ethiopia, a self-reliant Ethiopia, Ethiopia the emerging colossus of Africa. He harangued, boasted, pounded the table, commenting on reports in a way that showed no awareness of the horrible reality about to destroy our people.

The months from March to May, 1984, brought home the magnitude of the impending disaster. The failure of the second, shorter rainy season coincided with staggering early warnings that seven million people (one-sixth of the population) were going to die of starvation unless immediate emergency assistance was received. In March 1984, my international appeal to western and eastern ambassadors, heads of United Nations agencies, representatives of international and regional organisations for massive aid and my appeals to the UN in May did not bring the desired result.

Discussions I had with Mengistu immediately after my UN address in May and the argument over its content left me no doubt about the attitude towards the famine. He obviously believed that a serious famine did not even exist.

As the celebration of the 10th anniversary of the revolution approached, and the preparations grew more extravagant, the reported death rate reached an average of 16,000 to 17,000 a day in the known shelters and distribution centres and villages that the office I headed, the Relief and Rehabilitation Commission and voluntary agencies had established. I was certain the death rate was much higher because of uncounted villages and homes in inaccessible areas. Hundreds of thousands were leaving their homes, setting off in any direction from which there was a rumour of food. The sick and the aged were left behind to die.

Of those who left, 60 per cent did not reach their destinations. They died along the road of hunger or, too weak to defend themselves, were devoured by wild animals along the way. But still that summer thousands straggled into the centres, and more importantly, toward the capital.

It was then, when Mengistu heard reports of the ragged mobs of skeletons approaching Addis, that he finally acted : the police were instructed to make a human fence to keep the starving from entering the city and spoiling the show.

While the R.R.C. and voluntary agencies worked round the clock to inform the international public about the problems and our needs, the government media worked just as hard to hide the famine.

The months between March and December, 1984, were the most terrible the people of northern and central Ethiopia had ever seen. The R.R.C. along with the voluntary agencies opened shelters and distribution centres in as many places as our pathetically inadequate resources would allow.

Hundreds of thousands abandoned their homes in the provinces of Tigray, Wollo, Gondar, and Northern Shoa, selling everything they owned to wander off in search of food.

Throughout the build-up which lead to the death of over a million people, Mengistu was preoccupeid with the celebration, the army, and the urban population, particularly that of Addis Abäba. He stressed this during a meeting held in June in which he asked me to divert grain to the armed forces and

Urban Dwellers Association of Addis. Amazed, I tried to explain what was happening all around us, but I was quickly silenced with a tirade on the need to keep the soldiers and the Addis population satisfied until the celebration was over. After this meeting I was barred from seeing him until October. However, I continued my attempts to inform him of the disastrous situation through video tapes and still photos of the relief centres which I repeatedly sent to his office. Nothing had any effect.

In a five and a half hour speech he made at the colourful ceremony he did not mention at all the raging famine that was taking the lives of thousands every day at the time. Ethiopians can never forgive the callousness of a leader who was living in a fantasy world.

Frustrated in every attempt to ease the situation, I held an international donors' meeting in Addis at the beginning of October, severely criticising donors for staying on the sidelines and watching as though it were a show of human tragedy.

The R.R.C. invited Mohammed Amin and Michael Buerk of the B.B.C. It was this shocking film of starving Ethiopian men, women and children — without clothing, without food, without hope — that eventually shocked the conscience of the world. Governments, private organisations and individuals all reacted to our call. Throughout the world millions of people of all nations, children, the unemployed, old age pensioners, poured out sympathy and assistance.

Mengistu felt helpless as the initiative which he should have taken was stripped from him. He was no more as the centre of the Ethiopian situation. Instead, the international community took over and he found himself helpless and unable to control the development of events. With the sudden outpouring of sympathy and assistance decisions had to be made. The regime did not want to involve itself, on the contrary, they were trying to stop the aid.

Caught in between, I found it extremely difficult to maintain the balance between the human problems and the political interest of the governement. I can cite a few examples. In October, three days after Michael Buerk's film was shown, I came to London. As I stepped off the plane I found myself besieged by a dozen journalists with the Ethiopian ambassador, who happened to be my brother. I was swiflty taken to a press conference and barraged with questions on the scandals of the Ethiopian government. There were questions on the cost of the celebration and about the $ 400,000 worth of Ethiopia-bound whisky seen at one of the British ports. The whisky arrived at the port of Assab very much delayed for the anniversary celebration.

I was completely unprepared for this sudden scrutiny of my government. I knew very well that the celebration had cost $ 55 million. I new that the whisky had been ordered for the celebration, and I knew that the governement had allocated no extra funds for the famine relief effort. But I felt I had to protect myself and my purpose in coming to Europe. By discrediting the regime I would succeed only in jeopardising my own position while accomplishing nothing toward feeding the people — and so, with no sense of guilt, I lied. I told them my government was doing everything possible to avert the disaster.

I was taken to the then British Minister of Overseas Development, Timothy Raison. It was a Saturday evening and I was suprised to find the minister and another official waiting for me. The minister had a serious problem. He was under attack by Parliament and the media for having neglected the famine. To demonstrate now his sincere concern and good faith he wanted to send an R.A.F. squadron to help by transporting food.

I knew that a western airforce was the last thing Mengistu would want to see in Ethiopia, but my refusal would alienate a public who at the moment was very sympathetic and extremely generous. I could not get in touch with Addis and had to leave for New York, so on my initiative, I agreed to accept his offer. A few days later when the R.A.F. showed up on Mengistu's doorstep he was furious. He greeted me in New York by phone with a verbal onslaught that left no doubt as to his displeasure. He said, « Is this a raid by Nato forces ? This is a famine not a Nato military exercise. »

But similar situations occurred constantly on the tour through the U.S. and Europe and snap decisions had to be made. By the time I got back home the country was full of airplanes, foreigners, and journalists. My mission had finally succeeded, the international response was generous beyond belief — but the logistical and political problems were just beginning.

The role of the voluntary agencies was crucial. There were at one time 49 international agencies operating in the country all from the West. Coordination among themselves, and with the R.R.C. and the UN office was difficult at times. Voluntary agencies and foreigners were under constant surveillance by the regime's security office and political cadres were present in all relief centres. Most agencies were suspected of being fronts for C.I.A. or other intelligence agencies.

With the endless tug-of-war between factions, the political climate in Ethiopia changed every day, and the hardliners who eventually took over the country were forever urging their underlings into a more hostile, belligerent stance toward the relief agencies.

Even though efforts of the voluntary agencies and their members were almost exclusively motivated by humanitarian considerations, I cannot overrule the possibility that a few may have been involved in undesirable activities.

Hunger and war were intertwined and the most seriously affected areas were Eritrea, Tigray, and Wallo — the areas where the major insurgent movements operate. There was an understanding among the hardline elements, including Mengistu, to let nature take its toll and deprive these areas of food and other assistance, starving the guerrillas out, punishing the people, and depopulating the area. This never took place, partly because no Ethiopian in his right mind would implement such a decision and because the relief operation was being conducted with the close involvement of the government's officers.

The relief operation was huge, complex, and highly politicised but due to the magnificent cooperation of the donor agencies and their members we can only look back at the historical venture as a success story. British pioneer voluntary agencies like Save The Children and Oxfam did the most remarkable job under the most difficult circumstances. I had nothing but admiration.

The Royal AirForce operated in Ethiopia for over a year. But more than the planes, it was the performance of the crew that Ethiopians admired most. They were up early in the morning, not waiting for the cargo to be loaded but loading and unloading themselves in sometimes a 95 degree heat in the ports of Assab and Massawa. They are some of the finest human beings I have ever met.

But the real heroes were the starving people all of us served. They deserve our total respect for the way in which they have faced their recent adversities with the utmost dignity.

Dawit Wolde Giorgis is now a visiting fellow at Princeton University. The above is an edited version of an address he gave yesterday to the Royal Institute of International Affairs, Chatham House.

TABLE DES MATIÈRES

Introduction. Une approche spécifique, Joseph Tubiana	5
Abréviations et sigles	11
Orientation bibliographique, Michel Perret	15
Chronologie, Alain Gascon et Michel Perret	15
Ethiopie, révolution, famine : quel chemin l'Éthiopie rurale a-t-elle donc parcouru depuis 1974-1975 ?, Benoît Barbary	25
La réforme agraire de 1975	26
Une agriculture enracinée dans les terroirs régionaux	34
Quelles solutions ? Déplacements de populations	39
Les réformes agraires, Alain Gascon	43
La réforme de 1975 et la fin de l'ancien régime	45
La réforme agraire de 1975	47
Les vrais missionnaires de la réforme	49
La réforme agraire, l'État et la « campagne »	50
La terre reprise aux paysans	51
Une mise en œuvre prudente et brutale	52
Les désenchantements de la réforme et les hésitations des autorités	54
L'impasse des fermes d'État	55
Qui tient la terre tient le pouvoir, qui a le pouvoir prend la terre	56
Épilogue : 1987, la fin des réformes agraires ?	58
La famine : phénomène climatique ? Phénomène politique ?, Marie-José Tubiana	63
L'impact de la révolution chez les Oromo : comment ils l'ont perçue, comment ils ont réagi, P.T.W. Baxter	75
La révolution éthiopienne et le problème des nationalités dans la corne de l'Afrique : Somalie occidentale et Érythrée, Omar Osman Rabeh	93
Les positions éthiopiennes	94
L'Érythrée	96
La Somalie occidentale	97
Le langage de la révolution, Joseph Tubiana	101
Témoignages	121
Facts about the ethiopian revolution, Colonel Asrat Baggälä	123
Vu de Massaoua (1973-1974), Alain Rouaud	132
L'état d'esprit en Éthiopie au début de 1974, Jean-Maurice Le Gal	133

L'été 74, Michel Perret	138
Un établissement scolaire éthiopien pendant la révolution, Michel Fontroubade	139
Lettre aux organisateurs du colloque	144
Lettre d'un missionnaire catholique à un ami	145

Documents 151

Les jeunes éthiopiens et la famine, Joseph Tubiana	153
Ethiopia-The deadly game, Alem Mezgebe	157
Le voyage du Président Mengistu Haile Maryam dans les provinces du Sud et du Sud-Ouest de l'Éthiopie (mars-avril 1979)	163
Décisions prises à Awassa le 16 mars 1979	168
Résolution en 12 points adoptée à Nekemte (Wollega) le 13 avril 1979	171
Discours présidentiel dans le Wollega (14 avril 1979)	174
Résolutions adoptées à Arba-Minch (Gamo Gofa) le 26 avril 1979	179
Deuxième chapitre du combat dans les campagnes	182
Chairman Mengistu Jaile Mariam's speech on the occasion of the opening session of all Ethiopia peasants' association conference, Addis Abeba May 10, 1979	186
Directives pour la constitution de coopératives agricoles de production	194
Sécheresse et développement rural en Éthiopie	201
Annexe I : Services gouvernementaux éthiopiens impliqués dans l'agriculture, les Eaux et Forêts	214
Annexe II : Éthiopie agricole en chiffres	215
Institutional and practical responses to drought in Ethiopia, by Comrade Dawit Wolde Giorgis	218
Entretien du *Spiegel* avec le chef de l'État éthiopien	227
Betrayal of the revolution	233
The scandal behind the great famine, Dawit Wolde Giorgis	235

TABLE DES CARTES ET CROQUIS

1. Carte administrative de l'Éthiopie avant la réforme d'août 1987	8
2. Nouveau découpage administratif de l'Éthiopie consécutif à la réforme de 1987	9
3. Mouvements des populations affectées par la sécheresse vers leurs nouveaux lieux d'établissement	40
4. Répartition des terres collectives, privées et *mängest*	46
5. De la Révolution verte à la famine, une « Nouvelle Donne » ?	48

6. Les prétentions de Ménélik en 1891 95
7. L'aide soviétique 98

Relief and Rehabilitation Commission, ébauche d'organigramme 65